主编人语

西洲在何处，两桨桥头渡。

想好好地做一点江南的书，这个愿望实在是不算短了。

每登清凉山，临紫霞湖，看梅花山的灿烂云锦，听秦淮河的市井喧阗，这种想法就会更加难以抑制……更不要说在扬州瘦西湖看船娘腰肢轻摇起满湖涟漪、在苏州的网师园听艺人朱唇轻吐"月落乌啼霜满天"，以及在杭州的断桥边遥想许多已风流云散的"三生石上旧精魂"了。这是一片特别容易招惹起闲情、逸致甚至是几分荒凉心的土地，随便一处破败不堪的庭院，也许就是旧时钟鸣鼎食的王谢之家，而山头上一座很不起眼的小小坟茔，也许深埋的就是曾惊天动地的一泓碧血……而在江南生活的所有诗性细节之中，最令人消受不起的当然要算是还乡感了。特别是在明月之夜、风雨之夕的时候，偶尔走进一个陌生的水乡小镇，它一定会勾起那种"少小离家老大回"的人生沧桑。在这种心情和景物的诱感下，一个旅人会很容易陷入到一种美丽的幻觉中，搞不清楚此时此刻的他和刚才还在红尘中劳心苦形的那个自我，谁的存在更真实一些，谁的音容笑貌更亲切温柔一些……

然而，毕竟是青山遮不住逝水，一如江南佳丽总是难免于"一朝春残红颜老"的命运，像这样的一种诗性江南在滚滚红尘中的花果飘零，也仿佛是在前生就已签下的悲哀契约。而对于那些生逢其时的匆匆过客们，那交集的百感也不是诗人一句"欲说还休"就可以了断的。一方面是"夜深还过女墙来"的旧时明月，另一方面却是"重过阊门万事非"的江边看月之人；一方面是街头桂花的叫卖声、桂花酒酿的梆子声声声依旧，另一方面却是少年时代的长干、横塘和南浦却早已不可复闻；一方面是黄梅时节的细雨、青草池塘的蛙鼓依然如约而来，另一方面却是采莲、浣纱和晴耕雨读的人们早已"不知何处去"；一方面是在春秋时序中的莼菜、鲈鱼、荸荠和茨菰仍会历历在目，另一方面在夕阳之后却再也没有了夜唱蔡中郎的嗓音嘶哑的说书艺人，还有那良辰美景中的旧时院落，风雨黄昏中的客舟孤侣，浅斟低唱的小红与萧娘，春天郊原上的颜色与深秋庭院中的画烛，以及在江南大地上所有曾鲜活过的一切有声、有形、有色、有味的事物。如果它们的存在不能上升到永恒，那么还有什么东西更值得世人保存呢？对于这个世界上存在的万物来说，还是苏东坡的《前赤壁赋》说得好："盖将自其变者而观之，则天地曾不能以一瞬；自其不变者而观之，则物与我皆无尽也。"而对于一切已经丧失物质躯壳的往昔事物，它们的存在和澄明当然只能依靠语言和声音来维系。用一种现代性的中国话语去建构一个有生命的古典人文江南，就是勉励我们策划"江南话语"并将之付诸实践的最高理念和实践力量。就像东山魁夷在大自然中写生时的情况一样，漫步在美丽的江南大地上，我们也总是会听到一种"快把我表现出来"的悲哀请求。而有时这种柔弱的请求会严厉得如同一道至高无上的命令，这正是我们必须放弃许多其他事务而首先做这样一件事情的根源。

记得黑格尔曾说古希腊是"整个欧洲人的精神家园"，而美丽的江南无疑可以看作中华民族灵魂的乡关。尽管正在人们注目中的这个湿润世界，已经更多地被归入历史的和怀旧的对象，但由于说话人本身是活的、正在呼吸着的生命，因而在他们的叙事中也会有一种在其他话语空间中不易见到的现代人文意义。让江南永远是她自身，让江南在话语之中穿越时光和空间，成为中华民族生活中一个永恒的精神家园，这就是《江南话语》希望达到的目标和坚持不懈的人文理想。

2003年7月7日于南京白云园

序诗

海风吹皱了
你光洁的额头和眼角
日复一日,年复一年
但心灵之门始终敞开
深静无垠,鱼龙潜跃

海浪打湿了
我跋涉的脚步和灵魂
光风霁月,乍寒还暖
而生命潮汐从未息止
积厚愈坚,自由激荡

自注:晨起颇想辑近年短文为册,但杂事牵绕,未及巡检,先成一咏。暮然回顾,不复做新体愈二十载矣。

二〇一二年七月七日晨于春江景庐

目 录

内容提要

　　吴山是江苏的青山，越水是浙江的碧水，海风是上海的大风。本书系知名江南文化与城市学者刘士林教授最新的精美短文和随笔的结集，在内容上涉及江南的主体、地理、城市、传承、人物、读书、伤逝、晤谈、感慨等，既有诗性文化的独特视角和深度分析，以展示长三角区域的古今之变及其深层原委，又有温润如玉的唯美文笔和人文情怀，以存留一个"江南大地的异乡人"的鸿爪与幽思，开卷有益，值得关注。

此身合是诗人未

"人是一根有情感的芦苇"

西方人讲"人是会思想的芦苇"，它的意思是说：人与自然区别不在其他方面，而仅仅因为他多了一种思想的机能。而中国民族与之有很大的不同。如李泽厚说孔子仁学思想源于"血缘亲情"，如庄子强调的"人而无情，何以之为人"。两位先哲的基本意思很明确，就是人之所以不同于自然界的其他物种，主要原因不在于西方哲人特别看重的理性机能，而是因为他比自然界的物质或生物多了一颗有情之心。如果仿照西方哲人的比喻，则可称之为"人是一根有情感的芦苇"。

汉乐府中有一首《长歌行》，也许是每个中国人从小就熟悉的——

青青园中葵，朝露待日晞。
阳春布德泽，万物生光辉。
常恐秋节至，焜黄华叶衰。
百川东到海，何时复西归。
少壮不努力，老大徒伤悲。

它把中国民族对生命的理解与价值态度表现得淋漓尽致。

与西方人通过知识的增长来证明自己的本质力量不同，春天一阳复新的快乐与深秋万物凋零的悲伤，才是中国民族体验自身存在、感受人生在世的一个基本句式。中国人把自己的历史叫做春秋，大约也有这样一层深义在。但是，春与秋又是很不相同的，春天是生长期，是少年时，是如花美眷的爱情，是和煦温暖的人际关系……它固然是一种生存经验，但本质上又是一种没有经过风霜与沧桑的小境界，因而它给个体带来的生命体验，是远远比不上"以肃杀为心"的金秋的丰厚与深广。"秋风秋雨愁煞人。"也正是由于这个原因，对于秋天万物的感受与体验，才成为中国民族发掘自身存在的最重要的语境。从宋玉的"悲哉秋之为气也"，到欧阳修的《秋声赋》中的"丹者为槁木，黑者为星星"，甚至包括对"犹有傲霜枝"的菊花的偏爱，都因为正是在这种悲伤与寂寥的氛围中，一个特别重视血缘、群体与人际关系的务实民族，才能从它熙熙攘攘的红尘热闹中生产出一些完全属于个体的思想与情感。

《诗经》里的《蒹葭》，是最早把这种秋天经验揭示出来的。青青的芦苇已在秋风中变得苍黄不堪，苇叶上夏天的晨露也在渐寒的大地上凝结为白霜，但最悲哀的却是，一个人在霜天

万木中所寻找的"伊人"，仍然在遥远的茫茫水面的另一面。它隐含的一个意思是，时光已经所剩无几了……还有什么比这样一种人生充满了悲剧性呢？一般说来，中国民族对于生死是比较达观的。庄子"齐生死"的说法固不必论，即使在异常热爱生命的儒家，他们最悲伤的也不是个体的生存与毁灭，而是是否可以实现"雁过留声"或"万古流芳"。而秋水伊人的意境则意味着，无论个体怎样努力，在目标尚未实现之时，而个体所剩的时间已经没有了。后来的屈原"唯草木之

零落兮，恐美人之迟暮"的惶惑，杜甫"无边落木萧萧下，不尽长江滚滚来"的焦虑，包括中国古代知识分子经常感慨的"壮志难酬"，可以说都是在这个心理原型上培育出来的。由此可知，那在时光中日渐苍黄的芦苇，本身就是中国民族生命意志及其悲剧性追求的一个写照。

当然，像那种"出师未捷身先死"的人生故事，本身并不见得就是中国民族的特产。但是另一方面，由于不善于分析思维，所以在多数情况下，他们是无法把失败与悲剧的原因找到，或者说给出一个理性的冷静的解释，以便安慰主体的内心以及给历史一个交代。这正是中国诗人在历史事件面前往往表现得特别不成熟、总是容易感情冲动与意气用事的根源。换言之，对于"会思想的芦苇"来说，由于它的理性机能发育得比较成熟，因而人生脆弱与悲哀往往是激起他运用理性力量从事生产与创造的第一推动力。但在蒹葭这根有情感的芦苇上，却是没有那种自信与骄傲的。由于理性机能的薄弱，它不可能产生用一己之力来统治整个世界的念头。而由于感受力的过于发达，又使它对每一件事情都显得过于琐细与放不下来。与冷静的、高傲的理性主体不同，"秋水伊人"是一种只有诗性主体才会理解

与看重的对象。这与诗性主体的生命活动方式直接相关，由于情感机能发育得过于成熟，由于这种成熟压抑了个体的理性机能，因而它不仅无法把对象观察、研究清楚，而且也无法在自我反思中真正把握他的内在世界。诗中的"伊人"也是如此，它根本就没有办法搞清楚，同时也可以说，它根本无须搞清楚，因为这一团迷雾正是诗性主体显现自身、让自身出场的必要条件。也正是因为"伊人"最终无法确定为张三、李四，因而它最终还是要回到诗人自身的内心中栖止下来，这是诗性主体不能在客观世界上安身，而只能活在他自己的心中的根源。中国古代诗歌的美，中国民族生活中的诗意，都是根源于诗性主体对时间流逝的敏感，而它的哲学解释，似乎正可以用海德格尔关于"人是时间的存在物"（而非人是理性的动物）来说明。

《蒹葭》一诗，既是中国民族生命意识最早的流露，也把这种精神体验提到一个很高的高度。中国文学史上阵容庞大的悲秋文体，可以说都是从这里开始的。这是中国民族一个深层的心理意象，以至于"秋天的芦苇"，成为一种具有浓郁悲剧人生色彩的固定象征。如白居易《琵琶行》的"浔阳江头夜送客，枫叶荻花秋瑟瑟"，如刘禹锡《西塞山怀古》的"今逢四海为家日，故垒萧萧芦荻秋"等，看到这样的句子，不用再往下读，就已经可以知道它们那种萧瑟的冷情感了。这也是古典画家特别喜欢的一种幽峭意境，在蒋嵩的《芦蒲渔舟图》、何大昌的《芦雁图》、赵孟頫的《鹊华秋色图》、吴镇《洞庭渔隐图》、恽向的《仙山楼阁图》、赵左《山水图轴》中，看着那与孤舟、与残荷、与惊飞大雁、与渔父、与近岸古松、与远岸山水交织在一起的或疏或密的苇叶，它们不正是主体在现实世界中不能有力量的证明吗？它们不正是这无力主体作出尘想的生动描绘吗？看着看着，心底就会响起那古老的令人心碎的歌声："蒹葭苍苍，白露为霜。所谓伊人，在水一方……"所以王国维《人间词话》说："《诗·蒹葭》一篇，最得风人深致。"为什么这样说呢？因为在《蒹葭》一唱三叹中的不自信与悲哀情怀，是最容易引发中国民族个体存在感的。这固然是不能把握世界的诗性主体的悲哀宿命。但有了这样一种对生命本身在时光中的悲哀情怀，也是中国民族特别珍惜他的现世生活的总根源吧。

由此可知，在人类精神世界中有两种芦苇，一种主要是用来思想的，另一种则是感动人心的。不管是由于思想，还是由于情感，它们都完成了使人脱离自然、超越于动物的生命，并最终成为或崇高、或优美的精神生命。在这个意义上讲，"会思想的芦苇"与"有情感的芦苇"，是人类精神生命中开放的两朵最美丽的花儿。

《西洲曲》与我的
江南情结

最早知道《西洲曲》是因为朱自清先生的《荷塘月色》：

荷塘的四面，远远近近，高高低低都是树，而杨柳最多。这些树将一片荷塘重重围住；只在小路一旁，漏着几段空隙，像是特为月光留下的。树色一例是阴阴的，乍看像一团烟雾；但杨柳的丰姿，便在烟雾里也辨得出。树梢上隐隐约约的是一带远山，只有些大意罢了。树缝里也漏着一两点路灯光，没精打采的，是渴睡人的眼。这时候最热闹的，要数树上的蝉声和水里的蛙声；但热闹是他们的！我什么也没有。忽然想起采莲的事情来了。采莲是江南的旧俗，似乎很早就有，而六朝时为盛；从诗歌里可以约略知道。

于是又记起《西洲曲》里的句子：采莲南塘秋，莲花过人头；低头弄莲子，莲子青如水。今晚若有人采莲，这儿的莲花也算是"过人头"了；只不见

一些流水的影子，是不行的。这令我到底惦着江南了。
……

尽管这些都是至今仍能背诵出来的句子，但是，对当初那个一点江南经验也无的北方孩子，又能指望他从中读出什么特殊的意味呢？所以在很长的一段时间中，我从来也没有觉得它是一首好诗。真正从中读出些意味，是来到江南以后。

它第一次出现在我的文本中，是《中国诗性文化》的后记：

江南水乡

……但人生天地间，忽如远行客，尤其是穿行于江南如诗如画的美景中，正如古人行于山阴道上，亦未尝不大得其乐。非常有趣的是，沉醉于江南山光水色中，我心头总是不由自主地轻吟起少年时非常喜欢的《桃花庵歌》："桃花坞里桃花庵，桃花庵里桃花仙；桃花仙人种桃树，又摘桃花换酒钱……"我自幼随父母飘泊于北方大地，12岁前几踏遍北方诸省，及至成人，又有雷州半岛上的数年行旅，可以说早就没有什么故乡观念了，而此次携侣归来，以美丽的诗性的江南为故乡，这难道不是一种最好

的栖居方式么？"忆郎郎不至，仰首望飞鸿。鸿飞满西洲，望郎上青楼。楼高望不见，尽日栏杆头。栏杆十二曲，垂手明如玉……"；"逐流牵荇叶，沿岸摘柳笛。为惜鸳鸯鸟，轻轻动画桡"；"青山隐隐水迢迢，秋尽江南草未凋。二十四桥明月夜，玉人何处教吹箫"；"十里长街市井连，月明桥上看神仙。人生只合扬州死，禅智山光好墓田"；"人人尽说江南好，游人只合江南老。春水碧于天，画船听雨眠。……"；"呜咽江楼角一声，微阳潋潋落寒汀。不用凭阑苦回首，故乡七十五长亭。"……当然，这样就难

免有些伤感的颓意了。

由于在后记中只是一时的心血来潮，所以真正把那种幽幽情怀表达完整，是在我的《千年挥麈》中——

江南的美，是一种烟雾缭绕的"雌性的丽辉"，一种可以吸附所有冲动与力量的山谷，一种可以溶解所有郁积与顽固的清溪，一阵可以表达所有疑问与痛苦的风声，一缕可以照亮所有深度与黑暗的光线……这就是古人讲的那种玄之又玄的万物之母与众妙之门。

忆郎郎不至，仰首望飞鸿。
鸿飞满西洲，望郎上青楼。
楼高望不见，尽日栏杆头。
栏杆十二曲，垂手明如玉。

如果中国只有一首纯诗，如果我来作评委，那么她无疑就是《西洲曲》。可以说江南全部美丽与精神气质，都在这种如泣如诉的浅斟低唱中玉体横陈。母性的力量是多么伟大，仅仅这一句"忆郎郎不至"，一下子就使全天下的游子发现了家山的方位；还有那一双栏杆上纤纤如玉的素手，我不知道有什么铁石心肠能够抗拒她爱的轻拂而不泣涕涟涟。尽管"君问归期未有期"，历史的道路与命运不能由个体来选择，但是只要心中有了爱，有了江南的爱，无论一个人走到天涯海角，也不会孤帆渔火对愁眠，甚至夜不能寐黯然神伤。这是中国民族生命深处的一种诗性记忆，也是在历史的铁与火中我们能够保存一点点人性灵明的根源。无数注定要离家出走的游子，正是靠着对这一点渔火的长相思，才能够在时宽时窄的生命河道上找到回家的路。历代诗人的江南情怀，实际上也都与她的原唱有关。《西洲曲》是中国诗性精神的一个基调，所有关于江南的诗文、绘画、音乐、传说，所有关于江南的人生、童年、爱情、梦幻，都可以从这里找出最初原因。中国民族之所以有人性，不仅仅是因为她有可以同基督教、伊斯兰教相媲美的儒教，更因为她有上林繁花般的锦绣江南，以及无数徜徉于山光水色中的诗人。中国民族的审美精神，正是在一唱三叹的江南抒情组诗中成长起来的。

为什么偏偏选"忆郎郎不至"以下几句呢？因为它们构造的是一种无比缠绵的宁静意境。不是"自伯之东，首如飞蓬"，也不是"为伊消得人憔悴"，像这样的女人尽管炽烈，但也多少有点可怕，因为焚烧着她们生命的热情，往往也会深深地灼痛她们的所爱。而每日梳洗打扮完毕之后，惟一的工作就是坐在栏杆前,凝视远方来路上的每一个身影,像这样的女人才是最值得男人爱怜与长相忆的。它还可以使人想到当代女诗人舒婷的动人诗句:

蓓蕾一般默默地等待,
夕阳一般遥遥地注目,
也许藏有一个重洋,
但流出来,只是两颗泪珠。
　　　　——(《思念》)

这很可能也就是后来不少的文人,都特别喜欢写栏杆上的女人的原因吧。

后来又了解到,这里的"栏杆"也不是普通的一类,它应该是徽州建筑中的"美人靠",是专门为思妇眺望丈夫而设计的。想一想,被一个美丽的江南佳人,日日靠在栏杆上翘首望归,即使总是别多聚少,"人生长恨水长东",但那已是人们所能想象与享受的最有诗意的古典生活细节了。

也许正是因着《西洲曲》的原因,很快我开始了江南诗性文化的研究。

2003年的7月7日,在为《江南话语》丛书写主编人语时,坐在我宽敞明亮的书桌前,没有经过任何的构思与准备,几乎完全是凭借着潜意识中

西洲在何处?

的一股暗流，我就写出了那一篇我自以为非常美丽而动情的文字。

不久后，在把几年来江南文化研究汇集为一本著作时，我也是想都不想地用《西洲曲》中的"西洲在何处"作了书名。在那一刻，我突然强烈地感受到，坐在空调房间中，使用着笔记本电脑的自己，正在慢慢地化入一片无边无际的南朝民歌的节奏与氤氲之中。与那些南朝歌者不同的是，既没有可以上船的码头，也没有远处的歌声接引；只有一个充满了现代性忧伤的声音，在内心深处展开一种不能连续的歌喉，不停地追问那使生命安顿、休憩的栖居之所究竟在什么地方。

西洲，西洲，西洲在何处……

"为江南文化所化之人"

一、从"符号"到"人物"

关于表达，刘梦溪先生将之分为两种方式：一是"借符号讲话"，"哲学家，特别是那种纯哲学家，他们往往用符号讲话。对他们而言，最重要的是范畴、概念"；二是"借人物讲话"，"因

为历史是人物的活动，离开人物的活动，就无所谓历史"。一般说来，西方学者多使用符号讲话，而中国的学术与人物的关系更密切。西方学术在当下的强势地位，给我们带来了一定的负面影响，如梦溪先生指出："现在学术界有一些青年学人也愿意借符号讲话，但是由于准备不足而往往流于空疏。……这样的空疏之学，与其借符号讲话，还不如借人来讲话。"[1]这两种话语方式，对于我们阐释江南文化精神有重要的启示。

历史学家多以人物说话，这是世界的通则，但以中国历史著作最为典范。如钱穆先生指出：《尚书》《左传》与《史记》，既是"中国史书中三个阶段，也是三种体裁。……《尚书》是记事的，《左传》是编年的，而《史记》是传人的，中国历史体裁不外此三种：事情、年代、人物分别为主。一切历史总逃不过此三项。《尚书》是一件一件地写，写出就是一篇篇的《尚书》《春秋》与《左传》是一年年地记载，而太史公的《史记》，就一人一人地写下"。[2]如果说《史记》是其中最好的，就不妨说以人物为中心是中国史学的秘密。至于为什么会这样，则与中国文化形态

---

1 刘梦溪：《学术思想与人物》，河北教育出版社2004年版，第363~364页。
2 钱穆：《中国史学名著》，三联书店2000年版，第50页。

相关。与西方文化是理性文化相对，我们把中国文化称为诗性文化。如果说，理性机能发达的西方人，最擅长的是以抽象的符号替代活生生的个体，那么对于诗性机能发育更为充分的中国人，则习惯于通过感性的声音、事件让生命自身直接到场。由此可知，"借人物说话"是中国特有的文化叙事方式，其基本特点可以归结为以感受含摄论证，以经验贯通理性，以细节建构本体，以人物澄明精神。它不仅与"借符号说话"在地位上完全平等，就其特别适应于中国文化经验而言，还有着直指本体、目击而道存等更上一层的特殊意义。一言以蔽之，江南文化精神并不存在于抽象的概念演绎与使人周身不自由的灰色的理论体系中，而是直接地澄明于人的感性生存与实践活动中。

二、江南文化主体与中国文化主体的关联与阐释

世间万物，最复杂者莫过于人。"借人物说话"，一方面，不仅不比"借符号说话"简单容易，反由于人情冷暖、人心叵测与人道沧桑而难度系数更高。另一方面，由于人物本身直接对应、参与甚至是决定着历史进程的

复杂性，因而，"借人物说话"比使用符号、概念、推理等也可更直接地深入到文化与精神的底部。需要注意的是，仅仅以人物为中心是不够的。因为人是一个大概念，有希腊哲学的人，有中国儒家的人，有现代语境中非理性的人，也有后现代文化中的欲望主体，因而，在阐释江南文化精神时，必然要碰到以什么人为中心，或者说，什么样的、什么时代的、什么样性格的人，才是具有合法身份的代表。对于中国文化而言，如果"表现此文化之程量愈宏"者即陈寅恪所谓"为此文化所化之人"[1]，那也不妨将江南诗性文化理念与精神的历史承载者与创造者呼为"为江南文化所化之人"。

"为江南文化所化之人"，与中国文化主体既相关又有所不同。相关是因为他们都是中国文化生命的感性载体，不同则是由于南北文化之差异所导致。由此出发，就可以确定"为江南文化所化之人"的内涵。

关于中国文化主体，我先后提出过两种看法：一是《中国诗哲论》提出的诗人哲学家，以其代表着中华民族不同历史时期的高峰精神体验；二是《中国诗性文化》提出的诗人政治家，

1　陈寅恪：《寒柳堂集·寅恪先生诗存》，上海古籍出版社1980年版，第6页。

以中国诗性文化起源于古老的食物分配制度、并始终未脱离人间的现世关怀等原因。前者主要是模仿西方诗人哲学家,在中国文化中并非主流;而后者从中国诗性文化及其历史深处拈来,具有很大的普遍性意义。

一般说来,注重与无机自然界相区别的民族首先发育的类本质是思维能力,正如帕斯卡说人是一根会思想的芦苇那样,对于注重人与有机的自然界(主要是动植物)相区别的民族首先发展的则是人的伦理本质,正如孟子感慨的人与禽兽的差别极其微妙,以及荀子对此的重要补充:"人之所以为人者,非其二足而无毛也,以其有辨也。夫禽兽有父子而无父子之亲,有北牡而无男女之别。故人道莫不有辨"(《荀子·非相》)。所以说,与西方诗人哲学家通过理性思维区分开人与无机的自然界截然不同,中国诗人政治家则是通过"礼"的内在建设,以区别开人与禽兽的方式从原始混沌中生长出来的,因此它最为关注的正是人的政治属性与伦理本质(汉语中的"礼"恰好具有这样两重涵义)。由于不是以清晰而冷静的哲学方式,而是以一种"感兴"的诗性方式使人成为具有现实人性的存在者,所以中国先秦诗学最看重的就是"赋诗言志"与"兴于诗"。这种诗性素质不仅在先

由此引申，尽管西方哲学发展到康德也开始"紧紧地抓住主体"，但由于理性文化与诗性文化、理性主体与诗性主体的差异，与康德那种建立在思辨基础上、难以把握、"与经验无关"的先验主体完全不同，以个体的感受、欲望与心理状态为基础在直观与当下生成的诗性主体，则异常的活泼清新、毫不生涩艰深，并同样能达

秦被看作是一个"进于礼乐"的文明人的基本属性，而且它也一直延续下来。陆九渊曾说："吾之与人言，多就血脉上感动他。故人之听之者易。"这里所谓的"就血脉上感动"，与《毛诗序》上讲的"情动于中而形于言"正相一致，它们都是以一种诗性方式把政治的伦理的内涵附加于人性的自然结构上，这是一切中国文化中一切社会性活动的逻辑起点，所以说中国文化主体在本质上正是一种诗人政治家结构。[1]

到高深的境界。人物如此，叙事从之。如钱穆先生说："中国古人讲人生，特点正在如是般浅近，不仅是大家懂，而且大家正都在如此做。由此基点，再逐步推到高深处。因此其所说，可成为人生颠扑不灭的真理。"[2]

江南文化主体发源、成长于中国诗性文化的大背景，首要特征是与西方理性主体的截然不同，但由于"江南诗性文化"与"北国诗性文化"在形态与发展上的差异，"为江南文化所化

1　刘士林：《千年挥麈》，百花洲文艺出版社2000年版，第2~3页。
2　钱穆：《中国思想通俗讲话补篇》，三联书店2002年版，第49页。

之人"还成就了十分独特的个性与风貌。具体说来，一方面，"审美"与"政治"的区别，是诗性主体分为南北二形态的主要根源。以学者为例——

由于现实生存条件恶劣，北方学者多关注国计民生，在学术生产上，也多持"述而不作"的态度，容易保守与守成，而于思想解放与学术创新上显得不足。在生活方式上也如此，他们一般都能严格遵守礼法与规范，以至于常常显得拘谨与呆板。与之相比，江南学人则要自由、开放许多。不少江南学者都很有个性，并表现出江南学人特有的优雅气质。如与孔子同时的季札，自然通达，博学清言，就是一例。……如果说北方学人的最大特点是功利性，那么江南学者则更多地体现出非功利的审美品格。这以文学上的表现最明显，如《北史·文苑传》说："江左宫商发越，贵于清绮；河朔词义贞刚，重乎气质。"……由于个性与思想比较解放，在江南地区，既容易出现戴震那样的"怀疑论者"、顾炎武那样的"职业化学者"，也会经常出现李贽一类的异端人物。[1]

另一方面，这并不意味着"审美与政治无关"，由于精神的互渗律与文化的渗漏现象，江南与政治的关系往往显得更加复杂与微妙，并具体表现在"政治之后是审美"这一中国诗学的基本原理中——

一方面，由于中国民族的异化性力量主要来自现实世界中制度化的伦理政治符号，要追求审美自由则意味着个体必要最大限度地超越这些羁绊，因而它在逻辑上提出的一个要求就是回归自然、乡村或朴素的生命状态中。但另一方面，对于诗人来说，这两种要素之间的关系又是相当复杂的，不仅没有经过伦理政治意识提升的个体感情在本体内涵上总是缺乏深度，而且没有切肤之痛之现实体验的种种吟咏性情也难免有"纸上得来终觉浅"之讥，因而它在逻辑上也就提出了与前者完全相反的要求，即"审美（形式）不能脱离政治（内容）"。总结一下这既相互缠绕又激烈矛盾的两方面，或者说要正确对待与满足这两方面的要求，最关键的问题则在于如何在两者之间找到一种平衡，在防止它们各自走向极端的独断论的同时，把那种真正有深度与现实感的诗性思想情感生产出来。进一步说，如同康德在阐释西方民族审美活动时强调的

1　刘士林：《国学与江南文化刍议》，《光明日报》2006年9月5日。

"判断在前,享受在后",所谓"政治之后是审美"在这里的确切涵义即"政治在前,审美在后"。……一方面,个体只有在现实的生存斗争中发展出他社会性的感觉、情感与其他生命本质力量,才能在"不自由的生存"中产生审美需要并运用他的诗性智慧机能在烦恼人生中开拓出审美一脉。另一方面,这里的"政治优先"只是手段而不可视作最高目的,否则除了各种天性泯灭、审美感觉严重退化的政治家之外,实际上是不可能再生产出任何一个像样的诗人的。也就是说,在"政治之后"必须要有诗性主体的最后生成,才能把个体经验中的苦痛与创伤转化为澄澈的生命之流。[1]

"政治之后是审美",也是寻找"为江南文化所化之人"的根据。首先,与北方士大夫一样,江南士人的悲欢与命运在总体上也取决于政治巨掌的翻云覆雨,但由于"没有经过伦理政治意识提升的个体感情在本体内涵上总是缺乏深度",以及"个体只有在现实的生存斗争中发展出他社会性的感觉、情感与其他生命本质力量,才能在'不自由的生存'中产生审美需要

并运用他的诗性智慧机能在烦恼人生中开拓出审美一脉",所以说,江南诗性主体与政治的往还、交往、缠绕、对立、矛盾甚至是悲剧性的冲突,本身就是自身在成长过程中必须承受的风雨与必须经历的世面。其次,两者又有重要差别,在政治中遇到麻烦或直面难以忍受的现实时,由于生活条件与精神氛围在总体上的优越与超脱,与北方士大夫"宁为玉碎,不为瓦全"的木讷、刚毅不同,江南士子更能领会与实践诗性文化的功能与本质,他们往往选择的"是'退一步走',是'寻得桃源好避秦'。……以退为进,以逃避现实来换取精神的自由,从隐士避世于政治文化不易影响到的深山老林,到清静无为的道家政治精神,从桃花源的社会理想到莼鱼之思的个人情怀,都是中国生命伦理学的现实成果。"[2]再次,也是最需要加以强调的,真正将"政治"与"审美"融会贯通、开辟新境的,既不是以"脊梁铁硬"、"马革裹尸"自许的北方烈士,也不是一直浸泡在"杏花春雨"与"小桥流水"中的江南才子,而是那些一直在现实与理想、黑暗与光明、邪恶与正义、伦理与审美之间徘徊、奔走、选择、挣扎

1　刘士林:《20世纪中国学人之诗研究》,安徽教育出版社 2006 年版,第 113~114 页。

2　刘士林:《中国诗性文化》,江苏人民出版社 1999 年版,第 53~54 页。

的诗人政治家。他们的生命历程，始于"哀民生之多艰"的现实承担，中经"为江南文化所化"之阶段，而臻于"表里俱澄澈"的自由境界。这当然是就理想境界说，更多的人只是行进在这个路途中。以是之故，最能代表江南文化精神的主体主要包括遗民、流人、山人与学者等。

三、"为江南文化所化之人"的类型与阐释

在遗民、流人、山人、学人四种类型中，根据他们涉及政治与审美的程度，又可分为偏于"政治"的诗人政治家与重在"审美"的诗人哲学家。

偏于"政治"的诗人政治家，主要包括遗民与流人两种。以遗民为例，他们本是受到高层礼遇或曾沐浴浩荡皇恩的政治家，在生命的某一时期也曾有远大抱负或建下不世之功，只是由于军事斗争的失败或政治角逐的失利，才使他们以极不情愿的方式被迫离开了汉宫魏阙。或是蒙念旧日君恩，或是与新贵政见不合，他们很快沦为政治生命已经终结的"未亡人"。遗民面临的一个深刻矛盾是"食不食周粟"，而他们找到的解决办法则是"吃自己的粟"——

一方面，"食周粟"意味着参与"周"的政治分配序列，它的必要前提则是必须为"周"付出士大夫的体力和脑力，因而这也就意味着不可能再保持隐士们看得比肉身更可贵的晚节。另一方面，他们也深知"人不吃饭不行"，否则就要重蹈已经成为笑谈的伯夷叔齐之故辙。既不能"不食粟"，又不能"食周粟"，把这两者结合起来的万全之策，就是吃"自己的粟"。这"自己的粟"与"周粟"的惟一区别在于，它不是从"周"的社会分配过程中得来，而是自己动手丰衣足食的结果。[1]

要有"自己的粟"，关键是如何获得"自己的土地"或其他交换的条件。正是由于这个原因，气候温润、沃野千里、灌溉便利的江南成为遗民理想的归宿。在江南，不仅更容易解决衣食的温饱，也为治疗心灵创痛提供了自然景观。这是遗民多聚集于江南，或是在精神上与江南交往更多的原因。

以流人为例，王永彬《围炉夜话》尝谓："舍不得钱，不能为义士；舍不得命，不能为忠臣。"但一般说来，除了少数士大夫直接就死于朝廷

1　刘士林：《千年挥塵》，百花洲文艺出版社 2000 年版，第 193~194 页。

之上，大多数"捋虎须"或"逆龙鳞"者得到的是被称为"流"的惩罚。根据专家的考证，始于夏代、止于清末的"流人"，足迹遍布中国，甚至涉及历史上作为中国版图的越南、朝鲜、蒙古、俄罗斯[1]，但江南大地无疑是一个最值得关注的流人之家。首先，江南很早就成为朝廷流放犯人的地方。汉语中的"流人"一词，初见于庄子《徐无鬼》篇："子不闻乎越之流人者乎？"向人们表明的就是这一点。其次，被流放到江南的士大夫，并没有因横遭灾祸而沉默无声。所谓"国家不幸诗家幸"，在政治生命受到压抑或死亡之后，他们的精神生命与审美机能却因祸得福，获得了充分发展的机遇与空间。屈原在流放中写出了《天问》。如王逸《楚辞章句·天问序》说："屈原放逐，忧心愁悴，彷徨山泽，经历陵陆，嗟号昊旻，仰天叹息。见楚有先王之庙及公卿祠堂，图画天地山川神灵，琦玮谲诡，及古贤圣怪物行事。周流罢倦，休息其下，仰见图画，因书其壁，呵而问之。"苏轼则是在不断的贬谪与迁徙中，成就了一个"中国历史上最受人喜爱的文人"。海德格尔非常推崇荷尔德林的两句诗：

他们像酒神的祭司，
在神圣之夜走过大地。

以为它们道出了诗人在现代世界中的真实天命。在海德格尔看来，"人是大地上的异乡人"。这不仅是形容人在本质上的无家可归状态，同时还表明，只有在异乡或在寻找故乡的流浪途中，一个人才能体验与发现他真实的存在。对于中国诗人政治家，也可由此作一些引申。由于受"北国诗性文化"的政治伦理影响，士大夫起初一般都自觉地"以天下为家"，在一般情况下很难理会西方现代诗人的"无家可归"，这是中西诗性文化的差异所在。往往是在流放江南以后，一方面由于政治压抑与冲突而充分意识到个体与群体的对立与矛盾，另一方面又由于行走在现实土地上而重新发现了自我的真实存在，则是中西诗人在精神历程上的共通性。在江南流放诗人的文化苦旅中，不仅更深刻地再现了江南文化的历史真实，同时也直接创造了江南文化的新精神，这是我们可以将部分北人看作江南文化精神代表的原因。

对重在"审美"的诗人哲学家，可具体分为山人与学人两类。从中西文化比较的角度，他们不同于西方

1　刘士林：《谁知盘中餐——中国农业文明的往事与随想》，济南出版社2003年版，第157~159页。

诗人哲学家,如山人遁世并非为了追寻上帝,山林或山中在他们更是一种象征。如学人做学问也不会想着"为知识而知识",他们最高的学术理想是"道在日常伦用中"。从中国南北文化对比的角度,他们又不同于诗人政治家,如山人对政治的态度十分复杂、幽昧与曲折,决不类儒生楷模之"先天下之忧而忧,后天下之乐而乐"。如学人之主流在成熟形态中演化为"内圣之学",其固有的"外王"之旨则在变易中逐渐消失。从中国诗人哲学家的阵营看,山人一类多半受老庄迷惑较深,这是他们追求自然、适性甚至某种程度的纵欲的原因。学人一类则与儒家关联更重,其人生的旨归仍在如何维系纲常礼教与生生之德。我们今天无须责怪这一人物关系与精神网络的复杂多元,因为江南古典精神世界的真相本来就不是简单易晓的。

在山人方面,与饱经沧桑而赤心不改的诗人政治家不同,山人的特点在于:一是经历的现实磨难少,因而通常比较脆弱,在行为上不够刚毅与大气;二是理想主义训练不足,因而头脑灵活,在思想上很容易转弯与解脱。山人在形态上十分复杂,真伪难辨,良

莠不齐,与他们的这种文化禀性或精神基因直接相关。山人既以山人名,当然最可注意是与大自然的关系。从现实的斗士到山林间的自由人,或者说,从关注现实功业到作林泉高致之想,山人精神的发生、演替与实质,可以通过从汉魏之"兴"到晋宋之"观"(或者说是从"情感"向"形式"、从"时间体验"向"空间意识"、从"有我之境"向"无我之境")这一中国诗学原理来了解。

汉魏人的生命本体基础是"诗之兴",在他们的"慷慨以任气"中突出的是一股悲怆酸楚的"时间感"。但晋宋以降,正如刘勰所说的"正始明道,诗杂仙心"(《文心雕龙·明诗》),即表明另一种精神方式已开始清理、冷却、安顿使人不胜其悲凉的"建安风骨"了。从中国诗学的角度看,即以"空间之观"取代"时间之兴",以对象世界中稳定有序的"物象"取代内在世界中湍浊不安的"情意",把汉魏风骨中那股焦虑、悲凉的生命之流,铺展在异常广阔、安静的自然山水之中。[1]

与遗民最急需的是生活资料与物

1　刘士林:《中国诗学原理》,海南出版社 2006 年版,第 141~142 页。

质条件不同，重审美的山人最关切的是有无可以畅神抒情的自然景观。由于天下名山江南多的原因，山明水秀、草长莺飞、杂树生花的江南，必然要成为山人欣欣然向往的乐园。以东晋名士为例，"正是风光无限好的江南美景，以其具有唯美性质的空间形式，涤荡了南渡者内心阴沉的汉音魏响与慷慨悲伤，同时也把他们在时间意识压迫下产生的'丧己于物'或'欲壑难填'清理干净"。[1]而把江南自然美写到极致的谢灵运，则是诗人得江南山水之助而妙笔生花的最好证明。尽管后来的山人鱼目混珠、一蟹不如一蟹，更有甚者还欺世盗名、助纣为虐，但这只是"大雅久不作"、"道在屎溺"的结果，也不能因此否定真山人"是真名士自风流"的风度与气质。

在学人方面，可以宋明理学为代表，一方面，作为先秦儒家的直系后裔，"文起九代之衰"，理学是儒家意识形态与学术传统真正合法的继承人，但另一方面，由于时空背景的巨大变迁，两者之间也明显存在着"从伦理向审美"的转型过程。具体情形可通过孔孟之道在核心内容上的变化来了解。在汉语言中，儒家习惯于把"道"比喻为太阳，以为前者像后者一样是

永恒不变的。但实际上，这是不可能的。因为即使是太阳本身，在早晨的霞光万道、午间的云淡风轻与黄昏的残阳如血之间，也存在着很大的差别甚至是根本性的不同。一旦引入时间和历史范畴，就会发现，"星星不是那颗星星，月亮也不是那个月亮"，不仅白昼与夜晚的太阳全然不同，就是早上七八点和下午二三点的太阳也迥然相别。儒家之道也是如此，其至少可有两种很不相同的"语音"，一是朝气蓬勃的朝阳形态，如先秦时代的孔、孟、荀，他们年轻气盛雄心勃勃，希望把所有的现实问题都统摄到儒学中来。如《孟子·公孙丑下》说："五百年必有王者兴，其间必有名世者。……如欲平治天下，当今之世，舍我其谁也。"二是云淡风轻的午后形态。正如程颢的《春日偶成》一诗：

> 云淡风轻近午天，
> 傍花随柳过前川。
> 时人不识余心乐，
> 将谓偷闲学少年。

"云淡风轻近午天"，既是一种意味深长的政治寓言，也是儒家士大夫"亢龙有悔"的重要象征。在朝阳

1　刘士林：《中国诗学原理》，海南出版社 2006 年版，第 142 页。

形态中，当然可以把孔孟之道看作是"天地万物之心"，并因此获得许许多多的辉煌和无限的风光。但另一方面，由于这些炫目的光环只是在朝阳意识形态中幻化出来的，因而就不可能长久地保持不变。这是程颢在午后意识形态中要"傍花随柳"地亲近自然、以"偷闲学少年"取代"忧以天下，乐以天下"的根源。儒学的午后意识形态，是诗人哲学家与诗人政治家相结合的成果，也是江南文化对齐鲁精神浸润、渗透与融合的产物。在这个意义上，与其说理学是儒道释的三教合流，不如说是作为齐鲁文化代表的先秦儒学与作为江南文化象征的魏晋玄学在对话与交流中生成的新形态。由于吸收了更为丰富的精神要素，理学极大地促进了学人的全面发展。一方面，由于吸收了儒学关注感性现实的宗旨，使诗人哲学家固有的抽象机能得以收敛，另一方面，由于懂得了玄学中的江南诗性文化精神，也直接启动了诗人政治家实用机能的升级，这是江南学人在内涵上更加丰富、在人格上更加平易、在境界上更上一层的原因。进一步说，江南学术在魏晋之后逐渐超过北方与中原，除了这里有更好的物质条件与读书种子外，也与中国文化与学术在整体与气运上的变化与"江南化"息息相关。

当然，过度的"江南化"也不是没有问题，如果说它的收获是使诗人的心境更加开阔、平和与渊雅，那么其根本问题则在于丧失了先秦儒学的刚直、坚毅与狷狂。

此外，还有两类人物，也很有代表性，就是江南的帝王与红颜。前者因为他们主要是艺术家与诗人，完全不懂得如何摆弄残酷的国家机器。后者则因为她们的天生丽质与红颜薄命，在男权统治的大背景下演绎了过于感人的悲欢故事。当然，还有江南的普通百姓与市井小人物，如《儒林外史》中懂得欣赏栖霞晚照的挑粪工，带着六朝烟水气的酒佣等。尽管这些人有尊卑贵贱与性别差异，但与北方的同类人物相比，说他们因为生活在江南，因而情感机能更加发达，对审美与艺术的需要也更为强烈，应该是所言不诬的。总之，人物的形态越复杂，就越有可能接近历史本身。最后要说的是，如果说，江南人的所得是程度不同地超越了政治伦理文化的束缚，使江南诗性文化的内涵与意义越来越纯粹、充实与精微，那么也可以说，由于远离了"胡天八月即飞雪"、"满目疮痍"的北方与中原大地，则直接丧失了中国诗性文化固有的悲壮的现实感与慷慨的历史情怀。这就是所谓的"有一得必有一失"。

日暮乡关何处是

一、此情无计可消除

有一个声音，一旦进入心间就不会消逝。

有一种情感，一旦有了就很难再一如既往地过粗鄙的日子。

她就是在吴侬软语中令人柔肠百转的江南。

但至于什么是江南？又是颇费周折和不容易说清楚的，就像初恋或人世间最隐秘的爱情故事，它不仅有真实的历史经验，同时也是想象和叙述的新产物。因为这个原因，江南不仅是政治经济地理上的环太湖经济区，也是中国文化地图上的一片永恒的青山绿水；不仅是现实世界中那片富足的养活了无数南国儿女的鱼米之乡，从唐诗宋词乃至更早的南朝开始就已然是一个只有诗性心灵才能忆起的美丽梦境。作为中华民族一个最美丽的梦和最真实的存在，江南一直是无数人反复追问和追寻、反复得到又失落的世界。

"东南财赋地，江左文人薮。"这是康熙写给江南大小官吏的一句诗。

这句诗很值得玩味，一方面，它表明政治家的眼光看得很准，与其他区域文化相比，江南最显著的特点是物产丰富与人文发达。另一方面，政治家毕竟只是政治家，所以只能看到对其统治有用的物质财富与人力资源。但这个江南，与一般人心目中的"江南"的差别是显而易见的。在一般中国人的心目中，江南更多地是一个诗与艺术的对象，是"三生花草梦苏州"的精神寄托，也是"人生只合扬州死"的人生归宿，它可能很大，大到是白居易诗中的杭州，也可能很小，小到如李流芳画里的横塘，但它们有一个共同的特征，就是都是超功利的审美存在，与帝王那种实用的江南不可同日而语。除此之外，还有劳动者乐意辛劳的江南、商人大发利市的江南，以及青楼里哀怨与喧哗的江南等，套用一句话说，有一千个中国人，就有一千种江南文化。

这就有必要问一下，什么是江南文化的本质特征？如果最简单地说，一个事物的本质特征就是它自身所独有的东西，那么关于江南文化的本质特征，可以通过与其他区域文化的比较来发现。从这个角度出发，第一，仅仅有钱、有雄厚的经济基础，即政治家讲的"财赋"，并不是江南独有的特色，在中国，"天府之国"的巴蜀，在富庶上就可以与它一比高下。第二，政治家讲的文人荟萃，也不能算是它的本质特征，这是因为，孕育了儒家哲学的齐鲁地区，

在这一方面是更有资格代表中国文化的。江南之所以会成为中国民族魂牵梦萦的一个对象,恰是因为它比康熙最看重的"财赋"与"文人",要再多一点东西。多一点什么呢?这也可以在比较中去发现,我们可以说,与生产条件恶劣的经济落后地区相比,它多的是鱼稻丝绸等小康生活消费品;而与自然经济条件同等优越的南方地区相比,它又多出来一点仓廪充实以后的诗书氛围。一般说来,富庶的物质基础与深厚的文化积淀已经够幸运了,特别是在多半属于孟子说的"救死恐不赡"的古代历史中,但江南文化的"诗眼",使它与其他区域文化真正拉开距离的,老实说却不在这两方面,而是在于,江南文化有一种最大限度地超越了儒家实用理性、代表着生命最高理想的审美自由精神。儒家最关心的是人在吃饱喝足以后的教化问题,如所谓的"驱之向善",而对于生命最终"向何处去",或者说心灵与精神的自由问题,基本上没有接触到。正是在这里,江南文化才超越了"讽诵之声不绝"的齐鲁文化,把中国文化精神提升到一个新境界。

一言以蔽之,江南诗性文化是中国传统人文精神的最高代表。

二、诗性的知识与审美的态度

黑格尔曾说,古希腊是"整个欧洲人的精神家园",美丽的江南无疑可以看作中华民族灵魂的乡关。

在中国民族的心头字典上，江南，从来不只是一个自然地理区域，更不是一个与生活无关的纯粹知识概念。从很早的年代开始，至少当南朝民歌——如《子夜四时歌》中的"春林花多媚，春鸟意多哀，春风复多情，吹我罗裳开"；如《西洲曲》中的"海水梦悠悠，君愁我亦愁。南风知我意，吹梦到西洲"——在江南大地上唱响的时候起，它就已然成了一个"一半是烟水，另一半是魂梦"的审美存在。而今天的问题则是，如何才能把人文江南的这层诗性文化内涵澄明出来。

尽管从地理学、历史学、区域经济史与区域文化史的研究中，人们可以很轻易得到有关江南的地理位置、历史沿革、生产方式以及风俗民情等知识，但另一方面，倘若只有一大堆这样的"江南知识"，不管是那些生于斯、长于斯的江南人，还是仅仅在唐诗宋词中抽象地到此一游过的"他者"，恐怕都会觉得不能满足乃至引起深深的缺憾。他们一定会疑问：这就是那个令我们魂不守舍、三生长忆的江南吗？

因而，要想发现真正的江南，并不是一件容易的事情。由于人文江南的硬核在于它是一种审美对象，在这个意义上讲，要发现江南，需要一种在机

理上更加复杂的美学思维与方法，以及一种更高级的以审美生存和艺术生命为目的的人生态度与实践。

就前者而言，与一般的知识与研究要求尽力罢黜主体的情感与主观性不同，对于像江南这样一个从头到尾都被充分艺术化了的人文对象，如果没有特殊的审美感觉、生命体验乃至特殊的人生观与世界观，是根本不可能真正走近、更遑论深入她灵魂深处的。也许正是由于这个原因，在当代我们绝不缺乏地理学的江南、经济学的江南、历史学的江南、区域文化学的江南，但也很显然，它们不仅与那个令人魂牵梦萦的江南了无干系，而且人文江南的诗性内涵正是在它们滔滔不绝的谈论中被深深地遮蔽了起来。

就后者而言，还需要主体具有特殊的审美机能。按照一般的道理，是不应该有人怀疑人文江南存在的，除非那些已完全丧失了审美需要、或者说他的心灵中只剩下一种只能与饥饿本能、物质刺激发生关联的感觉机能。中国文化向有南北之分，即北方是实用的、政治的、道德的，而南方则是飘逸的、艺术的、审美的。尽管这个二分法在叙事上稍嫌宏大，但在大体上则可以说是"八九不离十"的。而在以"美不美"为分类原则的背后，恰好把人文江南的审美内涵澄明了出来。也

就是说,尽管人文江南本身在内涵上也是一个无所不包的"小世界",但它最本质的特征与最扎眼的部分无疑就在于此。

三、外乡人与新江南人的话语

作为一个外乡人,我最初的江南印象来自《沙家浜》里郭建光的唱词:"多亏了劳动人民一双手,绘出了锦绣江南鱼米乡。"可知最初也充满了实用和功利。而我本人走近江南的过程,也恰好可以用"从实用向审美"来表达。记得是在2002年读完博士后,身心一下子放松了很多,觉得自己的"公家事"基本上忙完,并终于可以做一点自己想做的书了。当时,正是女儿特别喜欢《采莲曲》的日子,正是在她童声朗读的伴随下,我不经意地敲开了诗性江南深深庭院的门。

几年下来,我和一些志同道合的朋友,先后出版了《江南话语》丛书(2003)、《江南文化读本》(2008)、《江南文化精神》(2009)、《释江南》丛书(2010)等,也先后提出了"江南诗性文化"、"江南轴心期"、"江南城市文化"等理论,在学术界和社会上均有影响。

至于它们的意义,我想主要有两方面:

一是"外乡人"身份与语音。我们的团队大都不是江南本邦人,只是由于某种特殊的境遇与机缘,才聚拢在一起共同编织了这个江南新梦。记得尼采在《悲剧的诞生》中曾说:"奇怪的外乡人啊!你也应当说:这个民族一定受过多少苦难,才能变得如此美丽!"意思是外乡人容易被表象迷惑,看不到希腊文明曾经有过的血腥与坎坷。这也是我们时常可以听到的议论。其实并不尽然,一方面,非江南的主体身份与文化经验,本身就包含着更多现实的苦难与沧桑,他们怎么会不懂中国的历史与政治呢?另一方面,也正是在南北两种文化圈的对照与比较中,才可以产生更深刻的理解与中允的判断。

二是"当代江南人"的经验与感悟。在熙熙攘攘的消费文明中,李白说的"只今惟有鹧鸪飞",龚自珍说的"三生花草梦苏州",萧公权说的"不知草长江南地,多少游人醉未醒",甚至卞之琳说的"去吧,到废园去/找一方白石/不管从前作什么用的/坐坐吧,坐下来/送夕阳下山/一边听饶舌的白杨/告诉你旧事",都已如恩格斯所说:"这样的诗已经永远过去了。"与我们的江南研究同时发生的无锡蓝藻事件,同样深深地刺痛了我们的感官与灵魂。但无论如何,保护美丽的江南,首先要

刘士林

中国风——江南文化系列丛书

知道真正的江南是什么,或者说,什么才是江南最珍贵的与最不能舍弃的。在我们看来,它无疑是血雨腥风的江南历史化育生成的诗性文化精神。把此种古典的美与意义示之于今人与后人,是我们一直在做、今后也不会停止的承诺与职责。如果说人类世界中有什么永恒不变的美,那么,马克思高度称赞的希腊精神与中华青山绿水间的江南文化,就是两种最重要的范式与代表。

也许有人会提出:在当代不是还有很多直接关系到人们生存的更重要的事情吗?或者说像江南这样一件事情难道真值得如此关注吗?对此我想到一个关于古希腊美女海伦的故事。《荷马史诗》中讲到,当特洛伊的长老在面对美丽的海伦时,他们没有抱怨为这个女人所进行的残酷的战争与巨大的牺牲,而是说"值得",因为她实在太美丽了。对于江南——这个大自然的富庶、人的精神创造的丰富以及在精神生产中实现了实用机能与审美机能双赢模式的对象来说,她本身不就像是一个仿佛"绝世而独立"佳人吗?而为这样一个美丽的、直接关系着一个务实民族的审美机能的生产与创造的对象努力思考与叙述难道会是多余的吗?如果不是这样,那么就让我们为之而努力吧。

诗 意 的 散 步

这学期的课在周五,送完女儿到学校,离上课时间差不多总还有一小时,便去康健园散步消遣。康健园外表普通,内里却颇具匠心,在一俯一仰之间,难免有久违的文学感受。但由于杂务过多,它们大都速生速灭了。也有一些很顽固地不肯湮灭,碰到合适的时机,就成为散步归来的纪念。

——自识于二〇〇八年五月十一日午后

一

在早春二月,脏了一冬的湖水,突然照得人眼干净明快,水面不再黑糊糊的一片,水里的层次也丰富蕴藉起来,这是怎么一回事儿呢?

从近到远,从近到远,有时是边走边看,有时是驻足的静观,才逐渐醒悟过来,并非湖水本身的变化,而是曲曲折折的岸边树木与花草,它们把春天的生气和呼吸倒映入湖水中,是它们每年一次的新绿和色泽和这潭冬日死水的相互交融,才使脏了一冬的湖水干净明快起来。不,也许这样说还不够,是春天的生机与生命力,重新回到湖水的疲惫的躯壳中……

是春天使冬天的湖活了过来啊。

二

冬天快过去了，而山坡上槐树高耸的枝桠，却等不到春天的阳光了。在园丁们刺耳的锯子声中，它们纷纷如土委地，有的已经像胳膊一样粗细了。落地的枝桠被截成木柴，一捆捆地集结在一起，等着人们拉走。昔日在最高处昂首云霄的英姿与梦想，也许只有去年的落叶还在黯然地怀想着。

当时，我就很感慨，它们为什么要长得那么高呢……

初夏的早晨到来，抬头望去，槐树顶端绿云一片，昨日伤痕已无处可觅。

于是，我更加感慨，这才是大树的智慧和生命的奥秘：只有面向天空和未来的葱茏和成长是永恒的，而其他的一切不过只是过眼的云烟。

三

才几周没有见面，体育公园就彻底变了。

三月的樱红李白仿佛还在眼前晃动，五月里大片的粉色小花已遍地怒放。好像三月的花朵们终于懂事了，从摇曳的枝头回到坚实的土地上。

在四月里纷纷开放的夹竹桃，已有稀稀的花瓣凋零，差一点就错过了她们今年的芳菲。

一只不知名的雄鸟飞临枝上，在另一只不知名的鸟儿前歌唱。雌鸟像处女般羞赧地低头，飞到不远处的草地上。不要泄气呀，可怜的小家伙。

浮桥两边的水面，早已填满了碧荷。那些晚一些出生的已找不到位置，只好亭亭地玉立在半空中。

不安分的菖蒲、芦苇横斜着，绿锦般的睡莲上绣出了黄的、紫红的图案，千屈菜挥舞着黄金的狼牙棒，五月的世界里，一下子拥挤起来了。

君家正在吴门住

从晚清的"边疆史地学"谈起

嘉庆、道光年间，西方列强黑云压城，满清帝国大树飘零，"此诚危急存亡之秋也"。而就在那个风雨如晦、鸡鸣不已的时代阴霾中，一门专门研究中国边疆地区的地理沿革、种族关系、行政与武备等方面的新学术——边疆史地研究也开始了它痛苦的妊娠与诞生的过程。

后来的历史学家们把这个19世纪的史学新方向看作是对时代要求的自觉回应。以清中叶为界标，此前尽管已有了顾炎武的《天下郡国利病书》，开启了清代学者的历史地理研究之门，但由于当时社会矛盾主要集中在满汉两个民族之间，因而历史学家们更关注的也是以中原为中心的国内历史地理方面。这其中或许也有一种遗民怀念故国的意思吧。然自清中叶以降，一方面是满清王朝统治已经相对承平，而另一方面，北方沙俄与取道中亚的大英帝国对中国西北地区的威胁日益严峻起来，也就是说在近代世界格局中的国际矛盾已经上升为更重要的方面。特别是在鸦片战争以后，中国边疆地区更

苏州平江路老屋上的冰凌

是危机四伏,这是有识之士把目光从"满汉之争"转向"中国与西方世界"的直接原因。他们这样做的目的在于"筹边谋防"、"志险要以昭边禁",即如何为抵御外侮、救亡图存提供军事地理知识以及用来生产民族精神的诸种人文资源。最初从事这项工作的两位学者是祁韵士和徐松。祁韵士先后编撰有《蒙古王公表》、《西陲总统事略》、《藩部要略》等著作。徐松则编撰有《西域水道记》、《新疆识略》等。此后又有一大批知名学者开始介入这个新领域。其中值得纪念的有龚自珍,他除了编撰有《蒙古图志》外,还写下了充满政治与军事智慧的《西域置行省议》、《御试安边绥远疏》、《上镇守吐鲁番领队大臣宝公书》、《与人论青海事宜书》等文章。而以研究海防知名的魏源最初也是从编著关注边疆民族的《圣武记》开始的。后来又有张穆的《蒙古游牧记》、何秋涛的《朔方备乘》等名著问世。在我看来,它们除了具有很强的实用价值之外,还有一种更深刻的"学术报国"理念在其中。在翻开这些著作的时候,不难体会到,在面临列强瓜分、国将不国的时代危机中,这些民族知识分子只能在地图上捍卫一个古老文明体的存在与尊严之时所特有的悲凉心境与遥深寄托。

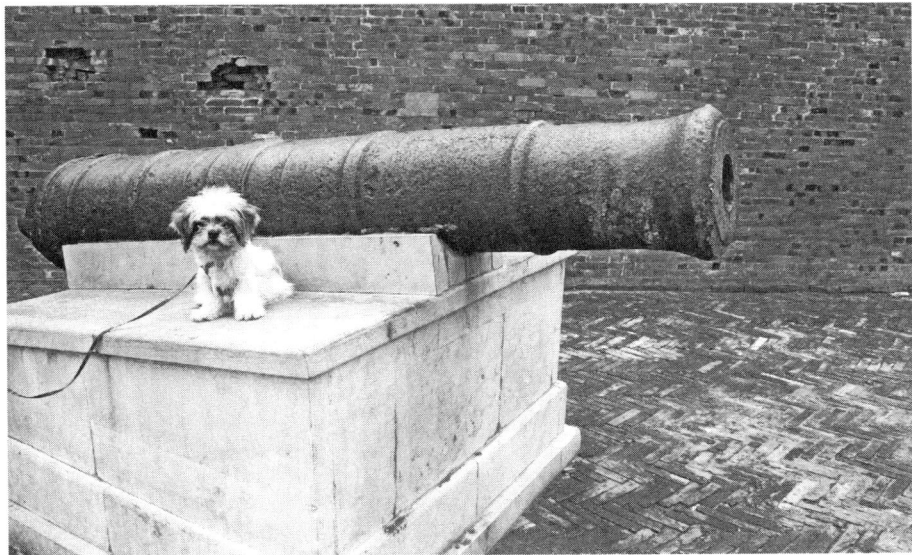

镇江西津古渡

此一时也，彼一时也。在今天这个全球化的时代中，主要问题似乎已从政治军事上转移到"文明的冲突"上，特别是随着20世纪晚期以来西方文化在世界范围内霸权话语的形成，如何在当代话语空间中确定中国文化的版图与主权，避免成为文化帝国主义的附庸与文化殖民对象，我相信，这就是当代中国人文知识分子所面临的最严峻的现实挑战与精神困境。而在当下横扫千军如卷席的"麦当劳"文化，在某种意义上也并不亚于当年的坚船利炮，它们直接威胁的是一个民族更为根本的精神家园。当此之际，不管是亡羊补牢，还是未雨绸缪，重新思想起当年那些民族知识分子的边疆史地研究，是既非偶然，亦非无足轻重的。这个背景分析不仅适用于对江南诗性文化的深入解读与阐释，而且还可以说，江南区域文化的生态保护与可持续发展，要远比中国文化在当下遭遇的生态与环境问题要严重得多。这是因为，在当代对江南文化的认识与保护所遇到的困难是双重的，如果说其一是来自本土历史上北方伦理叙事对诗性人文的话语异化，它至今仍在遮蔽着江南文化中固有的审美与诗性精神，那么其二则是来当代西方欲望叙事在现实中对精神生命全方位的扭曲，它正在恶性地消费着积淀在昆曲、园林、自然山水以及人们心灵深处的那种诗性本体。

最后要说的是，这当然不纯是在发思古之幽情，——尽管发思古之幽情也十分重要，因为它可以使人们做事时多一点意识、心理上的顾忌与考虑，更因为江南文化本身就是中国文化的"半壁江山"。正如我在《西洲在何处——江南文化的诗性叙事》中所指出的："如果说北方文化是中国现实世界最强有力的支柱，那么江南文化则构成了中国民族精神情感生活的脊梁。"在这个严重物化、欲望化的消费时代中，如何守护与开放好这一沉潜的诗性人文资源，并依据它提供的原理创造出一种诗化新文明，是我们研究与阐释江南诗性文化的根本目的。

江南与江南文化述略

在当下，江南研究越来越热，但其中有一些基本问题，特别是江南区域的界定，江南文化的源头与精神，以及传统江南与当今长江三角洲的关系，却一直缺乏正面的研究与深入的阐释，因而这里进行一些初步的界定与阐释，以期为江南文化研究提供基本的语境与参照。

一、以明清太湖流域"八府一州"为核心区

研究江南文化，首先要明确的是江南的地理范围。但这又是一个很难解决的问题，由于历史上不同的行政区划，致使江南在地理范围上屡有变化，并在学术研究方面形成了一些不尽相同的观点。大体上看，古代的江南往北可涵盖皖南、淮南的缘江部分，往南则可以达到今天的福建一带，往西则沿着长江以南一直延伸到四川盆地边沿。如何解决这个难题，我们不妨借鉴马克思"人体解剖对于猴体解剖是一把钥匙"的方法论，即，"低等动物身上表露的高等动物的征兆，反而只有在高等动物本身已被认识之后才能理解"。基于这一认识，我们研究江南，也应从江南地区真正走向成熟形态的时代开始。尽管魏晋以后，由于北方与中原的人口、文化大量南移，使江南地区在经济与文化上后来居上。但真正具有成熟形态的江南，是在中华帝国后期的明清两代。

据此，关于江南地区的界定，以李伯重的"八府一州"说最为可靠。所谓"八府一州"，是指明清时期的苏州、松江、常州、镇江、应天（江宁）、杭州、嘉兴、湖州八府及从苏州府辖区划出来的太仓州。在历史上，尽管由

江南可采莲

于行政区划的变化，江南地区在地理版图上时有变化发生，但以"八府一州"为中心的太湖流域作为江南核心区却始终如一。当然，"八府一州"说也不是没有问题，由于过于偏重古代的太湖流域经济区，这一界定有时也会显得机械和不够灵活，特别是忽略了与其在商贸与文化联系密切的周边城市，如"江南十府说"中提到的宁波和绍兴，还有尽管不直接属于太湖经济区，但在自然环境、生产方式、生活方式与城市文化上却联系十分密切的扬州和徽州，以及由于大运河和扬子

江共同编织的更大水网而后来被纳入长三角城市群的南通等。如何解决这个矛盾,我们不妨借鉴区域经济学的"核心区"概念,将"八府一州"看作是江南区域的核心区,而其他同样有浓郁江南特色的城市则可视为其"外延"部分或"漂移"现象。瑕不掩瑜,作为江南区域在历史上自然演化与长期竞争的结果,"八府一州"不仅圈定了江南地区的核心空间与主要范围,其在江南经济社会与文化上的主体地位,也是很难被其他相关的地理单元"喧宾夺主"的。这是我们选择明清太湖流域"八府一州"作为江南区域界定的主要考虑。

二、以长江文明为渊源、以诗性文化为本体

在关于江南文化的认识上,学界常见的是"一分为三",即"吴文化"、"越文化"和"海派文化"。这一划分尽管便于应用和描述,但由系统论"整体大于部分之和"这一基本原理可知,作为有机整体的江南文化必然大于"吴文化"、"越文化"和"海派文化",因而对三者的单体或共性研究绝不等同于江南文化研究。以"吴文化"、"越文化"和"海派文化"的研究取代江南文化研究,又恰恰是相关研究中最普遍的现象与事实。要想在深

层结构上解决界定江南文化的困难,首先也需要建立一个合法性的解释框架。具体到江南文化语境,可从原始发生与精神本质两方面进行探讨。

从原始发生的角度看,在江南文化起源的研究中,长期以来占据统治地位的是"黄河文化语境"。由此导致的一个直接后果是,对包括江南在内的中国相关区域文化的认识与判断,均以作为黄河文明核心的齐鲁文化理论谱系为基本语境。但在实际上,正如李学勤指出,一元论最根本的问题是"忽视了中国最大的河流——长江"。而当代考古学的大量新发现,"使新石器时代的长江文化第一次以全新的面貌出现在世人面前,对传统的中国文化以黄河文化为单一中心的论点提出了强有力的挑战!"因而,只有以上古时代自成一体的长江文明为背景,才能找到江南文化发生的真实的历史摇篮。

在精神本质的层面上,是要弄清楚江南文化最独特的创造与深层结构。如果说,本质是一个对象所独有的东西,那么关于江南文化的本质,就可以通过与其他区域文化的比较来寻找。"东南财赋地,江左文人薮"。这是康熙写给江南大小官吏的一句诗。这句诗很值得玩味,一方面,它表明政治家的眼光看得很准,与其他区域相

江南新地标：南京长江大桥

比，江南最显著的特点是物产丰富与人文发达。但另一方面，政治家也有很大的局限，他只能看到对政治统治有用的物质财富与人力资源。而在一般中国人的心目中，江南却更多地是一个诗与艺术的对象，是"三生花草梦苏州"的精神寄托，也是"人生只合扬州死"的人生归宿。它可能很大，如白居易诗中的杭州，也可能很小，如李流芳画里的横塘，但作为超功利的审美存在却毫无疑问地是它们的共同特征。如果说，在江南文化中同样有伦理的、实用的内容，与北方文化圈一脉相通，那么也不妨说，正是在审美自由精神这一点上，才真正体现出古代江南民族对中国文化最独特的创造。一言以蔽之，江南诗性文化是中国人文精神的最高代表。由此可知，江南文化本质上是一种以"审美—艺术"为精神本质的诗性文化形态。

此外，由于江南文化的特殊魅力，从古代开始，"江南"就开始了"文化漂流"，如我们熟知的"塞北江南"、"邹鲁小江南"等。但无论在哪里出现了"江南文化"现象，除了物产丰富和较高质量的物质生活，美丽的自然景观和较高层次的审美文化享受，也一定是不可或缺的内容。这也反过来证明，江南诗性文化是江南文化的核心内涵与最高本质。

三、以长三角城市群为载体的当代江南

作为传统农业大国的一个重要部分，江南在现代化进程中的巨变是不言而喻的。现代化进程的程序与技术手段固然繁多，但城市化无疑是最核心与最重要的机制。与古代社会相比，当今世界主要是一个城市的时代。与现代世界相比，城市群已成为当代城市发展的大趋势与人类文化最重要的空间载体。在江南文化的现代转换与当代形态建构的意义上，人们熟知的长三角城市群已成为传统江南文化的主要载体与最新形态。这是研究江南文化最需要关注的现实背景与发展趋势。

传统江南地区在当代之所以倍受关注，与长三角城市群的形成与发展密切相关。城市群理论的始作俑者是法国地理学家戈特曼，城市群作为一个规模空前、内在联系紧密的城市共同体，既是城市化进程发展到更高阶段的产物，也把城市的形态与本质提到更高的历史水平上。最值得关注的是，戈特曼1976年在《城市和区域规划学》杂志发表《全球大都市带体系》时，把以上海为中心的城市密集区称为世界第六大城市群。此后，以长三角经济区、长三角都市经济圈的规划与建设为核心，关于长三角城市群的经济社会与文化研究层出不穷。但在这些研究中，也有一个很严重的疏漏。尽管城市群是一个西方概念，长三角城市群是一个当代概念，但在实际上，长三角城市群并不是无本之木，如1980年代的长三角经济区概念，其雏形可追溯到明清时期太湖流域经济区。而1990年代以后的长三角城市群，其胚胎或基因实际上早在古代江南城市发展中就已开始培育。古代江南地区高度发达的经济与文化，是中国现代化与城市化进程在江南地区开始最早、并一直遥遥领先于中国其他城市或地区的根源。

与地理学上的长江三角洲不同，当代语境中的长三角是改革开放以来的新概念。1982年，国家领导人提出"以上海为中心建立长三角经济圈"，当时主要包括上海、南京、宁波、苏州、杭州。至1983年1月，在姚依林副总理的《关于建立长江三角洲经济区的初步设想》中，长江三角洲经济区规划范围包括上海、苏州、无锡、常州、南通和杭州、嘉兴、湖州、宁波等。至1986年，长三角经济圈扩大到五省一市，即上海、江苏、浙江、安徽、

橘子红了

福建、江西，并一直延续到1980年代末至1990年代初，最终由于经济区内一体化发展的矛盾、分歧过多而归于沉寂。与此同时，由于西方城市群理论在中国的影响不断扩大，长三角逐渐由一个经济区概念演化为城市群概念。其标志是1992年召开的长江三角洲及长江沿江地区经济规划座谈会，新长三角经济区范围被明确为上海、杭州、宁波、湖州、嘉兴、绍兴、舟山、南京、镇江、扬州、泰州、常州、无锡、苏州、南通。在以后一段时间内，这个

长三角只有局部修改和扩充，如1996年地级市泰州设置，使长三角城市群扩展到15个城市。2003年8月台州市进入，又发展到16个。以16城市为主体的长三角框架一直保持稳定，并受到普遍的认可。它的核心仍是明清时代的太湖流域经济区。2008年9月16日，国务院发布《关于进一步推进长江三角洲地区改革开放与经济社会发展的指导意见》，首次在国家战略层面上将长三角区域范围界定为苏浙沪全境内的26市。这使以16城市为主

体的长三角概念面临解构的挑战。对此可从两方面理解，首先，《指导意见》主要是出于行政管理方面的考虑。如同古代江南可以"溢出"、"外延"到江西、安徽、福建等地一样，对苏北5市与浙西南4市也可做类似的理解。其次，无论是经济上还是文化上，新加入的城市主要是一种附属角色，而不可能影响16城市在长三角城市群中的主体地位。由此可知，以中国历史上"八府一州"为核心区的江南，正是在当代长三角城市群的框架下获得了新的生命形态。

正如古人说："青山依旧在，几度夕阳红"，尽管当今长三角与往昔江南已有不小的变化，但由于两个基本面——地理上的长江中下游平原及包括古代吴越文化和现代海派文化在内的江南诗性文化——仍是长三角城市群的核心地理空间和主要文化资源，所以完全可以把长三角城市群看作是古代江南的当代形态。另一方面，今天的长江三角洲，已成为一个比以往任何时代联系更加密切的经济共同体，承担着建成"具有较强国际竞争力的世界级城市群"的光荣使命，而江南地区特有的人文地理、社会结构及文化传统，不仅在历史上直接铸造了古代江南地区的繁荣和辉煌，还将在更深的层次上影响着长三角城市群的可持续发展。

江南生活方式与新石器时代渊源

康德晚年曾写过一篇论崇高与优美的论文，其中要表达的一个核心意思是："夜晚是崇高的，白昼是美的；海是崇高的，陆地是美的；男人是崇高的，女人是美的。"[1]这一关于性别类型与审美范式的直觉发现，在现代精神分析学派中曾得到更为全面而深刻的展开与阐释。特别是其中关于"男人是崇高的，女人是美的"，对研究江南生活方式的原始形态具有重要的启示价值。

神话学家的相关研究早已充分表明，在原始崇拜中，就出现了"北方文化英雄多为男神而南方文化英雄多是女神"的重要区别。而对此进行了重要补证的则是美国学者芒福德，他从城市起源与发生的角度推测：早在农业革命之前的新石器时代，人类可能发生过一场"性别革命"，"这场变革把支配地位不是给了从事狩猎活动，灵敏迅捷和由于职业需要而凶狠好斗的男性，而是给了较

1　[德]康德著，马元德译：《西方哲学史》下卷，商务印书馆1976年版，第248页。

为柔顺的女性"，因而，在"新石器农业的每一个方面，从新出现的村庄聚落中心，到房舍的地基，以至于墓穴中，到处都留下了'母亲和家园'的印记。在田地里挥锄操劳的是女人；在园子里管理作物的是女人；采用选择杂交的方法把野生物种转化成高产的、营养丰富的农家品种，完成选择杂交伟大功绩的也是女人。制造器皿，编结筐篮，用泥条缠绕成最早的泥罐的也是女人。就形式而言，村庄也是女人的创造，因为不论村庄有什么其他功能，它首先是养育幼儿的一个集体性巢穴。女人利用村庄这一形式延长了对幼儿的照料时间和玩耍消遣的时间，在此基础上，人类许多更高级的发展才成为可能。"[1]在以女性为中心的新石器时代，食物丰富、性爱充沛、没有战争，远胜于以男性为中心的旧石器时代。特别是芒福德提到的"玩耍消遣的时间"，与人类游戏本能或审美机能的发育可以说是密切相关的。这一生活方式直到城市——作为新石器时代与旧石器时代相结合的产物——的出现才发生根本性的变

1　[美]刘易斯·芒福德著，宋俊岭、倪文彦译：《城市发展史——起源、演变和前景》，中国建筑工业出版社 2005 年版，第 11~12 页。

异,"在这种新形成的城市雏形环境中,男子成了领导人物,女人则退居次要地位……女性十足的女神们也在一定程度上让位给一些男神……女人的力量曾经表现为她特有的诱惑力和吸引力,表现为每月行经,以及交媾、生儿育女的能力,表现为各种创造生命的艺术。而现在,男人的力量开始表现出来,表现为侵略和强力所建树的功业,表现为杀戮能力和不怕死,表现为克服各种障碍并把自己的意志强加于其他人群,而且,他们若敢反抗,就消灭他们"。[1]由此可知,新石器时代的女性文化带有很强的审美特征,是人类共有的原始诗性文化的一个基本形态或阶段。

如果说生产工具是人类历史划分的主要依据,那么正如芒福德所说:"新石器技术的一个重要事实在于,这个时代的主要革新并不在于武器和工具,而在于容器的形成。""旧石器时代的工具和武器主要借助于运动惯力和肌肉力量:砍、削、劈、掘、挖、切等动作,都是持工具自一定距离以外开始,迅疾用力;简言之,都是些进击性动作。……但女人则不同,

女人柔软的内脏器官是她生命的中心:她的双臂和双腿,其运动的功能还不如搂抱和挟持功能更有意义,不管她是拥抱一个爱侣还是怀抱一个婴儿。""在女人的影响与支配之下,新石器时代突出地表现为一个器皿的时代:这个时代出现了各种石制的和陶制的瓶、罐、瓮、桶、钵、箱、水池、谷囷、谷仓、住房,还有集团性的大型容器,如灌溉沟渠和村庄。"[2]在马克思主义看来,一方面,人和动物的一个根本区别在于发明和使用生产工具。如李泽厚对此进行的阐释:"如果不怀成见而略予省视,便可发现:人类生活和生存区别于其他生物种族的基本的、突出的、巨大的、主要的特征,在于使用工具和制造工具……这个极平常却极重要的事实。我认为,这也正是马克思的贡献所在:指出以生产工具为核心和标志的生产力的发展是社会存在及走向'自由王国'的根本柱石。从而,经济是基础,其他乃上层,社会由是生,关系由是出,财产由是立,历史由是行……"[3]另一方面,人类在运用生产工具改造自然世界的

1　〔美〕刘易斯·芒福德著,宋俊岭、倪文彦译:《城市发展史——起源、演变和前景》,中国建筑工业出版社2005年版,第28页。

2　〔美〕刘易斯·芒福德著,宋俊岭、倪文彦译:《城市发展史——起源、演变和前景》,中国建筑工业出版社2005年版,第15页。

3　李泽厚:《世纪新梦》,安徽文艺出版社1998年版,第14页。

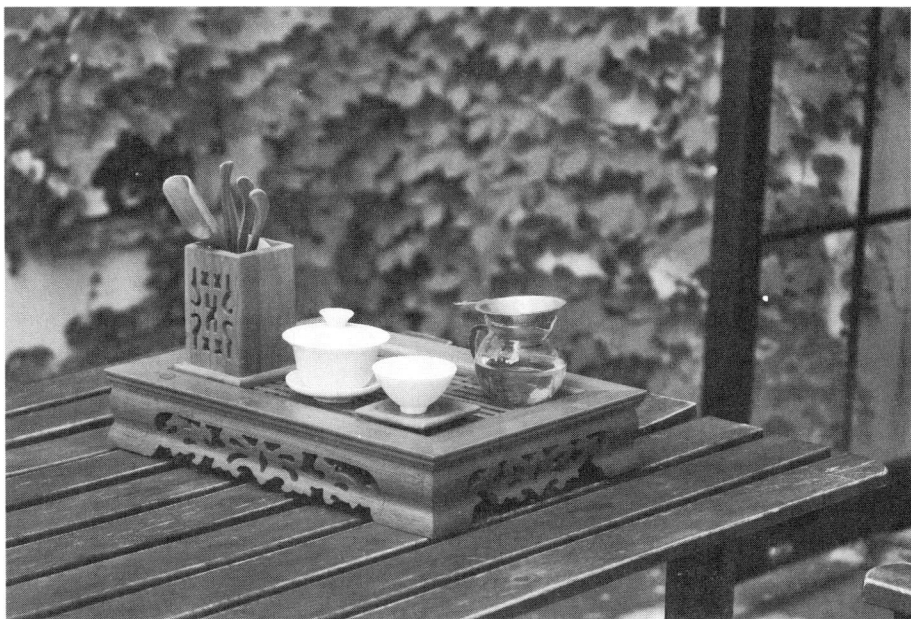

同时，也在更深的意义上改造和发展着人自身。这就是劳承万从中提炼出来的"主客体相互适应原理"："'对象如何对他说来成为他的对象，这取决于对象的性质以及与其相适应的本质力量的性质；因为正是这种关系的规定性造成了一种特殊的、现实的肯定方式'。主客体的相互适应……是等价的双向运动，'感觉为了物而同物发生关系，但这物本身却是对自己和对人的一种对象性的、属人的关系'，'只有当物以合乎人的本性的方式跟人发生关系时，我才能在实践上以合乎人的本性的态度对待物'。人以'人的方式'占有对象，对象也以'物的方式'占有人，前者是人的物化，后者是物的人化。人化与物化，正在相互适应的和谐运动中达到同一。"[1] 或者说，"主体丰富性是历史的产物……不是孤立的预成系统，而是主体以人的方式全面地占有对象的一种对应性的积极成果，是'对象成了他本身'的一种观念性、精神性的积淀。客体展开的丰富性，其历史行程

---

[1] 劳承万：《审美的文化阐释》，上海文艺出版社1991年版，第88页。

与主体丰富性的历史行程走的是同一条路"。[1] 由此可知,不同时代的人们在发明和使用不同的生产工具进行生产实践时,反过来也影响着这些人的主体机能、生活方式和精神文化的再生产。在这个意义上,以细腻、柔和、优美、注重生活细节与质量著称的江南生活方式,与新石器时代的女性文化模式应该有很深的历史渊源,而与形成于旧石器时代、在城市起源过程中逐渐复活和壮大,并在此后的文明时代一直作为主流与中心的男性文化有霄壤之别。

根据芒福德的卓越研究,新石器时代的女性文化模式主要有两大特征。一是在生产工具的发明和使用上以"容器"为主体,这很好地适应了其时定居方式、驯化动植物、饮食正规化等现实需要。二是由于获取生活资料压力的减弱,使人类的生理结构与精神结构开始发生重要的变化。正如芒福德所说:"最后一次冰川时期消退之后,人类的食料来源极大地丰富了,这对人类的大脑和性器官的进化和发育产生了显著的效果。采食很容易,居住较安全,因而生活比较轻松了;人类

摆脱了长期以来的被迫挨饿状态,性要求不再因饥饿而受到抑制,各种形式的性特征也随之达到了早期的成熟状态,性功能变得持久而强烈,这些大约是狩猎和采集时代的人群在朝不保夕的半饥饿状态中所不能有的。"[2]在某种意义上,这两大特征在江南地区的考古发现中都可以找到有力的证据。就"容器"生产、村庄与原始农业出现的方面看,在"上山文化"——中国长江下游及东南沿海地区迄今发现的年代最早的新石器时代遗址中,就出土有大量的陶器和石器。其陶器多为夹炭红衣陶,石器以打制石器为主,还有石磨盘和石球,反映了与原始农业紧密相关的经济生活模式。[3]这既可以看作是新石器时代女性文化在江南地区存在的有力证明,同时也可以为以审美与诗性为基本特征的江南诗性文化提供一个更久远的历史源头和文化研究语境。就新石器时代生活资料丰富、生存压力减少以及审美与娱乐活动开始出现的方面看,在英国《自然》杂志最近发表的《沿海沼泽地的刀耕火种和水涝治理成就中国东部最早的水稻文明》文章中,就揭示出

1 劳承万:《审美的文化阐释》,上海文艺出版社1991年版,第95页。

2 [美]刘易斯·芒福德著,宋俊岭、倪文彦译:《城市发展史——起源、演变和前景》,中国建筑工业出版社2005年版,第11页。

3 严红枫、盛锋:《"上山文化"改写长江下游史前文明史》,《光明日报》2006年11月13日。

太湖畔的镇湖镇是著名的刺绣之乡，几乎家家户户都女子都会刺绣

太湖流域的水稻始于7 700年前，而特别值得关注的是，当时人们种植水稻不是为了实用饮食，而是为了酿酒。[1] 这在某种意义上就可以证明，新石器时代的江南已微微流露出诗性生活的曙光，其本质特征在于生活、劳作不仅是为了直接的物质生活资料的满足，同时也开始有了感性享受与心灵愉悦的性质。

维柯曾有一个基本思想，即一种东西的本性就在它的起源中。西方

19世纪的人类学家进一步认为："一切都继续存在着，唯有形式发生了变化，一个事物的起源决定了它的本质。"[2] 如果我们能够接受维柯和人类学家的这个基本观点，以新石器时代女性文化作为江南诗性文化的源头与语境，不仅它的表层特征与深层本质更容易得到理解，同时也可以为我们以往关于江南诗性文化的研究找到更深层的证据。比如，我们曾认为：江南民族是中国民族的审美机能的真正

1　《太湖流域水稻栽培始于7 700年前》，《上海科技报》2007年10月10日。

2　[德]米夏埃尔·兰德曼著，张乐天译：《哲学人类学》，上海译文出版社1988年版，第168页。

代表，它从一开始就独立存在，是一种与生俱来的天性，而不是后天积淀的经验产物。[1]换言之，江南诗性文化不是在历史实践中逐渐与政治、伦理等实用精神分离出来的；而是从一开始就有自己独特的审美本体内涵，是它自身在时间长河中不断发展、生长和走向澄明的结果。这些都可以通过追溯江南地区新石器时代的女性文化得到解释。而在新石器时代女性文化中已经出现的游戏与审美活动，无疑可以看作是中国民族审美机能与艺术实践的萌芽或原型。倘若江南地区新石器时代的考古能够有更多的新发现，我想人们对此也一定会找到更多的地下证据。

此外，还有一个必须面对的问题是，如果说人类在不同地理环境中都经历了新石器时代女性文化阶段，那么人们在后来为什么会走上完全不同的发展道路，其实这并没有什么奇怪的，其主要原因有二：一是女性文化在中国的江南地区发育得更为完善与全面，二是在后来的历史进程中没有受到毁灭性的破坏。以我们提出的重审美——艺术的江南诗性文化与重伦理——政治的北方诗性文化为例，除了在发生阶段集聚的女性文化要素差异之外，两种地

理环境在生产条件、社会环境，以及历史发展进程的差异也很重要。特别是北方相对贫瘠的生产环境与经常性的战争等破坏，则可以看作是其选择男性文化模式、放弃女性文化传统的重要原因。总之，从新石器时代开始，江南地区就形成了发达的女性文化，正是在这种自然与人文环境中逐渐发展出独特的江南诗性文化。此后，这种文化渗透到生活世界中，由此形成了江南特有的生活方式。

国学与江南文化刍议

论题一出，即遭遇两大障碍：一是钱钟书先生说"东海西海，心理攸同；南学北学，道术未裂"。既然"道术未裂"，又何必刻意南北？这是因为，钱先生这句话本身并不错，但与所有高度凝练的格言一样，如果不顾及此语的背景，或不能对其适用范围作必要的限定，其结果则难免于西哲几百年前的评议——东方人见到统一就忘掉了差异。所以，钱先生的"意思"应理解为最高学术境界的一致，但也需切记，这并不说明南学与北学在经验层面上没有任何差异。刘师培先生之所

1　刘士林：《西洲在何处——江南文化的诗性叙事》，东方出版社 2005 年版，第 212 页。

以撰《南北学派不同论》，并分论"南北诸子学"、"南北经学"、"南北理学"、"南北考证学"、"南北文学"，其意义即在乎此。但另一方面，这似乎是又一个障碍所在，即今人的国学底子已明显不比先贤，在王骥德论南北曲、王国维论南北文学、梁启超论南北文化之后，还有再"插嘴"、"横议"的必要吗？这是首先要面对的问题。

之所以提出"国学与江南文化"，除了一般的发扬先贤学术，"旧学商量加邃密"之意，主要原因是当今学术的条件与语境已然发生了巨变。对于包括江南学术在内的江南文化研究，则是20世纪的考古学为之提供了全新的理论基础与解释框架。关于中华文明的起源，一个已常识化的说法即"黄河中心论"，其基本内容是，"中华文明的起源是一元的，其中心在黄河中下游，由之向外传播，以至各地"。正是依托于这个框架，包括江南文化在内的整个长江文明，一直被解释为黄河文明传播的产物。如所谓"吾吴古称荆蛮，自泰伯、虞仲以来，变其旧俗，为声名文物之邦"（《清嘉录·宛山老人序》）。意思是，江南本为蛮夷不化之邦，只在接受了泰伯等人带来的周文化之后，才开始有了"文明"并逐渐后来居上。事实上并非如此，正如李学勤先生说，"黄河中心论"最大的问题是"忽视了中国最大的

河流——长江"。而晚近几十年的考古学成果证明，长江文明与黄河文明"本是同根生"。尽管不能说两者泾渭分明，但至少可称之为"二水分流"，这是解释中华文明起源与文化发展的科学框架。"黄河中心论"的最大问题是以"传播论"遮蔽了江南的"原生文化"，由此对后者造成了诸多的误读与曲解，是今天必须慎重对待与重点清理的。

国学既是北方文化的产物，也是一直以北方与中原为中心的中国传统社会的独特反映。以国学的核心儒学为例，它在江南的传播与孔子的两个弟子相关，一个是子贡，"多次南下吴、越，政治目的是主要的，但在不经意间也宣扬了儒家的思想观点"。另一个是澹台子羽，"南游至江，从弟子三百人"，足迹到达"长江下游以南吴国中心地带，儒学的种子随之播往东南"（何成轩《儒学南传史》）。这可以看作是儒学南传的"文化路线"，而以后的江南学术，则大抵是它们在这一地区传播与再生产的结果。但由于忽略了江南文化的独立性，人们往往只看到儒学一方面的传播，至于后者特有的文化传统对北方儒学系统的改造与影响，人们即使不完全忽视，也基本上是不看重的。在实际上，南北之别是一种跨文化现象，如丹纳在《艺术哲学》中就谈到，由于气温、自然环境与水文

条件的不同,意大利南北人民在思想、性格与风俗上就有许多重要差别。这也适用于解释江南文化与北方与中原文化的关系。所谓江南,主要包括苏、松、常、镇、应天(江宁)、杭、嘉、湖八府与太仓州,它们"在地理、水文、自然生态以及经济联系等方面形成了一个整体,从而构成了一个比较完整的经济区"(李伯重《多视角看江南经济史》)。不同的地理环境与经济生产,会直接影响到主体的思想观念与生活方式,这是从地域视角关注江南国学的重要原因之一。

江南文化对国学的意义,可从三方面加以了解。一是南北学术发展的物质条件不同。在北方,人与自然的矛盾表现较为突出,如明人丘濬说:"不幸而有荒年,则伐桑枣,卖子女,流离失所,草芽木皮无不食者。……而淮北、山东为甚。"(《天下衍义补》)而北方与中原频繁的战争,也是"中州老师存者无几"的直接原因。与之相比,江南的经济基础要好许多,如范仲淹说"苏常湖秀,膏腴千里,国之仓庾也"。如苏轼说:"两浙之富,国用所恃,岁漕都下米百五十万石,其他财赋供馈不可悉数。"物质文明是精神文明发展的前提,所以"民既富,子弟多入学校"(王世懋《二酉委谈摘录》)就成为江南社会的一个表征。这是刘师培说"魏晋

以后,南方之地学术日昌,致北方学者反瞠其后"的重要原因。二是不同的物质条件直接影响到南北学人的精神生态与学术生产。由于现实生存条件恶劣,北方学者多关注国计民生,在学术生产上,也多持"述而不作"的态度,容易保守与守成,而于思想解放与学术创新上显得不足。在生活方式上也如此,他们一般都能严格遵守礼法与规范,以至于常常显得拘谨与呆板。与之相比,江南学人则要自由、开放许多。不少江南学者都很有个性,并表现出江南学人特有的优雅气质。如与孔子同时的季札,自然通达,博学清言,就是一例。我曾把江南文化与齐鲁文化的差异描述为"审美—诗性"与"政治—伦理"的对立,它同样再现于南北学人的深层生命结构中。如果说北方学人的最大特点是功利性,那么江南学者则更多地体现出非功利的审美品格。这以文学上的表现最明显,如《北史·文苑传》说:"江左宫商发越,贵于清绮;河朔词义贞刚,重乎气质。"不同的生命气质,自然会影响到学术的接受、传播与再生产。由于个性与思想比较解放,在江南地区,既容易出现戴震那样的"怀疑论者"、顾炎武那样的"职业化学者",也会经常出现李贽一类的异端人物。而历史上褒贬不一的乾嘉学派,与江南民族细腻的个性也是密切相

关的。三是江南文化直接产生了独具个性的江南学派，西方汉学家艾尔曼将之称为"长江下游的学术群体"（a unified academic community in the Lower Yangtze Region）。如由沈彤、江声、余萧客、褚寅亮、洪亮吉、孙星衍、王昶、王鸣盛、钱大昕等构成的吴派，还有与之相辉映的皖派（包括程瑶田、金榜、洪榜、段玉裁、王念孙、孔广森等），江南学派的出现，不仅使"一代学术几为江浙皖所独占"，也为中国传统学术的现代转型提供了重要的基础。从江南文化角度予以研究，可以更好地揭示中国传统学术的现代性价值。

从江南文化角度关注国学，既显示出国学存在方式的多样性，进一步开拓了研究的学术空间，同时也可以使我们的理解在内容上更加丰富，在细节上更加真实与生动。

江南佛教文化探微

一

"南朝四百八十寺。"如同气候温热、物质环境优越的古印度容易产生宗教[1]一样，江南一带自古也以香火旺盛、名刹繁多著称。同时，受江南地区特有的地理人文景观、生产生活方式、社会文化风俗以及审美精神趣味影响，江南佛教不仅与作为其源头的印度佛教有着很大的不同，同时也与中原及其他文化圈的中国佛教表现出明显的文化差异。

江南佛教文化的提出，与近年来"江南文化的再发现"直接相关。在某种意义上，这种再发现不是局部的材料补充或观念修补，而是在整体上为江南文化研究建立了全新的解释框架和理论基础。它不仅极大地吸收了当代人文社会科学关于江南的新知识与具体探索成果，同时，还以"江南诗性文化"为理念在很大程度上实现了相关知识在更高水平上的综合创新。具体说来，主要包括这样几个方面："以区别长江文化与黄河文化为空间背景，追溯江南文化的文化背景与渊源；以区别江南文化与齐鲁文化为区域背景，揭示江南文化的诗性与审美本质；以江南轴心期为理论基础，还原江南美学与文化的历史生成；以江南城乡差别为解释框架，探索江南城市诗性文化的精神结构"[2]。由于这几个方面分别涉及江南文化的发生与

1　刘士林：《中国诗性文化》，海南出版社 2006 年修订版，第 29~31 页。
2　刘士林：《在江南发现诗性文化精神》，《文化艺术研究》2008 年第 1 期。

源流、深层文化结构与精神本体等方面，因而被我们看作是江南研究最重要的学术配置与基本的主体条件，同时，"江南文化的再发现"也为江南文化各子系统或更微观层面的研究，提供了具有当代性意义的理论基础与阐释语境。

随着江南文化研究的不断深入和拓展，作为江南文化重要构成的江南佛教文化也必然面临着"重新发现"的问题。关于这一点，还与传统江南文化研究模式面临的当代转换直接相关。传统江南学术研究主要有两大显学：一是文献整理与研究，重在对各种江南传统文献作整理、汇编与诠释，而很少考虑用什么观念、方法与工具去从事整理与研究；二是历史学研究，其中又以经济社会史、区域文化研究为重点。与前者不同，尽管他们相当热切地关注与运用源自西方的新的观念、理论与方法，但由于中西文化传统、形态与内涵等方面存在着巨大差异，特别是在应用那些从西方经验中总结出来的原理、方法与工具时，缺乏一个对其合法性与普适性的"先验批判"程序，因而它们在对江南社会与文化经验的阐释与研究中是否具有合法性，始终是一个悬而未决的问题。

在观念、理论与方法上存在的问题，必然会或直接或间接地影响到其学术研究的真实价值。由此可知，只有首先建构出合法的文化理论与解释框架，才能为具体的经验研究提供"内在生产观念"及具有普遍意义的"理论模式"。与以往的江南文化研究相似，江南佛教文化研究一直以来也主要隶属于历史学、经济学和民俗学，如江南佛教史、江南寺庙经济以及各种与佛教相关的江南民俗研究，其主要问题也是殊途同归的。因而，真正的江南宗教文化研究如何可能？关键仍在于如何建构一种合法性的"文化理论"与"解释框架"。

根据我们的研究，这个"文化理论"与"解释框架"可以从两方面来了解。首先，江南文化研究有一个重要的大背景即中国诗性文化。与西方文化以理性智慧为深层结构迥然不同，中国文化是从诗性智慧中转换而来的一种文化形态。如果说，西方文化的深层结构在他们的哲学中，那么中国民族的最高智慧则在中国诗学里。这是中西文化最根本的区别所在。在此需要指出的是，诗性文化理论特别适合于解释江南文化。其主要原因在于，中国南北文化的根本差别在于政治与审美、实用理性与诗性智慧的二元对立，而江南文化与中原—北方文化圈的各种差异正是从这个深层结构中生产出来的。这是在解释江南文化时，诗性文化理论比诸如实用理性、道德文明、宗法结构、乐感文化等更符

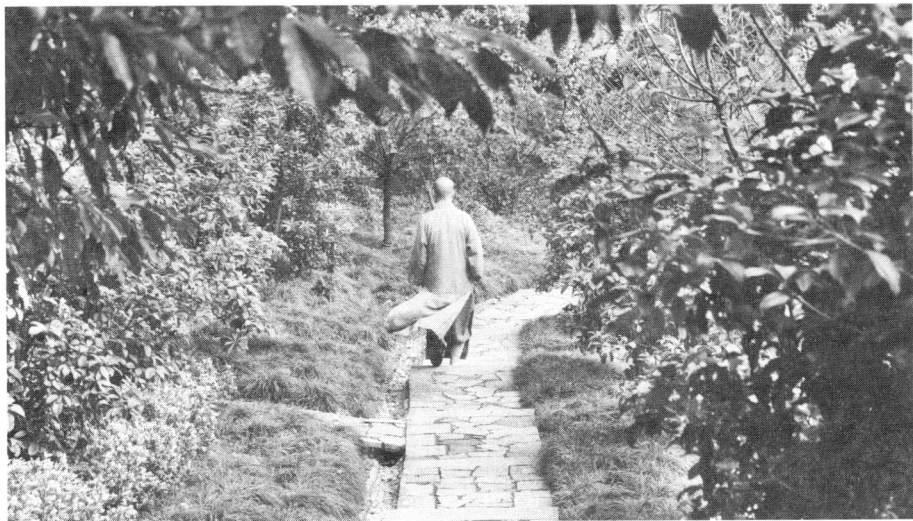

合对象的特征与本质的重要原因。其次，江南文化与中原—北方文化圈恰好代表着中国诗性文化的两个系统，即以政治—伦理为深层结构的"北国诗性文化"与以经济—审美为基本理念的"江南诗性文化"。这两者之间的关系可以表述为，由于"北国"的审美特征不够清晰，因而只是中国诗性文化的"初级阶段"或"早期状态"；而人文精神发生最早、积淀最深厚的中国文化，正是在江南诗性文化中才实现了自身在逻辑上的最高环节。在获得了这样的基础与语境之后，对江南佛教文化进行界定与阐释，也可着重从两方面进行：首先，宗教是一种世界文化现象，因而首先要弄清楚中国宗教与西方宗教的差别；其次，中国文化向有南北之别，因而还需要弄清楚江南佛教文化与中原—北方文化圈的佛教文化的不同。在这个意义上也可以说，"中国诗性文化"与"江南诗性文化"，为我们正确认识江南佛教文化提供了重要的方法与路径。

二

在诗性文化语境中，与西方宗教相比，中国佛教文化最显著的特点在于自然化、艺术化和人间化。

从发生学角度看，这与中西民族在轴心时代形成的文化模式密切相关。"与希腊模式相对，中国模式可称为'非主体化'与'非对象化'。希腊模式的要义有二：一是表现为感性与理性的二元对立，二是宇宙裂变为主体与客体二部分，那种冷酷地压抑感性以及冷酷地征服自然的西方社会生产方式，就是以此为基础发展来的。中国模式不同，它一方面尽力消解生命内部逐渐展开的'感性'与'理性'的对立，另一方面又通过限制主体的欲望以尽可能减少人与自然的矛盾。希腊模式是理性文化的代表，它完全背离了人类最初的诗性智慧。中国模式是诗性文化的典范，最大限度地继承了原始的诗性智慧系统。以后的中国文化，尽管层次繁多、旁逸斜出，但都以诗性智慧为根底，所以说，中国文化是从'诗性智慧'中转换生成的一种文化形态。"[1]以诗性文化与理性文化为大背景，中西民族在宗教上也同样表现出诗性与理性的对立。这是中国宗教文化可以更深地融入自然和人间，同时具有高度的艺术化特征和审美内涵的根源。

从"自然化"的角度讲，中国佛教与西方基督教有明显的差异。基督教

1　刘士林：《"诗化的感性"与"诗化的理性"——中国审美精神的诗性文化阐释》，《上海师范大学学报》2009 年第 1 期。

的发展与城市关系密切，甚至可以称之为"城市型宗教"。"大约在2世纪开始，每个重要城市的主教被认为是周围地区所有教士的上级，他的辖区相当于罗马帝国最小的行政单位。那些驻在较大城市市区的主教被叫做大主教。教堂是城市最重要的建筑。如12世纪末期的伦敦有教堂139处；15世纪末的科隆有11座大教堂，19座牧区教堂，22个男修道院，76个女修道院；比科隆小的布伦瑞克有15个大教堂，20多个小教堂，5个男修道院，12个女修道院。许多学者都同意把西欧中世纪早期城市称作主教城市。罗马帝国晚期，主教是城市全体教徒之首。后来市政瓦解，主教仍留居城市内，主持教务，管理教会财务，并对全体教徒行使一定管辖权。罗马灭亡后，主教凭借宗教权威和所取得的越来越大的力量，成为城市的管理者，他按照罗马法和宗教法审判城内居民进行裁决。可见，城市在当时是名副其实的宗教中心。"[1]这与"天下名山僧占多"的中国是有明显差别的。与之不同，中国古代寺院在选址时则偏爱人迹较少的大自然。如陈从周先生说："隐中有显，显中有隐，是佛寺建筑选址之特征也。名山之中，一寺隐现，远观不见，近则巍然，建造之美。僧人结茅山间，详察地形、水源、风向、日照、景观、交通等，然后定址，天下名山僧建多，皆最好之景点……人爱其山，更仰其寺，我陶醉于宁波天童寺前的松径，我痴坐于嵩山少林寺山门前望山，我更盘桓敬观过西湖云庵前看三潭，这种梦耶幻耶的境界，逐渐引我入寺院中，俯首本尊之前，是由动到静，入于定的启示，我心无他求。城市中的佛寺，往往占一城之胜，其选址往往仅次于衙署、文庙，有时名则胜之，如常州天宁寺、扬州大昿寺等，其在一城中负一城之誉，虽非中心，而选址之巧妙，往往闹中有静，不觉其在繁华人间也。"[2]

从"艺术化"的角度看，可以从中印佛教文化的表现与传播等方面来了解。印度佛学有相当复杂的逻辑系统，其中有一门学问就叫因明学，是一般人很难理解和掌握的。中世纪基督教神学在论证上帝时也多采用逻辑方式，如其最著名的"本体论的证明"，就是一种"从上帝的概念直接推出上帝的存在"的逻辑，它首先预设一个叫做"上帝"的概念，用来指称宇宙间最伟大最完善的存在物，然后再推论

1　参看马克垚：《西欧封建经济形态研究》，人民出版社1985年版，第312~313页；[美]C.沃伦·霍莱斯特，陶松寿译：《欧洲中世纪简史》，商务印书馆1988年版。
2　陈从周：《陈从周散文》，花城出版社1999年版，第81页。

杭州灵隐寺

说,既然上帝的观念是一个最完善的存在物的观念,所以上帝应该是真实存在的[1]。像这样的思维与表达,不仅过于艰涩,不容易为一般人接受,在有些地方也难免有逻辑上的问题。在中国古代则完全不同,宋代严羽有"论诗如论禅"一说。在古代禅林中,用诗歌的形式、形象的语言表达佛教的深义,是最常见的"传道授业解惑"方式。因而,中国佛教的表现与传播方式带有很大的艺术化特色。如有诗佛之称的王维的《辛夷坞》:

木末芙蓉花,山中发红萼。
涧户寂无人,纷纷开且落。

尽管它在主旨上仍是在讲佛教的"空"——这一佛学的最高道理,但却用了高度形象化的艺术手段,所以很容易叫人理解和领会。

从"人间化"的角度看,在基督教和佛教中,都有较强烈的反世俗倾向。在基督教有原罪说,在中世纪,教会还通过宗教裁判所等推行宗教禁欲主义,以及通过宗教战争传播基督教的教义与宗教理想。其中可以举的一个例子,是卡尔文教在日内瓦的所作所为。他连一个小女孩吃面包时多加一点糖都要禁止,以其有可能导致感性欲望的泛滥。在印度佛教中,也存在着这一问题。所以,德国著名神学家施韦策把印度文明的世界观称为"世界与生命之否定"(world-and life-negation),同时,他还把中国文明的世界观称为"世界与生命之肯定"(world-and life-affirmation)。[2]在中国古代佛教中,与基督教和印度佛教的确有明显的不同。

1　陈修斋、杨祖陶:《欧洲哲学史稿》,湖北人民出版社1987年版,第163页。

2　参看柳卸林主编:《世界名人论中国文化》,湖北人民出版社1991年第1版,第265~266页。

如汉语中的"庙会"一词就很能说明这个问题。庙会是以寺庙为中心形成的集市与消费场所，因而一般也是红尘中比较热闹与繁华的地方。"根据《析津志》，在元大都城市商业格局中，还有一处所在是京杭漕运所催生的，这就是齐化门外的东岳庙一带。《析津志》记载，这一带因香火兴隆及'江南直沽海道来自通州者，多于城外居住，趋之者如归。又漕运岁储，多所交易，居民殷实'，至三月时，庙会兴盛，'道涂买卖，诸般花果、饼食、酒饭、香纸填塞街道，一盛会也。'（《析津志》）而这就是今天仍然长盛不衰的东岳庙会的前身。"[1] 在京杭大运河的沿岸城市中，类似这样的庙会是相当普遍的。[2]

由此可知，与西方宗教相比，中国佛教文化最显著的特点在于自然化、艺术化和人间化。同时，这也可以看作是江南佛教文化发生的摇篮或是其浓郁的底色。

三

与中原——北方文化圈相比，江南佛教文化最显著的特点可以归纳为更自然化、更艺术化和更人间化。

由于自然环境、生产方式与历史传统的不同，江南文化与中原——北方文化圈存在着很大的差异。这一点也是经常被学者们提到的。其中最著名的是梁启超的阐释，"其气候和，其土地饶，其谋生易，其民族不必惟一身一家之饱暖是忧，故常达观于世界以外。初而轻世，既而玩世，既而厌世。不屑屑于实际，故不重礼法；不拘拘于经验，故不崇先王。又其发达较迟，中原之人，常鄙夷之，谓为蛮野，故其对于北方学派，有吐弃之意，有破坏之心。探玄理，出世界；齐物我，平阶级；轻私爱，厌繁文；明自然，顺本性：此南学之精神也。"[3] 由此可知，要想深入了解江南佛教文化的特点，还需要从仔细分辨南北的差异入手。江南文化之所以不同于中国的其他区域文化，在于它本质上是以诗性文化为根本特征的。这一点与以齐鲁礼乐文化为代表的中原——北方文化相比就更加明显。如果说齐鲁礼乐文化本质上是一种伦理人文，那么具有很高审美价值的江南文化则是一种诗性人文。受其影响，江南佛教文化也有一种明显的"去伦理化或趋审美化"的发展态势。由于审美比伦理

1　耿波：《源头活水出京华　一水恋恋过通州》，载于刘士林等著：《中国脐带·大运河城市群叙事》，辽宁人民出版社 2008 年版，第 13~14 页。

2　刘士林：《大运河城市文化模式初探》，《南通大学学报》2008 年第 1 期。

3　梁启超：《清代学术概论》，中国人民大学出版社 2004 年版，第 23 页。

江南佛教造像石刻代表作——飞来峰造像

更多地摆脱了实用性或功利性,因而江南佛教文化也成为一种更自然化、更艺术化和更人间化的中国佛教文化。

在"更自然化"这一点上,主要得力于南北佛教依托的自然环境区别很大。与北方的自然地理条件相比,美丽的自然景观是江南文化得以产生和延续的基础。如《世说新语》的这些记载——

王羲之曰:"从山阴道上行,如在镜中游!"

王子敬云:"从山阴道上行,山川自相映发,使人应接不暇。若秋冬之际,尤难为怀!"

王右军既去官,与东土人士营山水弋钓之乐。游名山,泛沧海,叹曰,"我卒当以乐死!"

以此为基础,在人与自然的关系上,逐渐形成了北方重视人工而江南重视自然的明显差异。以园林设计与建造为例,陈从周先生曾指出:"中国园林的景物主要模仿自然,用人工的力量来建造天然的景色。"[1]但由于南

1　陈从周:《陈从周散文》,花城出版社 1999 年版,第 81 页。

北自然资源与条件的不同，两者不仅呈现出明显的差异，同时北方在自然上无论如何也比不上南国。"南方建筑为棚，多敞口；北方建筑为窝，多封闭。前者原出巢居，后者来自穴处。故以敞口之建筑，配茂林修竹之景。园林之始，于此萌芽。园林以空灵为主，建筑亦起同样作用，故北国园林终逊南国。盖建筑以多门窗为胜，以封闭出之，少透漏之妙。"[1]特别需要注意的是，陈从周先生在《园林分南北景物各千秋》中还细致阐释了南北园林的差异与其自然条件利用的密切关系："首先对水的利用，北方艰于有水，有水方成名园，故北京西郊造园得天独厚。而市园，除引城外水外，则聚水为池，赖人力为之了。水如此，石，南方用太湖石，是石灰岩，多湿润，故'水随山转，山因水活'，多姿态，有秀韵。北方用土太湖、云片石，厚重有余，委婉不足，自然之态，终逊南中。且每年花木落叶，时间较长，因此多用长绿树为主，大量松柏遂为园林主要植物。其浓绿色衬在蓝天白云之下，与黄瓦红柱、牡丹、海棠起极鲜明的对比，绚烂夺目，华丽眩人。而在江南的气候条件下，粉墙黛瓦，竹影兰香，小

阁临流，曲廊分院，咫尺之地，容我周旋，所谓'小中见大'，淡雅宜人，多不尽之意。……北方非无小园、小景，南方亦存大园、大景。亦正如北宗山水多金碧重彩、南宗多水墨浅绛的情形相同，因为园林所表现的诗情画意，正与诗画相同，诗画言境界，园林同样言境界。北方皇家园林（官僚地主园林，风格亦近似），我名之为宫廷园林，其富贵气固存，而庸俗之处亦在所不免。南方的清雅平淡，多书卷气，自然亦有寒酸简陋的地方。"一般的园林如此，江南的佛教建筑也如此。一叶知秋，可知与中原和北方相比，江南佛教文化具有"更自然化"的特质。

在"更艺术化"上，主要得力江南文化本身是一种审美价值很高的诗性文化。这与江南人在江南环境中形成的独特性格与精神本体密切相关。这也是许多学者都关注到的。如明代王骥德《曲律》说："北辞情少而声情多，南声情少而辞情多。北力在弦，南力在板。北宜和歌，南宜独奏。北气易粗，南气易弱。"[2]在历史上，江南佛教文化对中原——北方地区的影响，也经常性地表现在审美观念与形式上。以南、北朝时期的佛教艺术而言，尽管最

1　陈从周：《陈从周散文》，花城出版社1999年版，第20~21页。

2　[明]王骥德：《曲律》卷一《总论南北曲》，见中国戏曲学院戏曲研究所编：《中国古典戏曲论著集成》（四），中国戏剧出版社1959年版，第56~57页。

初是以北朝石窟为代表，如新疆拜城克孜尔石窟、甘肃敦煌莫高窟、甘肃永靖炳灵寺石窟、甘肃天水麦积山石窟、山西大同云冈石窟、河南洛阳龙门石窟、河南巩县石窟、河北邯郸南北响堂山石窟、山西太原天龙山石窟等，它们在数量、规模以及艺术成就上都居于绝对优势。但北朝石窟也有一个问题，就是在民族化、世俗化上有明显的不足。而佛教雕塑本土化过程，主要有两个方向："一个方向就是逐渐地中国化、民族化、世俗化。佛像那种一改威严肃穆，而为'清癯面上含着微笑'，仿佛要跟人亲近的样子，即为其典型表征。它说明佛像的神性开始慢慢淡出，而让人感到亲切的人性则逐步降临了。北魏文成帝曾'诏有司为石像，令如帝身。既成，额上足下，各有黑石，冥同帝体上下黑子'（《魏书·释老志》）。这里的'令如帝身'，已经到了连皇帝脸上、脚上的黑痣都依样画葫芦的地步，其人间化、世俗化倾向何其明朗！中国文化的非宗教性，亦即世俗性的一面显露出来；另一个方向便是向南朝的审美趣尚归拢的趋势。佛像一改高大雄伟之态，而为'秀骨清相'之姿，这无疑是南北审美

文化之间交流和融汇的成果。它不仅驱走了佛像神性的疏远冷漠，还它以人间士人的可亲形象，而且也使佛像的造型从偏于感性的雄大壮美转向人格的清雅优美。"[1]由此可知，江南佛教文化比北方——中原文化圈有更高的艺术化趋向，也正是这个原因，佛教艺术发展的典型标志成为向南朝"秀骨清相"的人物美范式看齐。在多数时候，江南文化与其他区域文化的差异，也是需要特别细致的观察和体味才能领会和发现的。在现代学术史上有一段佳话可以充分证明这一点。钱穆先生在寓居四川嘉定时，曾盛赞其地"江山之胜"。但一直生活在杭州的马一浮先生则不以为然，他说："君偶来小住，乃觉如此。久住必思乡。即以江水论，晨起盥洗，终觉刺面。江浙水性柔和，故苏杭女性面皮皆细腻，为他处所不及。风吹亦刚柔不同。风水既差，其他皆殊。在此终是羁旅，不堪作久居计。"[2]这表明，具有更高审美价值的江南文化，也需要有更发达的审美主体才能发现它存在的美。

在"更人间化"上，则得力于江南人"质有而虚灵"的诗性主体，以及他们对现实世界的审美生活态度。在某

1　陈炎：《中国审美文化简史》，高等教育出版社 2007 年版，第 219-220 页。

2　钱穆：《八十忆双亲·师友杂忆》，岳麓书社 1986 年版，第 206 页。

种意义上，南北文化的根本差异在于对日常生活有无审美态度。如果说，由于肯在日常生活细节上下工夫，因而江南人的审美感觉越来越精细和敏感，而在只有实用主义或崇高道德理想的北方人那里，由于很少关心"物质基础"和"上层建筑"之外的事物，长此以往必然在审美趣味上出现严重的异化和退化。两厢比较，江南文化的深义更在于一种有精神品味的日常生活方式。许多方面的记载都表明，即使在生活的物质条件相对困窘、即在北方人看来应该节衣缩食的情况下，江南人仍然可以把生活搞得有声有色，而不是每天皱着眉头想生计。如《菜根谭》中所说：

> 贫家净扫地，贫女净梢头，景色虽不艳丽，气度自是风雅。士君子一当穷愁寥落，奈何辄自废弛哉！

南北文化的这种差异也自然要延伸到佛教文化上，并直接表现为对佛教本身采取功利态度还是审美态度。如正统的儒家士大夫，在某些年代或特殊时代背景下也会推崇佛教。但如果仔细考较，他们更关心的是佛教与儒家的融合，或者说其本意在于借助佛教以实现"教化"这一政治伦理需要。这就是为什么，一旦佛教的势力过于强大并与现实政治产生矛盾时，儒教士大夫会激烈地"排佛"，有时还会引发出相当激烈的政治宗教冲突的深层原因。而江南文化的代表则大异其趣，以中国古代特有的山人群体为例，"考察明清山人之籍贯、流寓、行迹，我们会发现一个非常有趣的现象，即山青水碧的江南，与山人们有着一种难解之缘，存在着千丝万缕的关系。江南成了山人集中涌现的地域，山人或生于斯、或流寓于斯、或频频出没、游历于斯。江南，也因此成为山人群落的集散地、大本营。"[1] 其优异者把佛教看作是一种超越世俗的精神资源，如陈继儒"弃巾"（放弃科举考试）的目的在于"读书谈道，愿附古人"（《告衣巾呈》）。但也要注意的是，由于过于世俗化的原因，在明清山人群体中也出现了众多的滥竽充数者，如谢肇淛所说："惟近世一种山人，目不识丁，而剽窃时誉，傲岸于王公贵族之门，使酒骂座，贪财好色，武断健讼，反噬负恩，使人望而畏之者。"（《五杂俎》卷十三）当然，这在某种意义上也折射出江南文化"更人

1 冯保善：《山人篇：青峰遮不住的寂寞与徘徊》，载于刘士林主编：《江南文化精神》，上海大学出版社 2009 年版，第 194 页。

间化"的特点。这也是江南佛教寺院建设的一个特点,它既可以在深藏不露的山林深处,也可以建筑在人声鼎沸的市井。许多江南的名寺建于闹市,是典型的城市寺院,这与西方中世纪的教堂有些相似,其主要原因在于更方便与香客和世俗生活的联系,体现出"道不远人"和"方便简捷"的江南诗性文化特征。或者说,在神圣与世俗之间,本就没有截然的对立与分裂。此外,关于这一点还可以从当代太虚大师的"人间佛教"来了解,其主旨在于"出世"与"入世"相结合,以"出世"的精神做"入世"的事业,入世的事业就是我们的人间,出世的精神就是佛教的本质。以当下佛教中的商业化现象为例,太虚大师就认为:佛教的包容性很大,只要不违背"空"的根本精神,都是可以接受的。在某种意义上,江南佛教自古以来之所以信徒众多、易于传播,与其特有的这种人间的精神与情怀是密不可分的。

海派文化与江南文化解读

由于地缘与经济社会联系密切,江南文化是上海最重要的文化资源与文化生产背景,因而两者之间不仅关系密切,还有很多重要的相似之处。从历史地理上看,以长江三角洲为背景,上海自古就是江南的一部分,直到1930年,才出现了江苏、浙江、上海三分江南的行政局面。但由于长期以来形成的联系机制与纽带,上海与江、浙地区的经济联系与文化交往并未因此受到影响。从近代人口流动的角度看,"从1900年至1935年,在公共租界中,除1920年前后,江浙籍人口占上海总人口不足80%以外,在一般情况下,都在80%以上。在华界,1930年,江浙人占总人口的85.54%;1935年,占83.46%。抗日战争和解放战争使上海先后又出现了两次大规模的'移民潮',到1949年,上海本地人为750 855,江苏(包括南京)为2 393 738人,浙江为1 283 880人,上海全市人口合计4 980 992,其中本地及江浙籍贯的人约占总人口的88.91%"[1]。为此,张恂孔在《上海历史演义》中写道:"上海之口音庞杂,不可究诘。各地混合之俗语有27种,游荡无业之切口有52种。至于方言,此乡与彼乡异,浦东与浦西异,或杂以英语,或代以反切,细言之,不致几百

---

1 参见邹依仁:《旧上海人口变迁的研究》,上海人民出版社1980年版,第116~117页。

弄堂里居民的生活，很容易成为难忘的一景

种。大致分为数项：第一广东话，第二宁波话，第三苏州话，第四北方话，第五始及上海本地话。除城南城西一带尚有完全土著外，其余一变再变。所谓上海白话，均宁波苏州混合之语言，而非通商以前之旧。"[1] 此外，日本学者在民国期间对上海方言的研究也表明："上海方言主要由四部分组成，其中第一是苏州语系，包括上海、宝山、南汇、昆山、嘉兴、崇明、湖州、无锡、常州、杭州等地方言，占75%；第二是宁波语系，包括绍兴、严州、金华、衢州、台州等地方言，占10%。第三是粤语系，占10%；第四是其他方言，含苏北语，占14.5%。"[2] 在上海人的构成中，苏浙两地的移民占了一大半，特别是宁波与苏北，还在上海形成了独特的生活圈。如江苏启东和海门，有60%的家庭在上海有亲戚，而浙江的萧山地区，在上海有亲戚则达到70%以上。在上海至今还保留的一些住宅，也很能说明这一点。如位于东平路1号的

1　张恂孔：《上海历史演义》（上），大南书局1934年版，第205页。
2　乐正：《近代上海人社会心态（1860—1910）》，上海人民出版社1991年版，第205页。

席家花园，源自以经营丝绸起家的苏州东山席氏，如位于高安路18弄20号的荣毅仁故居，源自以办中国近现代实业著称的无锡荣氏家族，如位于今天淮海中路1517号的盛宣怀故居，其主人则出生于江苏常州府武进县的龙溪。而城隍庙发达的珠宝玉器和古玩市场，与太平天国时期金陵商人移居沪上密切相关。在文化上也是如此，所以有人说上海文化"尽管有江南文化的小传统，上海文化是吴越文化和西方文化的结晶，但其根源来自吴文化，吴人特点就是上海人的特点"[1]。

除了这些，最根本的原因在于，与江南文化一样，海派文化与作为中国古代主流文化的中原文化同样有着巨大的差异。江南文化与中原文化的根本区别在于以齐鲁文化为核心的"北方实用理性"和以吴越文化为背景的"江南诗性文化"的对立[2]。正如梁启超曾指出——

（南地）其气候和，其土地饶，其谋生易，其民族不必惟一身一家之饱暖是忧，故常达观于世界以外。初而轻世，既而玩世，既而厌世。不屑屑于

实际，故不重礼法；不拘拘于经，故不崇先王。又其发达较迟，中原之人，常鄙夷之，谓为蛮野，故其对于北方学派，有吐弃之意，有破坏之心。探玄理，出世界；齐物我，平阶级；轻私爱，厌繁文；明自然，顺本性：此南学之精神也。[3]

具体到近现代时期，与时人以北京为政治中心点和以上海为社会中心点相一致，表现在文化形态与精神风格上则是"海派"与"京派"的对立。尽管"海派"概念最初出于何人何书，至今仍是一个"待考"的问题，但在作为京派文化"对立面"这一点上，则是人们大都予以肯定和认同的。从起源上讲，海派文化可追溯到清末民初的海上画派。

清末民初"海上画派"的兴起，被认为是海派文化的滥觞。其精神源头可以追溯到明代画家董其昌。其绘画成就主要在于文人山水画，并且把绘画分为南北二宗，积极崇尚南宗山水绘画，"南宗画为中国画更多地提供了绘画艺术中的主体精神，它强调绘画

1 李灿：《专家论吴文化与海派文化的形成》，《新华日报》2002-08-09。

2 刘士林：《"诗性的感性"与"诗化的理性"——中国审美精神的诗性文化阐释》，《上海师范大学学报》2009年第1期。

3 梁启超著，夏晓虹点校：《清代学术概论》，中国人民大学出版社2004年版，第23页。

弄堂里看似杂乱，但路旁的旗袍透露出这座海派城市的审美取向

中所体现的人格修养，表现为绘画的意境与格调"；"北宗为中国绘画提供了形式、技法"。[1]

同治光绪年间，时局益坏，画风日漓，画家多蛰居上海，卖画自给，以生计所迫，不得不稍投时好，以博润资，画品遂不免日流于俗浊，或柔媚华丽，或剑拔弩张，渐有海派之目。[2]

由此可知，海派文化本身是中国画论中南北之争的延续，与江南诗性文化有很密切的关系，这也是左宗棠把它称作"江浙无赖文人之末路"（姚公鹤《上海闲话》）的根源。另外，还有一个有趣的例子是鲁迅对刘半农的批评，刘半农早期的文学活动主要在上海，深受当时的鸳鸯蝴蝶派影响，以至于在1917年到北京大学任教之后，仍然难以改变。特别是他"从上海带来的才子必有'红袖添香夜读书'的艳福思想"，与当时以鲁迅和

1　董欣宾、郑奇：《中国绘画对偶范畴论》，江苏美术出版社1990年版，第421页。
2　俞剑华：《中国绘画史（下）》，商务印书馆1937年版，第196页。

《新青年》为代表的京派文化是明显相冲突的，以至于被鲁迅在后来感慨说："几乎一年多……好容易才给我们骂掉了。"[1]

与"流于俗浊"的海上画派相一致，自近代以来在上海形成的越来越浓郁的奢华生活方式，也与明清时代江南城市文化及其特有的消费生活方式密切相关。

崇尚物质享受，与江南"少俭"的风尚有很大关系。所谓少俭，就是不注意节俭。商品经济的发展，为江南地区奢侈之风的形成创造了一定条件。作为东南一大都会的苏州，在奢华方面亦为领风气之都会。其奢豪之风，"始则富贵之家行之，继则舆台贱隶稍有资财者行之，甚或极贫之户，家无担石储，虚而为盈，百计营求，尤而效焉。"苏州由此而成为"奢靡为天下最"的城市。与奢靡成风相对应，江南人讲究新奇，其行为亦多逾分越矩。以服饰为例，历代官方对民间多有限制，如规定服饰不许用黄，不得僭用金绣、锦绣、绫罗等，靴不得裁制花样、金线装饰，首饰、钗、镯不许用金玉珠翠，等等。但江南地区却时有"突破"，其服饰的纹饰经常出现团龙、立龙等龙形纹饰，逾越名分。妇女的饰物，首饰以金银为美，镯环必珍珠宝石，以贵为美，以多为胜。富裕之家如此，贫苦人家也被卷入这股风潮，"不论贫贱富贵，在乡在城，男人俱是轻裘，女人俱是锦绣，货物愈贵，而服饰者愈多"，胥吏、倡优等下层人士竞相效尤。时人以布为耻，绫缎绸纱，争新色新样。即使僻处海隅的上海地区，随着商贸气氛的日渐浓重，商人的消费方式、生活形态被极大地张扬，奢靡之风渐而在整个区域弥漫开来，"近者海人杂处，居游服馔颇近于奢"。[2]

如叶梦珠《阅世编》中有一则记载，讲到清朝前期松江人的争好奢侈品。

暖帽之初，即贵貂鼠，次则海獭，再次则狐，其下者滥恶，无皮不用。然当日所谓海獭即今之染黑狸皮，但初用时皆精选，故价至每顶纹银二两，戴者甚少。其后日渐滥恶，乃以黄狼皮染黑名曰骚鼠，毛细而润，老者类貂，一时争用，骚鼠贵而海獭贱，无人非海獭帽，今骚鼠之阔口者，每

1 《鲁迅全集》第6卷，人民文学出版社1981年版，第72页。

2 马学强：《近代上海成长中的"江南因素"》，《史林》2003年第3期。

顶亦值银二两，然无人非骚鼠冠，而海獭非乡愚极贫之人不冠矣。……今有西宁长缨，细润而真正大红色久不变者，凉帽一顶，值银三十余两，惟当途显者用之。第恐习俗移人，几年之后，染贩者广，价必渐减，效颦者又将争起耳。[1]

在海派文化起源和发生过程中，一个十分值得关注的明显事实是，以奢侈和豪华为主要内容的都市生活方式，在近代的移民大潮中非但没有被削弱，相反还很快同化了那些远道而来、本应节衣缩食、克勤克俭的"乡下人"和"外省人"。

这种求奢耀侈的消费观随着江南移民的迁入而愈演愈烈，甚至在日常生活当中成为一件非常重要的内容，逐渐为社会所普遍接受。据载，"沪地侈靡郁然成风约在咸、同之交，到同、光年间，沪地侈靡之风更为炽烈"，"不仅盛行于富门豪户，也逐渐影响到了平常人家"，"虽中人以下之人；茶馆酒楼，无不有其踪迹"。[2]

特别是在上海开埠以后，由租界带来的西洋生活方式和审美趣味，更是极大地促使了海派生活方式和文化的都市化进程，使"十里洋场"成为上海现代社会生活和都市文化的基本象征。

衣食住行，夸富斗靡，风尚日趋奢侈，此风沿及近代。上海辟为通商口岸之后，五方杂处，时式衣履更随处可见。而外侨的到来，夷装夷服的出现，让人们在穿着上有了更多的行头花样更换，使江南自明清以来形成的"服尚新奇，衣必华鲜"的习俗得以进一步张扬。[3]

他们从个人的衣食住行到种种文化娱乐设施和教堂、公墓无不竭力保持西洋的生活方式，并由此形成炫耀式的消费。虽然有人在1860年代时就指出："在华的英国商界和航运界人士从（东印度）公司的商行的旧传统中，也从随着商行的解散而产生的大洋行的榜样中得到的开支和生活方式概念是不能适应目前的经营的，因为最激烈的竞争通常导致了利润的分割。"[4]

1　[清]叶梦珠：《阅世编》，上海古籍出版社1981年版，第176~177页。
2　樊卫国：《近代上海的奢侈消费》，《探索与争鸣》1994年第12期。
3　马学强：《近代上海成长中的"江南因素"》，《史林》2003年第3期。
4　洛克伍德著，章克生、王作求译：《美商琼记洋行在华情况的剖析（1858—1862）》，上海社会科学院出版社1992年版，第76页。

苏州平江路晨景

但对大班而言,炫耀式消费在上海比东印度公司更有其特殊意义,因为在自由贸易时代,"在异族文化中间所处的孤立地位",使他们必须以此显示身价,从而"导致一种装威风、摆架子的姿态"。[1]

尽管受中国传统社会与文化价值的影响,人们也可以意识到这种奢侈本身存在着问题,但在日常生活世界中却又是无法抗拒和规避的。这正如17世纪的松江文人范濂所说:"余

早贫,最尚俭朴,年来亦强服色衣,乃知习俗移人,贤者不免。"(《云间据目抄》)而这种情况到了现代上海可以说更是成为普遍性的习俗。至今对上海人仍有一个著名的讽刺,即使他们居住在狭小、幽暗、闷热的"鸽子间",从事的也是很不体面或下贱的职业,但一般也都会有一身很体面的衣服以应付一些必要的社交活动。这与传统江南城市人对富庶与奢侈的追逐可以说是一脉相承的。如有无"夜生活"是城乡的重要差别,在古代江南都市中

1　李必樟编译:《上海近代贸易经济发展概况》,上海社会科学院出版社1993年版,第115页。

武康路弄堂里的石库门建筑

有一个特殊现象是"夜市"十分发达和繁荣。到了现代上海,受西方生活方式和社交文化的影响,"夜上海"在魅力上已经超过了白天,成为都市生活的基本象征。以1940年代上海流行音乐高峰时期的标志性作品《夜来香》为例——

那南风吹来清凉,
那夜莺啼声细唱,
月下的花儿都入梦,
只有那夜来香,
吐露着芬芳。
我爱这夜色茫茫,

也爱这夜莺歌唱,
更爱那花一般的梦。

在现代小说中,也依然如此。

上海的夜晚是以晚会为生命的,就是上海人叫做"派对"的东西。霓虹灯,歌舞厅是不夜城的皮囊,心是晚会。晚会是在城市的深处,宁静的林阴道后面,洋房里的客厅,那种包在心里的欢喜。晚会上的灯是有些暗的,投下的影就是心里话,欧洲风的心里话,古典浪漫派的。上海的晚会又是以淑媛为生命,淑媛是晚会的心,万种风情都在无言之中，骨子里的艳。这风情和艳是四十年后想也想不起，猜也猜不透的。这风情和艳是一代王朝，光荣赫赫，那是天上王朝。上海的天空都在倾诉衷肠，风情和艳的衷肠。上海的风是撩拨，水是无色的胭脂红。[1]

这也是在当今上海都市文化研究中，人们随处可见的都是咖啡馆、酒吧、歌舞厅等关键词的根源。在某种意义上，它们确实代表了海派文化的风味与情趣。旧上海滩上这种醉生梦死的都市生活方式与审美情调，往往很容易使人想到古代文人对苏州、杭州那种"有伤风化"的城市生活的道德批判。如张瀚《松窗梦语》指出：

……民间风俗，大都江南侈于江北，而江南之侈尤莫过于三吴。自昔吴俗习奢华、乐奇异，人情皆观赴焉。吴制服而华，以为非是弗文也；吴制器而美，以为非是弗珍也。四方重吴服而吴益工于服，四方重吴器而吴益工于器。是吴俗之侈者愈侈，而四方之观赴于吴者，又安能挽之俭也。

在有"冒险家的乐园"之称的现代上海，由于增加了更加感性化的西方文化观念与娱乐生活技术，其日常生活不仅比传统江南城市的享乐冶游新奇百倍，同时也使"有伤风化"的江南城市生活方式发挥到了极致。这当然也意味着，上海必然要取代明清时期的"苏杭"，成为其时正统人士口诛笔伐的对象。如"十里洋场"这一现代上海的别称，本身就带有道德批判与文化鄙视的含义。

"十里洋场"是上海租界的别称，据说是由"夷场"演变而来。清黄楙材《沪游脞记》指出："自小东门吊桥外，迤北而西，延袤十余里，为番商租地，俗称'夷场'"。"（新北门）门外原系荒野，一望苍茫，自西人至此，遍造楼房，迄来十余年，屋瓦鳞鳞，几无隙地，土人名其地曰'夷场'"。[2]

以租界为中心的上海现代都市生活方式，也因此成为更大规模的道德批判的对象。如所谓"风月主人，宛其死矣，迷离妖梦，尚未醒乎？怪哉上海人，执几重奴券，似有余荣，受无数痛鞭，居然不觉。丑哉上海人，虽倾西江之水，洗不尽上海之污点"。这些愤

1 王安忆：《长恨歌》，作家出版社 1995 年 11 月第 1 版，第 46~47 页。
2 张德彝：《航海述奇》，湖南人民出版社 1981 年版，第 146 页。

激之词,比传统士大夫对苏州、杭州、扬州的批判有过之而无不及,由此,海派文化常被目为腐化、堕落的现代名利场或销金窟。这其中除了海派文化自身的问题之外,更重要的是它将江南诗性文化与中原以儒家伦理体系的冲突发展到一种现代的新高度。其中一个重要的标志是,上海《申报》从19世纪70年代至90年代,发表了大量否定崇俭禁奢的文章,直接提倡和鼓吹以奢华消费为主题的现代都市生活方式[1]。在这个意义上,海派文化比传统江南地区文化更远地脱离了儒家文化的理性与伦理要求。

"俭"是儒家的重要德目,子贡称赞孔子"温、良、恭、俭、让",儒家提倡的"孔颜之乐",包含了对粗茶淡饭、简居陋衣生活方式的肯定。俭的对立面是奢,因此儒家礼乐文明把尚俭与戒奢相联系。孔子说:"礼云礼云,玉帛云乎哉? 乐云乐云,钟鼓云乎哉?"(《论语·阳货》)"礼,与其奢也宁俭"(《论语·八佾》)。就是说,礼乐与其注重于形式上奢侈的排场,还不如节俭一点。《左传·庄公二十四年》曰:"俭,德之共也;侈,恶之大也。"……近代海派文明的日常生活方式是追求时尚,"时髦"成为它外在特征。"时髦"一词就是由近代海派文明叫响的。[2] 20世纪30年代,"摩登"成为比"时髦"更加时髦的词语,从"时髦"到"摩登",表明海派文明形成了喜欢标新立异(这是时髦的主要涵义)和推崇流行名牌(这是摩登的主要涵义)的消费生活方式。时髦和摩登是以广告为旗帜的,正是霓虹灯闪烁的广告,塑造着近代海派文明时髦和摩登的消费偶像。[3]

对此的评价也可一分为二,如果说它不好的一面是更加彻底地脱离了中国传统文化对主体欲望的约束和提升,使有限的资源与环境遭受到更大的压力甚至是被恶性的损耗,那么,它具有历史合理性的一面则是由此真正开启了中华民族的现代化进程[4],尽管这一进程同样会带来许多严重的问题与后遗症,但中国的历史毕竟由此掀开了以城市为中心的新的一页。

1　详见乐正著《近代上海人社会心态》,上海人民出版社1991年版,第101页。

2　详见乐正著《近代上海人社会心态》,上海人民出版社1991年版,第111页。

3　陈卫平:《儒家礼乐文明与近代海派文明的互补——略论建构上海和谐社会的文明形态》,载于朱贻庭主编:《儒家文化与和谐社会》,学林出版社2005年9月版。

4　刘士林:《浦东开发与上海的再都市化》,《南通大学学报》(社会科学版)2010年第2期。

江南审美文化的
现代性价值

　　自古以来，江南地区就以经济、教育与文化的发达而著称于世，创造了高度发达的城市文明与独具个性的区域审美文化传统。20世纪一百年以来，特别是在改革开放以后，以上海为中心的长江三角洲地区，正在形成一个在经济社会与文化等方面联系更加密切的城市共同体，即所谓的世界第六大都市群。这个都市群不仅在经济社会的发展与城市综合实力等方面一直位于中国城市前沿，同时它的现代化经验也为中西部不发达地区的城市建设提供了重要的本土经验与示范性意义。从当代江南城市的相关研究看，它们主要集中在经济社会方面，而对这一区域的文化发展明显重视不够，即使有些研究涉及文化发展的层面，也主要偏重于对西方消费文化、时尚文化的引进与介绍，而对江南地区的区域性文化传统注意不够。而实际上，江南地区特有的人文地理、社会结构及文化传统等，不仅直接参与了江南社会的历史建构，也在更深的层次上影响着它在今天的发展以及在未来的存在。

　　在当今江南文化研究中，有两大显学：一是各种文献的整理与汇编。它们或是卷帙浩繁的集大成（如《江苏地方文献丛书》，江苏古籍出版社，1999），或是某一专学的资料汇编（如《明清苏州农村经济资料》，江苏古籍出版社，1988），为江南文化（包括江南都市文化）的研究提供了大量真实可靠的文献资源；二是历史学研究。其中又以经济史研究为重点，如李伯重《多视角看江南经济史》（三联书店，2003）及《江南早期的工业化》（社会科学文献出版社，2000）、陈学文《明清时期太湖流域的商品经济与市场网络》（浙江人民出版社，2000）、黄今言《秦汉江南经济述略》（江西人民出版社，1999）、张佩国《近代江南乡村地权的历史人类学研究》（上海人民出版社，2002）、段本洛等著《苏州手工业史》（江苏古籍出版社，1999）、吴仁安《明清江南望族与社会经济文化》（上海人民出版社，2001）等。近年来备受各级政府部门重视的区域经济社会发展研究，如上海社会科学院的《2004年上海社会发展蓝皮书》系列及长三角一些地方政府的文化发展研究等，由于主旨在于发展文化产业、提高城市综合竞争力，也基本上可以看作是经济史研究的新方向。其他如地方志与区域文化史研究也很可观，如熊月之主编的《上海通史》（上海人民出版社，1999）、许林安《江西史稿》（江西高校出版社，1998）等，也有一些专门史研究如严耀中的《江南佛教史》（上海人民出版社，2000）等，这些著作在不同程度地拓展了江南文化研究的视角与空间同时，也存在着"偏实证而轻人文"、"偏江南文化的科学研究而轻其现代性价值阐释"等倾向。与此不同，近年来人文地理与旅游的研究，如三联书店的《乡土中国》丛书，古吴轩出版社的《苏州文库》丛书，也包括关于江南文化的诗学与美学研究，如上海音乐学院出版社的《江南话语》丛书（2003）、论文《江南轴心期与中国古典美学精神的形成》（《新华文摘》2005年第7期）、著作《西洲在何处——江南文化的诗性阐释》（东方出版社，2005）等，则表现出对资料整理与实用性研究的某种超越，它们对于我们重新发掘与阐释江南文化的审美价值与人文意义具有重要的启示。

从审美文化的角度看，江南文化本质上是一种诗性文化。与中国其他区域文化相比，江南地区的两个最显著的特点是物产丰富与人文发达。但仅此并不足以发现江南文化中超功利的审美内涵与诗性精神。引申言之，仅仅有钱、有雄厚的经济基础不是江南文化的独有特色，有着"天府之国"之称的巴蜀地区在富庶上就可与它相媲美；另一方面，仅仅文人荟萃、或者说有丰富的精神文化传统也不能算是它的本质，与之相去不远的齐鲁地区在这一方面更有资格作中国文化的代表。江南之所以可以成为一个民族魂牵梦萦的对象，恰是因为它比"财赋"与"文人"要多一些东西。也可以说，与那些生产条件贫瘠、生产力极其不发达的落后地区相比，它多出的是令人艳羡的鱼稻丝绸等小康生活的消费品；与自然经济条件同等优越因而衣食无忧、饱食终日的地区相比，它多出来的则是比充实仓廪更令人仰慕的诗书氛围；与人文积淀同样深厚悠久、"讽诵之声不绝"的礼乐之邦相比，它还多出了几分"越名教而任自然"、代表着生命最高的自由理想的审美气质。这是诗人说"三生花草梦苏州"的根本原因。构成江南文化的"诗眼"、使之与其他区域文化真正拉开距离的，恰是在它的人文世界中有一种最大限度地超越了文化实用主义的诗性气质与审美风度。也正是在这个诗性与审美的环节上，江南文化才显示出它对儒家人文观念的一种重要超越。儒家最关心的问题是在吃饱喝足以后"驱之向善"，而对于已经"有物"、"有则"之后的生命"向何处去"，则基本上没有接触到。超越实用性的物质文明与精神文明的审美创造与诗性气质，是江南文化在中国区域文化中最独特的内容。由于诗性与审美内涵直接代表着个体生命在更高层次上自我实现的需要，所以说，人文精神发生最早、积淀最深厚的中国文化，是在江南文化中才实现了它在逻辑上的最高环节，并在现实中获得了较为全面的发展。

江南诗性文化是中国人文精神的最高代表。另一方面，在这个越来越功利、商业化的消费时代中，如何抵制与消除消费社会带来的异化性机制与力量，全面地提高人的生活质量，在物质小康基础上获得更高层次的精神发展，已成为直接关涉到中华民族可持续发展的重要问题。从中国区域文化的各种"小传统"看，只有江南诗性文化最符合这种时代的需要。江南诗性文化的现代性意义就在于它可以提供一种解决后现代文化问题的古典精神资源。在我看来，现代性的基本困境在于，在现代条件下获得充分发展的个体，如何才能解决"自我"与"他人"之间日益严重的分裂与对立。在中国文化传统中，除了审美功能比较发达的江南文化之外，其他传统对个体基本上都是充满蔑视与敌意的。所以说，江南诗性文化最重要的现代性

意义就在于，它最有可能成为启蒙、培育中国民族的个体性的传统人文资源。尽管它主要局限在情感机能方面、不够全面，但毕竟是来自中国文明肌体自身的东西，也是我们所能设想的最有可能避免抗体反应的文化基因。在这个严重物化、欲望化的消费时代中，如何守护与开放好这一沉潜的诗性人文资源，如何依据它提供的原理创造出一种诗化新文明，就是我们研究江南传统文化与生活方式的根本目的。

齐鲁伦理文化与江南诗性文化比较

一、从"地方经验"谈起

今天会议的主题是"乡民艺术与近现代华北社会"，最初看到我的安排是"华北社会和江南社会地方性文化特征差异"。尽管我出生在河北，这几年又关注江南文化，所以应该对这个话题有一定的发言权，但由于离开北方的时间过长，又偏爱江南文化，所以对华北社会几乎是完全陌生的。幸好征得同意，我发言的题目改为"齐鲁伦理文化与江南诗性文化"，我希望它不要离主题太远。

关于"齐鲁伦理文化与江南诗性

文化"，我想从我去年在上海办的"中国美学的地方经验与世界价值"研讨会谈起。当时本来是想直接开"江南文化与中国美学的地方经验"，但后来考虑到对此有话可说的人不多，所以最终扩展为"中国美学的地方经验与世界价值"。

在会议通知中，我特意拟了这样两句话："在不均衡的文化全球化进程中，中国美学学科的建设与发展有两个方面的问题值得关注：一是如何挖掘不同区域文化的地方经验，在学理上增加其'本土性内涵'；二是阐释中国美学的世界价值，在实践中扩展其'现代性意义'。"认为这对于中国美学的学术反思、学科建设与理论创新，具有重要的理论与现实意义。我想，这个想法与我们今天会议的主旨应该是相去不远的。

和其他一些学科的问题一样，中国美学的研究也是越研究越不像中国美学，如何改变这种异化的、自我否定的知识生产方式，我们提出两点建议：一是观念批判，通过纯粹逻辑劳动把中国美学思维从西方宏大叙事及其价值体系中剥离出来；二是通过补充新的经验对象与材料，通过改造人的直观经验去改变人们对中国审美经验的感受与理解，因为不同的经验对象会直接影响到观念模型的建构。我们都知道，中国人不长于抽象思辨，所以从经验出发对于中国学术就显得更加重要。在更新、扩展审美经验的道路上，由于中国地理空间很大，不同区域的人们在生活方式、价值观念、思维方式、审美趣味上差别很大，也很难用一种话语或价值观念统一起来的，因而"地方经验"成为我们关注的一个重要元范畴。"地方经验"概念的提出，借鉴了美国学者吉尔兹的"地方性知识"，阐释人类学家运用这个概念，主要目的是反对宏大叙事，质疑、批判与解构近、现代知识谱系中对普遍性的信仰与追求，去关注不同文化的差异性、思维方式与生活方式的多元性。把它借过来，主要也是看中了它反对宏大叙事、关注具体经验这种批判现代理性的批判能力。但与人类学家要解构的人类中心主义、欧洲中心主义或理性中心主义也有不同，我们选取这个概念，主要是因为它属于"微型叙事"，可以为多方面、多角度地了解、阐释与研究中国美学在结构上的特殊性与形态上的复杂性提供一种"细说"的理论方法与解释框架。具体说来，地方经验与本土经验相对，是对本土经验的一种分层处理。本土经验相对于西方经验而言，可以明显体现出中西文明的差别，但这个概念本身还是过于宏大，历史悠久、地大物博、人种多元、区域文化层次过于丰富的中国文化经验，也很难被纳入一个"本土经验"的解释框架之中。地方经验是为了解构本土经验这个"普遍性"而提出来的。

需要提出的一点是，在地方经验的语境中，中国的区域文化尽管很多，但最重要的是江南与中原文化圈，因为它有两个核心，就是齐鲁伦理文化与江南诗性文化。从两个核心入手，会发现一些重要的信息与线索，有助于我们更深入地研究与思考中国经验。

二、什么是江南诗性文化

任何一种区域文化，只要它自成一体，具有独特的结构与功能，一般说来离不开两个基本条件，一是区域地理的相对完整性，一是文化传统的相对独立性。

区域地理的相对完整性是一个区域与其他自然地理单元的差异，这是不同生产、生活方式得以形成的自然基础，没有这种自然差异，就不可能出现异质性的文化因子，也不可能有什么区域文化存在。另一方面，说到自然环境，一定是要与经济地理挂钩的，因为不同的自然条件直接导致的是生产、生活方式的不同。如《史记》把古代江南的生产、生活方式称作"饭稻

羹鱼"、"火耕而水耨"，它不同于北方的旱作农业与游牧文化，主要是由长江中下游特殊的气候、土壤、水文等自然条件决定的。区域地理的完整性，是文化传统独立性的基础。

文化传统的独立性可从两方面考察，一是追问一下，在它的原始发生中有没有一个独立的文化传统？二，如果有，那么它在历史进程中是否保存下来？这是区域文化得以独立存在与发展的另一个基本前提。江南在文化传统上的独立性，一直很成问题的原因，一是来自历史与政治方面，中国文化向有"重北轻南"的传统，北方往往是政治、军事与意识形态的中心，而江南文化一般扮演的只是一个附属角色。另一个原因来自现代学术界的"黄河中心论"中华文明起源观，它把包括江南在内的其他区域文化，看作是北方黄河文化向不同方向传播的结果。政治因素与学术因素结合起来，造成了一个很不利的后果，就是完全抹杀了江南文化传统的独立性。从原始发生角度看，晚近几十年来的考古学发现，表明江南文化的渊源是长江文明。早在新石器时代，长江文明已发育得相当成熟，不是黄河文化的传播产物，两者之间"本是同根生"。李学勤先生说，"黄河中心论"最根本的问题，是"忽视了中国最大的河

流——长江"。从历史源流上看,江南文化也一直是自成一体的,它的核心是我所谓的"江南诗性文化"。这不仅可以清理北方人对江南文化的误读与曲解,同时也为重新理解江南文化提供一个全新的解释框架。

什么是江南文化的核心精神呢?"东南财赋地,江左文人薮"。这是康熙写给江南大小官吏的一句诗。在某种意义上讲,政治家的眼光看得很准,与中国其他区域文化相比,江南地区的两个最显著的特点是物产丰富与人文发达。然而政治家毕竟是政治家,他那种过于冷静与现实的政治思维,很难看到江南文化中超功利的审美内涵与诗性精神。江南文化既不是因为在生活资料上的富裕,也不是因为在文化教育上更发达,而是因为它比中国其他区域文化多了一些超越实用性的物质文明与精神文明的审美创造与诗性气质。诗性与审美是它最本质的特征。

由于诗性与审美内涵直接代表着个体生命在更高层次上自我实现的需要,所以说,人文精神发生最早、积淀最深厚的中国文化,是在江南文化中才实现了它在逻辑上的最高环节,以及在现实中获得了较为全面的发展。江南诗性文化是中国人文精神的最高代表。

三、齐鲁伦理文化与江南诗性文化的互渗

文明与河流的关系十分密切,这不是什么新知,但如果把长江三角洲的江南文化,与黄河下游冲积扇上的齐鲁文化联系起来,则叫人疑心这里有一种造物主的巧妙安排。如果说黄河在它即将入海的地方遗留下的是一种"厚德载物"的伦理人文,那么长江在它万里奔腾之后的尾声中则馈赠了另一种"与物为春"的诗性人文。

尽管在原理上讲,关注现实的伦理人文可以使人承担其社会职责而不辱人之为人的历史使命,而凝视理想的诗性人文亦足以为忧患人生提供足够休养他寂寞精神的话语空间,两者完全应该是一种"相看两不厌"的对立互补关系。然而另一方面,正如康德说,在理论上行得通的,在实践中往往行不通,特别是在中国历史主流叙事中,这两大中华话语谱系的对话与交流却一直是别扭的甚至是艰难的。

按照一般的看法,齐鲁文化乃圣人之乡邦旧国,是中国伦理人文的最高代表。在不同时代的历史著作中都会反复讲到一句话,叫"讽诵之声不绝",向人们表明的就是这一点。在《史记·刘敬叔孙通列传》中记载,汉高祖听取了品德败坏的叔孙通重建礼

乐制度的建议，并派他到鲁国去招贤纳士。小人再次得志的叔孙通在圣人生活过的地方却碰了不大不小的钉子。史书中没有留下姓名的"鲁两生"说，大兴礼乐的前提是"积德百年而后"，于是他们对叔孙通说"公往矣，无污我"。这也可以使人想到孔、孟子离开故国的原因，他们都是因为现实原则与道德原则的冲突而主动放弃唾手可得的功名富贵的。另一方面，一谈及江南文化则恰好相反，它往往是伦理人文口诛笔伐的直接对象。这就是古典色情小说中也常以苏州、扬州、杭州为背景的原因。如《梧桐影》第三回中就写道："话说从古到今，天子治世，……第一先正风化。风化一正，自然刑清讼简了。风化惟'奢淫'二字，最为难治。奢淫又惟江南一路，最为多端。穷的奢不来，奢字尚不必禁，惟淫风太盛。苏松杭嘉湖一带地方，不减当年郑卫……"这个细节很有意思，还有什么比它更能说明江南的不道德呢？

但中国文明体内"道德与审美的对立"，在某种意义上主要是伦理叙事造成的。如果对有关人物、事件进行细读，则会发现两种话语谱系之间的有机联系。比如满眼瞧不上"郑卫之音"的孔子，他所赞同的最高人生理想是春游。这在本质上是因为在"伦理境界中做人做得太累了"，所以才会提出到春天的大自然里去呼吸吐纳的审美要求。而春游是江南士民最喜欢的一个娱乐项目，直到今天仍然一如其旧。另一方面，尽管不少生于斯长于斯的江南士大夫在修方志时，总是要发出"民性轻扬，风尚侈靡，古今一辙"这种似乎不可救药的道德感慨，但实际上也是不可完全当真的。因为在这块"商女不知亡国恨"的烟雨大地上，也一再上演过众多最符合孔子人文理想的道德情节。不光是读书明理的士大夫，在《清忠谱》中，一些普通的苏州市民也曾做出过在逻辑上似乎只有孔孟之徒才能有的道德行为。那个场面是很动人的，一方面是阉党"擒将去千刀万剐"的恐吓，另一方面是苏州百姓类似梁山好汉拍着胸脯的声音"我众好汉，怎饶他！"这说明，一般过于宏大的伦理叙事不能解释具体的历史与生命个体，也在更深的意义上表明中国文化语境中伦理话语与诗性话语固有的互渗律。

伦理人文与诗性人文代表着中国民族最基本的生存需要与文化理想。它们的关系可以简略表述为三：首先，尽管伦理人文非常重要，是人与动物、文明人与野蛮人相区别的标志，但正如冯友兰所说，"道德境界中人"，尽管可以做到不怕死，但却永远没有"生的快乐"，因为他们的审美机能在伦理语境中"失语"了，所以仅有伦理人文是不够的。其次，这也突显出江南诗性人文对一个务实民族的文化价值。正是有了江南文化生命这样的主体基础，才使过于刚毅木讷的中国主流话语受到审美精神的制约而容易获得平衡。一方面，有了充满现实责任感的齐鲁礼乐，可以支撑中国民族的现实实践；另一方面，有了超越一切现实利害的生命愉快，才可以使在前一种生活中必定要异化的生命一次次赎回自由。再次，还要强调的是，诗性人文与伦理人文的矛盾对立是不可取消的。因为只有在两者的张力与斗争中，才可以实现双方各自的本质力量，具体说来，没有伦理人文对人自身的现实异化，就不可能产生出真实的审美需要；而没有诗性人文提供的审美空间，人就只能过一种没有任何光泽的"灰暗生活"。所以，最可怕的结果不是它们的矛盾对立，而是这两种人文精神的共同沦丧。这在原理上可以使人想到古希腊的酒神与日神。在尼采看来，两者相对立甚至是激烈斗争，不仅不是坏事，相反还是双方肯定自身的前提。而一旦两者因矛盾消失而走向和解，随之而来的则是一个没有神的渎神时代，在这个时代中，没有了真正的热情与

创造力，有的只是"模仿的冒充的热情"与"模仿的冒充的语言"。无论齐鲁还是江南，在当代表现似乎就是这样，既没有了古典耿介之士的行气如虹，也没有了旧时白衣卿们的文采风流。出现这样的结果，是每个中国人都应该感到痛心与痛惜的。

江南诗性人文与齐鲁伦理人文既相对立又相联系，恰好构成了中国文化的一个深层结构原理。没有后者对前者的伦理提升，江南会因缺乏伦理水准而变得越来越轻浮与肤浅；另一方面，后者如果没有前者的诗性灌注，也一定会因为丧失弹性而成为一种桎梏人性的枷锁。如果对这个原理本身不存在什么疑问，那么在当代实践中最令人担心的是：一方面齐鲁伦理人文那种至阳至刚精神在反传统的全球化背景中逐渐消失，另一方面是江南诗性人文那种优雅品味在反美学的后现代文化中越来越粗鄙化。在我看来，这种现代性危机虽然始于这两大地域人文，但它无疑代表着中国文化在当代所面临的真正的威胁与危机。以这两种精神资源为文化建设的基础，在诗性人文与伦理人文的矛盾冲突中努力彰显中国文化的生机与丰富内涵，开拓中国文明固有伦理价值与审美价值的新境界，这应该成为一个伟大民族的现代性文化理想。既有承

担历史、社会与现实道义职责的铁肩与忠心赤胆，又有独与天地精神相往来的宇宙深情与寄托，只有一个这样的现代华夏民族被生产出来，才真正符合中国诗性文化的理念与实践。

渡口

寻觅大运河上的江南文化帆影

一、"实用退潮，审美登场"

如同人类其他交通工程一样，古代中国人开挖运河的直接目的是发展经济。经济是政治最重要的基础，发展经济的根本目的在于维护统治，这是人们对运河的认识与研究主要局限于政治经济学层面的原因。以汴河与江南运河为例，如宋人张方平说："今日之势，国依兵而立，兵以食为命，食以漕运为本，漕运以河渠为主。……故国家于漕事至急至重。有食则京师可立，汴河废则大众不可聚。汴河之于京师，乃是建国之本，非可与区区沟通水利同言也。"（《论汴河》）如当代学者马正林指出："邗沟虽然较短，但它的重要性却不亚于汴河。因为每年从江南运送的数百万石粮食和其他物资，都必须通过邗沟，才能溯汴而上，源源不绝地运到国都长安和开封。在某种程度上

说，邗沟也就是汴河的延长，是唐宋王朝生命线的重要组成部分。"（《唐宋运河述论》）尽管这是事实，但由于目光仅停留在"物"的层面，不能不说也有很大的缺憾。

在今天看来，很有必要对前贤之论加以扩充，以使我们的认识更加全面，并找到大运河更重要的现代性价值。首先，大运河的开凿与整修，不仅只为粮食、茶叶、丝织品等提供了便捷的流通渠道，由于"物"的背后是"人"，有着特殊的感性需要、精神内涵与文化形式，因而，大运河从一开始

就是南北、乃至古代中国与世界发生联系的重要桥梁。也可以说，在大运河的深层，还潜藏着一条文化的河流，它不仅直接串联起南北，也由于沟通了黄河与长江而间接地连接起更为广阔的空间，对中国文化大格局的形成具有十分重要的作用。其次，尽管大运河的鼎盛时代已经过去，对当今中国与世界的政治经济功能大为减弱，但正如"实用退潮，审美登场"这一美学原理所示，大运河直接的政治经济功能衰退，并不意味着它已寿终正寝；相反却是由于直接的功利性与实用性退居二线，使它固有的思想、情感、记忆、人文等获得了表现的可能，具有了重要的历史文化遗产价值。

二、江南文化的北行通道

在世界文化遗产的申请与保护上，近年来有一个重要概念是"文化线路"（cultural routes or cultural itinerary）。文化线路是指带有起点和终点、具有一定长度和宽度的线性景观或网络系统，主要特征是，（1）与一定历史时期相联系的人类交往和迁移的路线，既包括一切构成该路线的文化元素，如城镇、村庄、建筑、闸门、码头、驿站、桥梁等，也包括山脉、陆地、河流、植被等自然元素。（2）可以是国际的、国内的、地区间的或地区内部的；可以是一个文化区域内部的，也可以是不同文化区域间的。（3）价值构成的多元与多层次，既有作为线路整体的文化价值，又有承载该线路的自然生态价值；既包括内部的建筑和其他单体遗产自身的价值，也包括非物质文化遗产所蕴涵的人文价值。从这些基本的界定看，在时间上始于春秋时代，历经整个古代社会，直到今天仍在使用；在空间上一直作为中国南北地区联系的重要枢纽，在古代甚至也一直具有联系中国与世界功能的大运河，无疑是世界文化遗产中一条重要的"文化线路"。

首先，大运河的开通与历代的整修，对于古代北方先进生产技术与文化的向南传播，具有重要的交通走廊意义。如何荣昌先生说："自从隋炀帝开江南河之后，不但改善了江南水陆交通的面貌，更重要的是使江南地区与中原联系在一起，从此，江南地区与全国各地发生了广泛的经济文化联系，对江南地区以及东南沿海社会经济的发展，产生着深远的影响。"（《唐宋运河与江南社会经济的发展》）如翁俊雄先生说："唐前期，社会安定，运河畅通，南来北往的人们大致经由汴河路。开元、天宝时留下了很多这方面的记载。李涉和韦建先后沿运河南下，沿途作诗，以志此行。李

京杭大运河:杭州

涉有《潍阳行》，韦建有《泊舟盱眙》。崔颢送友人南下，有'长安南下几程途，得到邗沟吊绿芜'之句。岑参送友人南下省亲，云:'汴水扬波澜，万里江南通。''老亲在吴郡，……复展膝下欢。'上述潍阳、盱眙、邗沟、吴郡，就扼要地勾画出运河一线。"（《唐宋运河之古今》）由此可知，大运河文化路线的第一层即北方与中原文化沿运河的南迁。

其次，大运河的开通与整修，不仅直接刺激与活跃了中国区域间的物流与人际交往，也影响到古代中国与世界的外交往来及其路径。大运河被称

为"东方世界主要国际交通路线"，北京大学田余庆先生曾指出:"大运河的一端通过明州港以通海外诸国，另一段则从洛阳西出以衔接横贯亚洲内陆的'丝绸之路'。可以说，大运河起着沟通陆上'丝绸之路'和海上'丝绸之路'的巨大作用。"海上"丝绸之路"的作用十分重大，"唐宋……时期的丝织工艺、陶瓷制造术、建筑术、造纸印刷术、指南针以及各种文化书籍向海外传播，对世界经济文化的发展是一个巨大的贡献。"（田余庆、李孝聪《唐宋运河在中外交流史上的地位和作用》）也就是说，大运河文化路线的

京杭大运河：苏州段

第二层是古代中国与世界的双向传播与影响线路。以上两方面，尽管关注的焦点不是文化，但由于政治、经济与文化的相互缠绕，文化交流也影影绰绰地可见于其中。在今天沿这个方向进一步开掘，一定会描绘出一幅完整而生动的文化线路图。

再次，还有一条重要的文化线路是江南文化向北方与中原地区的传播。这在以往基本上是被忽视的。以往不重视江南文化的北向传播，主要原因在于中国文化"重北轻南"的传统。北方是中国的政治、军事与意识形态中心，江南只是一个没有话语权的附属角色，至于后者对前者的影响，如果不是零星地被提到，也基本上缺乏深度关切。"重北轻南"的传统，加上"重经济而轻文化"的运河研究思维，共同造成了江南文化北行研究的缺席。有人尽管注意到运河的开通，使江南的丝织工艺、陶瓷制造术、建筑术、造纸印刷术、指南针及各种书籍大量运往北方，如茶叶有"舟车相继，所在山积"（《封氏闻见录》卷6）之说，但这些江南物产对北方与中原生活方式的影响，则基本上看不到有更深刻的"下文"。"重北轻南"的文化思维与心理模式，直接影响到是否可以描绘出一张完整的大运河文化线路图。

江南文化向中原与北方地区的传播，不仅有历史的必然性，也有深刻的现实背景。首先是江南地区的学术文化后来至上。如刘师培先生说："魏晋以后，南方之地学术日昌，致北方学者反瞠其后。"（《南北学派不同论》）到了两宋时期，杭州成为全国的印刷业中心。"北宋刊本，刊于杭者，殆居大半。"（王国维《观堂集林》）"南宋时，除官刻的'监本'通行全国之外，大大小小的私家刻书铺，遍布杭城大街小巷，有名可查者就有十几家。就质量而论，也以杭州的印刷技术最高……书籍的大量刊行，促进了文化知识的广泛传播。再加上杭州湖山秀丽，经济繁荣，运河交通的便利，又使之与各地的文化交流联系十分频繁和密切，可得风气之先，于是一时又成为全国人文荟萃之地。"（李志庭、楼毅生《运河与杭州》）其次是江南发达的文教事业培养出众多的优秀人才。在北方与中原，频繁的战争严重影响了文化的再生产，"中州老师存者无几"，以至于明洪武二十年"特迁南方学官教士于北"。在"膏腴千里，国之仓庾"（范仲淹语）的江南地区，则"民既富，子弟多入学校"（王世懋《二酉委谈摘录》）。物质基础是精神文明发展的前提，早在北宋，南人考取进士的人数已多于北方。大量江南士子或游学或求仕，当然要把江南社会的文化、风俗、生活方式带往中原与北方。也包括为数众多的江南客商，他们沿着大运河北上的历史与文化行程，也未能得到重视与系统的研究，使一条原本丰富多彩的大运河文化线路，不仅在形式上过于呆板，在内容上也十分匮乏。

三、大运河上文化的南来北往

实际上，作为古代中国的交通大动脉，大运河上文化的南来北往从未停止过。在明清时期，随着江南经济与文化获得更高层次的发展，大运河的交通枢纽与文化线路意义也变得更加重要。上至公卿显宦，下至平民百姓，只要有船可乘，他们大多会舍鞍马、弃车轿。这在古代小说中留下许多动人的细节。如《品花宝鉴》中聘才的一段话，就涉及苏州梨园文化是如何沿运河北上的，"……京里有个什么四大名班，请了一个教师到苏州买了十个孩子，都不过十四五岁，还有十二三岁的；……在运河里粮船拥挤，就走了四个多月。见他们天天的学戏，倒也听会了许多。我们这个船上，有五个孩子，顶好的有两个：一个小旦叫琪官，年十四岁。他的颜色就像花粉和了胭脂水，匀匀的搓成，一弹就破

镇江西津渡

美向北方的传播,与大运河的航运有
直接的关系。

"以登舟为安",由于落魄书生、
盐商子弟、青楼女子、贩夫走卒、势要
权贵在南来北往中都喜欢走水路,所
以在大运河上发生的悲欢离合故事
是数也数不清的。如《杜十娘怒沉百
宝箱》,李甲是浙江绍兴府人氏,"自
幼读书在庠,未得登科,援例入于北
雍。"他与杜十娘从京城回来走的就
是水路,"……不一日,行至瓜洲,大
船停泊岸口,公子别雇了民船,安放
行李。约明日侵晨,剪江而渡。"但
由于不幸结识孙富,最终出卖了杜十
娘,杜十娘万念俱灰,投江自尽,在
运河上演出了一幕悲惨凄美的爱情
故事。又如《警世通言》卷一讲明朝
永乐年间北直隶涿州人苏云往浙江
金华府兰溪县赴任,"此去是水路,该
用船只"。当时不论客货私货,只要
揽一位官人乘坐,借其名号可免一路
税课,所以船家不仅不要船钱,反送
几十两银子为孝顺之礼,谓之坐舱
钱,于是"苏知县同家小下了官舱,
一路都是下水,渡了黄河,过了扬州
广陵驿,将近仪真。因船是年远的,
又带货太重,发起漏来,满船人都慌
了。苏知县叫快快拢岸,一时间将家
眷行李都搬上岸来"。但不幸遭遇强
人,苏云被"棕缆捆做一团,如一只

的。另有一股清气,晕在眉梢眼角里
头。唱起戏来,比那画眉、黄鹂的声音
还要清脆几分。这已经算个绝色了。
更有一个唱闺门旦的叫琴官,十五岁
了。他的好处,真教我说不出来。要
将世间的颜色比他,也没有这个颜色。
要将古时候的美人比他,我又没有见
过古时候的美人。世间的活美人,是
再没有这样好的。就是画师画的美
人,也画不到这样的神情眉目。他姓
杜,或者就是杜丽娘还魂?不然,就是
杜兰香下嫁。除了这两个姓杜的,也
就没有第三个了。"由此可知,江南的

馄饨相似，向水面扑通的撺将下去"。类似的故事又见于《金瓶梅词话》第四十七回，扬州员外苗天秀去东京游玩，兼谋前程，"从扬州码头上船，行了数日，到徐州洪。停泊在陕湾，不料搭的船只却是贼船。两个艄子皆是不善之徒，苗青就和舟子合谋杀死苗天秀，苗青另搭了船只，载至临清码头上做起了生意来"。这些明清小说的细节，为我们了解大运河上的江南文化，保留了弥足珍贵的帆影。

对大运河的江南文化北行线路进行文化考古与重绘，不仅可以丰富对大运河文化内涵的认识，对于更深刻地理解中国文化史也具有重要意义。中国区域文化虽然众多，但以北方的齐鲁文化与江南文化最为可观。齐鲁文化本质上是一种伦理文化，江南文化本质上是一种诗性文化，它们分别代表了中华民族最基本的生存需要与文化理想，因而两者之间的双向交流是十分必要的。尽管伦理人文非常重要，是人与动物、文明人与野蛮人相区别的标志，但正如冯友兰说，"道德境界中人"可以做到不怕死，但却没有"生的快乐"，因为他们的审美机能在伦理异化中"失语"了。另一方面，这恰好突显出江南诗性文化对一个务实民族的文化价值。在原理上讲，有了充满现实责任感的齐鲁礼乐，可以支撑中国民族的现实实践；而有了超越一切现实利害的生命愉快，则可以使在前一种生活中异化了的生命一次次赎回自由。由于北方与中原文化一直占据主流，导致伦理文化与诗性文化的交流十分困难，所以在古代各种文献中往往是伦理文化对江南风情的"批判"、"辱骂"乃至于"诅咒"。大运河的文化线路在两者之间起到重要的沟通与交流作用，使在原则上针锋相对的伦理与审美文化，在现实中获得了接触、理解与融合的可能。如北方士大夫在江南的青山绿水间可以重新发现人生的真谛；如在刘绍堂的运河系列小说中，也可以看到美丽、活泼，有一点自然与野性的水边女子，与儒家"非礼勿视，非礼勿听"的"闺阁中人"不同，在她们身上更多地可以看到江南文化的身影。这是大运河给中华民族带来的新文化理念与重要精神财富，如果没有大运河，中国古代文化一定不会这样丰富多彩的。

文化江南的当代传承与开发

《文化江南的当代传承与开发》是由上海交通大学、华东师范大学、华东理工大学、上海师范大学、上海市委党史研究室等单位合作完成的一个科研项目，它以江南地区的传统文化资源和精神创造为对象，通过对江南文化理论、江南人物文化、江南民俗文化、江南艺术文化、江南文化产业等方面的深入研究，揭示出"江南诗性文化"的基本理念、主要内容及现代价值，为上海文化大都市和长三角世界级城市群的建设提供了有明显区域特色的文化参照系及相应的文化战略思路。

一、江南文化研究：世界城市发展背景与国家战略需要

尽管在表面上看，江南文化只是一种区域文化现象，其研究长期以来也主要局限在历史学、区域研究等范围内。但由于以下三方面的原因：一是古代江南在地理范围上与当今中国经济最发达和城市化水平最高的长三角地区大体吻合，这使江南文化研究必然要超越单纯的学术范围并开始获得越来越鲜明的实践性价值；二是由于以"国际化大都市"与"世界级城市群"为中心的当代都市化（Metropolitanization）进程已成为影响当今人类生存与发展的核心力量和主导机制，与之相应的是极大地提升了以上海为首位城市的长三角城市群对当代中国和世界的影响力；三是在全球人口爆炸、能源危机、生态环境急剧恶化的当下，无论是文化产业直接带来的富可敌国的巨大经济效益，还是文化事业对精神文明、社会建设与心理生态健康的深层作用，都表明文化在人类可持续发展战略中占有的地位越来越重要，这是江南文化研究逐渐摆脱了其传统的主题与范式，并被赋予越来越多的深刻而庄重的当代价值的直接原因，特别是在2008年国务院颁布《进一步推进长江三角洲地区改革开放和经济社会发展的指导意见》之后，江南文

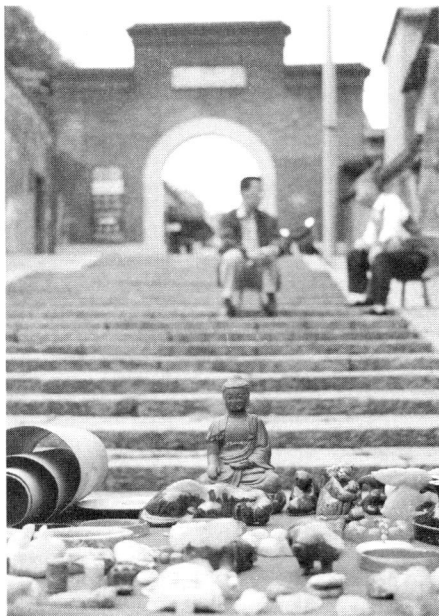

化研究迅速成为长三角建立"世界级城市群"这一国家战略的重要组成部分。

当代长三角城市群的建设与发展，既有经济与资源在当下的矛盾与激烈竞争，也有政治与文化上共同的长远利益，如何通过文化传统的修复与文化模式的创新，消除城市间的各种不良与恶性竞争，推动它们深度合作与走向更高层次的共赢与发展，已成为摆在长三角城市群建设道路上最关键的问题。在经济全球化和世界城市化的双重背景下，作为长三角城市群文化传统的江南文化必然要被提到历史议事日程上来。这不仅是因为，在长三角逐渐成为中国社会改革和发展最有力的支撑系统的同时，其自身特有的历史、文化与精神的传承与发扬光大，也同样要被重建和创新。更为重要的是，江南文化研究有利于推动区域内城市的一体化进程，防止城市单体发展而引发的资源浪费乃至恶性竞争，实现长三角城市群的高水平与可持续发展。由此可知，以江南文化为主题重建当代长三角的文化联系，为长三角世界级城市群建设提供服务，既是实现江南传统文化转换与创新的必然选择，也是江南文化研究最重要的当代性价值所在。

二、江南文化研究的现状分析

自古以来，江南地区就以经济、教育和文化的发达著称于世，在古代中国文明中创造了高度发达的文明生活方式与独具个性的区域文化传统。区域内的吴文化、越文化和海派文化联系密切，相关性很强。特别是在改革开放以后，以上海为首位城市的长江三角洲地区，正在形成一个在经济社会与文化上联系更加密切的城市共同体，并最有希望发展成为一个世界级的大城市群。这是作为其区域文化传统的江南文化在当下越来越重要的根源。

从当代江南城市的相关研究看，主要集中在经济社会方面，对这一区域的文化资源与文化发展明显重视不够，有些研究即使涉及文化层面，也主要偏重于对西方消费文化、时尚文化的引进与介绍，明显忽视了对江南地区的区域文化传统的研究。实际上，江南地区特有的人文地理、社会结构及文化传统等，不仅直接参与了江南社会的历史建构，也在更深的层次上影响着它在今天的发展以及在未来的存在。

从理论研究的角度看，江南文化一直是国内外关注的传统学术热点，并相应形成了两大主要研究模式：一是文献整理与汇编。它们或是卷帙浩繁的集大成著述（如《江苏地方文献丛书》,江苏古籍出版社,1999）,或是某一专学的资料汇编（如《明清苏州农村经济资料》,江苏古籍出版社,1988）,为江南文化研究提供了大量真实可靠的文献资源；二是以经济史与社会史为主题的历史学研究。经济史方面如李伯重《多视角看江南经济史》（三联书店,2003）及《江南早期的工业化》（社会科学文献出版社,2000）、陈学文《明清时期太湖流域的商品经济与市场网络》（浙江人民出版社,2000）、黄今言《秦汉江南经济述略》（江西人民出版社,1999）、张佩国《近代江南乡村地权的历史人类学研究》（上海人民出版社,2002）、段本洛等著《苏州手工业史》（江苏古籍出版社,1999）,社会史方面如熊月之主编《上海通史》（上海人民出版社,1999）、吴仁安《明清江南望族与社会经济文化》（上海人民出版社,2001）、许林安《江西史稿》（江西高校出版社,1998）、严耀中《江南佛教史》（上海人民出版社,2000）等。近年来,由于长三角经济社会的迅速发展,同时也由于受到西方区域经济、城市群理论研究的影响,备受各级政府部门重视的长三角区域经济社会发展研究类著作层出不穷,如长三角主要省市均推出《社会发展蓝皮书》,同时也包括长三角一些地方政府各种经

保护还是开发：平江路区域鸟瞰

济社会发展研究，它们的主旨在于发展文化产业、提高城市综合竞争力，因而大体上可以看作是由经济史研究衍生出来的新方向。此外，与江南文化独特的自然环境资产与独特文化风俗相关，近年来有关长三角的人文地理与文化旅游研究也很可观，如上海音乐学院出版社出版的《江南话语》丛书、三联书店出版的《乡土中国》丛书（其中有多种涉及江南），古吴轩出版社的《苏州文库》丛书、苏州大学出版社出版的《扬州文化丛书》等，则可以看作是社会史与文化产业研究相结合的新产物。

这些研究模式与学术成果在有力地拓展了江南研究的视角与空间的同时，受其学科属性与学术话语的影响，也不同程度地存在着"偏经济而轻文化"、"偏历史而轻审美"、"偏江南文化的科学研究而轻其现代性价值阐释"等倾向。因而，有关江南的真正的文化研究与人文研究，可以说还是一个空白。在充分吸收传统文献整理与经济社会史等实证研究的基础上，以具有自主知识产权的江南诗性文化理论努力发掘与阐释江南文化的人文精神与现代价值，以当代美学、民俗学、文化学为学理基础从当下经济社会研究中开辟出关于长三角区域文化传统研究的新谱系，是我们在研究中希望达到的目标。

三、江南文化研究的十大进展

具体说来,我们在研究中取得了以下十个方面的进展,它们基本上代表了江南文化研究的最新成果与探索方向。

1. 界定与阐释江南范畴的基本内涵。以马克思"人体解剖对于猴体解剖是一把钥匙"为方法论,从成熟形态的角度对江南范围进行界定。尽管魏晋以后,由于北方与中原的人口、文化大量南移,使江南地区在经济与文化上后来居上,但作为成熟形态的江南无疑是明清两代。据此我们以李伯重先生的"八府一州"说为基础,吸收了"江南十府说"中的宁波和绍兴,同时,还将不直接属于太湖经济区,但在自然环境、生产方式、生活方式与文化联系十分密切以及由于大运河和扬子江而密切联系起来的扬州、徽州等纳入江南的范围。关于它们之间的关系,我们借鉴区域经济学理论,将"八府一州"看作是江南的"核心区",而将其他地区视为"外延"。"八府一州"是江南区域在历史上自然演化与长期竞争的结果,圈定了江南地区的核心空间与主要范围,其经济社会与文化上的主体地位是很难被其他地理单元"喧宾夺主"的。

2. 梳理与明确江南区域文化的历史源头。在关于江南区域文化的看法上,学界常见的观点是"一分为三",即"吴文化"、"越文化"和"海派文化"。这一划分尽管便于应用和描述,但由系统论"整体大于部分之和"这一基本原理可知,作为有机整体的江南文化必然大于"吴文化"、"越文化"和"海派文化",因而对三者的单体研究绝不等同于江南文化研究。要找到江南文化作为一个独立谱系的存在根据,就需要从原始发生的角度去追寻。综合20世纪考古学、历史学的研究,早在新石器时代,长江文明已发育得相当成熟。以上古时代自成一体的长江文明为背景,可以找到江南文化发生的历史摇篮。正如李学勤先生说,"黄河中心论"最根本的问题是"忽视了中国最大的河流——长江"。江南文化的历史渊源是长江文明,而不是黄河文化的传播产物。在解决了这样一个原则性的问题之后,可以为重新理解江南文化提供一个全新的解释框架。

3. 提出并论证江南诗性文化的理论观点。在学术层面上,要论证江南区域文化的独立性,关键是要弄清江南文化的独特创造与深层结构。从历史上看,文人荟萃、文化发达是江南的主要特征,但实际上这并不是江南区域文化在中国最独特的本质,因为

江苏省昆剧院表演剧照

孕育了儒家哲学的齐鲁地区在很大意义上更有资格代表中国文化。使江南文化与中国其他区域文化真正拉开距离的，是因为在其中有一种最大限度地超越了儒家实用理性、代表着生命最高理想的审美自由精神。如果说，在江南文化中同样有伦理的、实用的内容，并与北方——中原文化圈一脉相通，那么也可以说，正是在审美自由精神这一点上，真正体现出古代江南民族对中国文化最独特的创造。由此可知，江南文化本质上是一种以"审美—艺术"为精神本质的诗性文化形态。或者说，江南诗性文化是江南文化的核心内涵与最高本质。

4. 提出并论证古代江南与当代长三角城市群的关系。古代江南地区高度发达的经济与文化，特别是在明清时代形成的高度发达的以苏州、杭州、南京等为中心的江南城市共同体，是中国现代化与城市化进程在江南地区开始最早、并一直遥遥领先于中国其他地区的根源。长三角是改革开放以来的新概念，1992年以后，逐步被明确为上海、杭州、宁波、湖州、嘉兴、绍兴、舟山、台州、南京、镇江、扬州、泰州、常州、无锡、苏州、南通16城市。尽管2008年国务院将长三角区域范围界定为苏浙沪全境内的26市。但无论是经济上还是文化上，新加入的城市主要是一种附属角色。由此可知，尽管当今长三角与往昔江南已有不小的变化，但由于两个基本面——地理上的长江中下游平原及包括古代吴越文化和现代海派文化在内的江南诗性文化——仍是长三角城市群的核心地理空间和主要文化资源，所以完全可以把长三角城市群看作是古代江南的当代形态。也可以说，长三角城市群并不是无本之木，如1980年代的长三角经济区概念，其雏形可追溯到明清时期太湖流域经济区。而1990年代以后的长三角城市群，其胚胎早在古代江南城市发展中就已开始培育。这是研究江南文化最需要关注的现实背景与发展趋势。

5.提出并进行江南文化基础理论的研究。具有独立品格与话语形态的江南文化理论研究一直是一个较大的空白，系统研究、原创理论更少。本课题拟以马克思文化理论与方法为指导，借鉴西方文化研究与中国审美文化研究的理论成果，以诗性文化理论为基础性的学术框架，以诗性人文学术方法为总体性的方法论，对江南文化理论的基本问题、研究对象与范围、框架体系、价值形态等进行系统与深入的探讨。主要内容包括：以区别长江文化与黄河文化为空间背景，追溯江南文化的文化背景与渊源；以区别江南文化与齐鲁文化为区域背景，揭示江南文化的诗性与审美本质；以江南轴心期为理论基础，还原江南区域文化精神的历史生成过程；以江南之江南、中国之江南、世界之江南为基本时间框架，揭示江南文化发展的主要历史阶段及其内在关联；以吴文化、越文化与海派文化为基本空间框架，研究江南文化发展的主要小传统及其结构关系；在区域文化比较的语境中，探讨江南文化与荆楚文化、巴蜀文化、岭南文化等的异同；在江南城乡文化比较的框架下，研究江南城乡不同的文

化结构与价值形态；以城市化进程为背景，探讨江南文化资源的保护、开发和可持续发展理论。

6.提出并进行江南文化资源与产业的研究。文化资源是文化发展直接的现实对象，是潜在的自然文化遗产和文化生产力要素，不仅决定了文化产业的方式、规模与性质，也是一个地区文化事业发展的客观环境与条件。江南文化资源丰富，为我们实现从江南文化的历史研究到现代开发提供了丰富的资源储备。一方面，根据文化资源理论的基本规律与特点，建立江南文化资源的分类框架，按照物质资源、社会资源和审美资源三大原则，对复杂、纷乱的江南文化资源进行系统的梳理与编码，为江南文化资源的开发、创意和产业化提供基础。另一方面，根据当代文化产业发展的规律与特点，研究江南文化的要素集聚、文化品牌创建、文化事业发展等问题，同时，在长三角城市群文化发展的框架下，在政策、机制、形式等方面展开江南文化的研究，为催生更大规模、更具竞争力的江南文化产业群描绘途径。

7.从诗性文化角度展开江南建筑文化的研究。江南建筑有着独特的风格和悠久的传统，集中体现了诗性文化的理念与需要。由于古代江南民族与自然环境与资源的亲和关系，江

苏州博物馆：再造江南精神

南古代建筑的主要特征不是表达人对自然的征服，而是在很大的程度上依赖于大自然的地理与环境条件，这样的格局直到现代以来才遭到毁灭性的破坏。在现代化进程中，和其他地区一样，江南建筑的精神个性与传统形态迅速消亡，在空间与功能上日益趋同、千篇一律，不再具有诗意和适合人们居住、生活。在当今江南空间的规划、设计与建设中，由于西方理性建筑文化以现代化的名义迅速取得了霸权地位，以及当代规划与建筑师自觉不自觉地以西方为标准与摹仿对象，遂造成了理性文化诸要素在江南建筑空间中沧海横流，结果是建筑的单质化与同质化正成为江南空间生产普遍的宿命与噩梦。究其原因，当代江南建筑基本上是理性建筑观念与文化的产物，是理性文化战胜、驱逐了中国诗性文化的结果。以传统江南建筑的材料、技术、审美观念、设计风格、建造过程等为研究对象，建构与还原江南建筑中的诗性文化因素与谱系，为当代江南建筑借助诗性文化的精神资源，开拓出感性与理性、人类与自然和谐共生的新风格提供思想资源与基础。

8. 从诗性文化角度展开江南人物文化的研究。关于学术表达，可以分为"借符号讲话"和"借人物讲话"，前者是哲学家的方式，他们使用的最重要的工具是范畴和概念，后者是以活生生的生命活动揭示历史运动的规律与特点，这是中国古代历史学家最擅长的一种叙事方式。从深层看，如果说前者是西方理性文化的特点，那么后者正是中国诗性文化的所长。在这个意义上，"借人物说话"本质上是以诗性文化为背景而形成的一种独特的诗性人文学术谱系，其基本特点可以归结为以感受含摄论证、以经验贯通理性、以细节建构本体、以人物澄明精神，就其特别适合表达中国文化经验而言，还有着直指本体、目击而道存等更上一层的特殊意义。江南自古盛产各种类型的文化名人，他们既是江南文化理念与精神的历史承载者，又是江南文化不断发展和丰富的创造者。以江南文化主体中的政治家、遗民、流人、山人、学者、文人、艺术家、儒商、师爷、市井小人物等为对象，可以更深刻、更感性地认识和把握江南文化及其精神结构的历史存在。

9. 从诗性文化角度展开江南审美文化的研究。以文学艺术为主体的江南审美文化自古以来十分发达，相关的研究也很多，但由于一直缺乏相对统一的审美文化理论基础，所以大多研究局限"专而深"的层面，而很难看到不同文学艺术类型之间的深层文化与美学联系。我们拟以"诗性文化"作为江南审美文化研究的理论基础与价值根源，以江南艺术环境、江南艺术精神、江南诗文、江南绘画、江南工艺、江南园林、江南戏曲、江南服饰等为具体的研究对象与范围，对江南审美文化从发生、源流、典范形态、审美精神、现代性价值等角度进行一次综合性的研究。在具体的研究中，以江南区域和江南诗性文化为背景和主线，深入并集中研究最能体现江南审美文化精神的文学艺术类型，超越以时间顺序写文学艺术史的传统模式，强调环境—精神—艺术创作的内在逻辑关系，实现对客体与主体、形式与内容、艺术精神与文化创造之间关联性的深度认识与把握，对江南文学艺术共有的诗性文化本质和审美文化精神加以提炼和阐释，为江南文学艺术继承传统、推陈出新提供重要的参照系。

10. 从诗性文化角度展开江南民俗文化的研究。民俗是大众沟通情感的纽带和彼此认同的标志，是规范行为的准绳和维系群体团结的黏合剂，也是世世代代锤炼和传承的文化传统。与中国其他区域不同，江南民俗最大的特点在于它的诗性文化功能与特征。我们拟从"诗性文化理论"切入江南民众世俗生活的历史流变与渊源，借江南地区民俗文化展示江南诗性文化在民间特殊的存在方式与生命力，在研究内容上涉及衣食住行、人生礼仪、岁时节令、民间工艺、娱乐游艺、民间艺术和信仰等习俗生活，厘清江南民俗文化中诗性精神的发展脉络，从诗性生活方式角度建构江南民俗文化理论的主体框架，同时从审美现代性的角度探讨江南民俗文化资源的当代价值，为当代江南传统民俗文化的保护与文化产业发展提供路径。

尽管我们做出了很大的努力，但研究本身也存在着一些不足之处，其中有些是由于一些客观原因，如时间问题、团队研究的协调问题，以及不同研究者的学力与能力的问题，因而在局部也存在着一些遗漏与缺憾，还有一些是由于学术界尚未取得定论，同时也有一些研究论题由于各种原因未能涉及，这些将在今后的研究中进一步完善和强化。

众里寻他千百度

刘士林　中国风——江南文化系列丛书

在江南城市中发现诗性文化

庄子说:"吾生也有涯,而知也无涯。以有涯随无涯,殆已!已而为知者,殆而已矣!"(《养生主》)有时,我常会想,这句话就是说给我和我的一些友人的,而十余年来我们关于中国诗性文化的研究经历,也仿佛就是要在当今世界中去印证这句话的真理性。

中国诗性文化研究始于1980、1990年代之交,尽管这与1980年代中期的"文化热"不无关系,但更直接的原因却来自我们的反省与检讨,即对当时那些动辄中国文化、动辄中西文化比较等大而无当的学术叙事的反感与思考,以为它们的根本问题在于既缺乏新的文化理念与理论框架,同时又由于"普遍的不读中国书"而缺乏坚实可靠的经验基础。在另寻新路的探索中,我以自己较为熟悉的中国诗学为经验基础,又从维柯的《新科学》中借取"诗性智慧"概念,经过了近10年研习、磨合与对接,建构出不同于西方理性文化系统的"中国诗性文化"体系。作为一种本土性的原创文化理论成果,在"滔滔者皆西方话语者"的时代中,尽管它一直没有大红大紫过,但也没有像许多时尚学术一样很快淹没在滚滚红尘中,相反还一天天地超出了文学与美学的范围,并被越来越多的其他学科与专业的学者所借鉴和使用。过去每念及此,我会情不自禁地想到古人"十载青春不负君"的诗句,同时也会有一种深沉的温暖与感动在心底徘徊、升腾,为我们多年来艰苦、寂寞的学术耕耘终有所收获而庆幸。

但由于"知也无涯"的原因,不久我就发现,与"中国文化"相比,"中

南京玄武湖

国诗性文化"尽管在内涵上"小"、"具体"了许多,但它本身仍是一个"大概念",包含的内容与层次仍然过于繁复,仍然不是一个十分理想的现代学术对象。特别是有了一定的江南生活经验以后,"中国诗性文化"本身的"大"与"空"也日益暴露了出来。于是,我又以中国古典诗学特别看重的"诗分南北"为框架,从空间叙事角度把"中国诗性文化"进一步细化为南北两种形态。在《在江南发现诗性文化》的讲演中,我曾比较详细地介绍了这一转换的过程:

当我还在写作"中国诗性文化"的时候,尽管当时人已经在南京,但由于个体生命中的北方经验居多,对江南文化也没有特别留意,所以当时的中国诗性文化研究,主要是从政治伦理语境入手的。在那本书的后记中,我甚至还写道:如果一个人对中国政治一窍不通,就根本不可能懂得中国文学。尽管不能说这种解读完全错了,但它却是相当片面的,因为它只能解释北方的诗性文化。在南京生活了五六年以后,我就日益迷恋并开始了江南诗性文化研究,与北方那种充满政治伦理内涵的诗性文化不同,江南诗性文化在气质上完全是艺术的与审美的。现在,我倾向于这样理解中国诗性文化,它有两个系统,一个是以政治伦理为深层结构的"北国诗性文化",另一个是以审美自由为基本理念的"江南诗性文化"。至于两者的关系,我的态度是,由于"北国"的审美特征不够清晰,它应该被看作是中国诗性文化的"初级阶段"或"早期状态"。[1]

1　刘士林:《在江南发现诗性文化——刘士林教授在全国审美文化学术研讨会上的演讲》,《解放日报》2004 年 10 月 17 日。

绍兴老街

以"江南诗性文化"为新的文化理念与解释框架，是我们的江南美学与文化研究迅速产生影响、并入选由《学术月刊》和《文汇读书周报》联合评选的"2005年度十大学术热点"的原因。

但同样是由于"知也无涯"的原因，自两年前移居上海这座中国最大的城市，并由于学术与职业需要开始关注都市文化，特别是承担了"江南都市文化的历史源流及现代阐释"项目之后，我再次经历了几年前在南京研究"中国诗性文化"时的困惑与尴尬。具体说来，尽管"江南诗性文化"已是一种变得"更小"的"地方经验"，比中西文化比较立足的"世界经验"，以及中国诗性文化倚重的"本土经验"等，具有更确切的知识形态与更稳定的学理内涵，但另一方面，不仅江南本身在自然空间上仍过于辽阔广大，在其城市与乡村之间更是表现出很大的差异性。这些差异性直接影响到"江南诗性文化"具体的形态与内涵，对此如果不加关注，同样会带来许多严重的遮蔽与误读，并直接影响到我们所研究的江南诗性文化的真实意义。这是我们在今天提出并讨论"江南城市中的诗性文化"的原委。

江南城市文化是中国诗性文化在

夜上海俯瞰

都市空间中的新形态，也是一种与当代都市文化、大众文化或审美文化最接近的传统精神资源。近现代以来，中国现代化（城市化）进程之所以在江南地区开始最早、发育最充分，可以说与江南城市诗性文化有着直接而内在的关系。自改革开放、特别是近十年来，以上海为中心的长江三角洲地区，正在形成一个在经济社会与文化发展等方面联系更加密切的城市共同体，并最有希望发展成为世界第六大都市群。而江南城市特有的人文地理、社会结构及文化传统等，不仅参与了江南城市的历史建构，也直接影响着它们在今天的存在与发展。以之为对象，深入挖掘潜藏其中的中国本土性都市文化经验，不仅可以为长三角的城市化进程提供一种重要的参照系，同时对中国其他区域的城市文化建设也有积极的示范性价值。

南京、杭州、扬州和苏州

说起江南的城市，大家都不会太陌生。不过和以前多为谈江南历史、谈区域经济或文献整理等不同，这次

城市森林

我和大家交流的是,现代作家眼中的江南城市。以作家的眼光看江南城市的兴衰与变迁,不只是比一般的学术研究多了些人文情怀。这份充满人文色彩与价值的思想史与文化史遗产,为当代长三角重建江南文化提供了重要的参照。

一、江南城市"四大名旦"
及其现代命运

江南名城众多,不能一一道来。但把南京、杭州、扬州和苏州称为江南城市"四大名旦",应该不会有太多的歧义。了解了它们在现代进程中的兴衰,也就基本上把握住了江南城市群变迁的规律和特点;剖析它们独特的性格、气质与悲剧性的内在冲突,也就大体上参透了江南城市群的文化矛盾与命运谶语。

要想深入了解现代作家江南城市书写的意义,首先需要对古代城市有一些规律性的认识。经济史学家曾将中国城市分为"开封型"与"苏杭型",前者的核心功能是政治与军事,历史上的北方都城与军事要塞城市都属此类。后者的核心功能是经济与消费,江南城市也包括其他区域的商业中心城市属于这一类。

但另一方面,在权力资源和意识形态高度集中和专制的古代社会,"苏杭型"城市根本不可能独立自主地发展和演化,而只能在政治与经济的夹缝中"苟全于世"。江南城市最基本和最深层的性格与气质,就是在这样的大背景下积淀、生成的。

我把它称为"欲罢不能"和"欲说还休"。一方面,由于雄厚的经济实力,必然要求在上层建筑上有所建树,因而历史上,"苏杭型"城市就如同喜欢"纸上谈兵"的古代书生,它们总是会不由自主或半推半就地卷入政治斗争的漩涡;但另一方面,由于政治与军事均不是江南城市的所长,每一个想成为政治中心的城市,最后都难逃"是非成败转头空"的悲惨宿命。这时,真正能够安慰和吸引它们的,就不再是"闻鸡起舞"和"中流击楫"的英雄事业,而是"自作新词曲最娇,小红低唱我吹箫"的文人情怀,或"钿头银篦击节碎,血色罗裙翻酒污"的世俗快乐。

二、杭州和南京:与政治中心的距离决定态度

在这方面,最有代表性的是杭州和南京。

南京与杭州曾分别是吴文化区与越文化区的政治中心,在历史上也有过称霸一时、与列强相颉颃的光荣历史。由于这样的地位与历史,这两个城市的政治与军事冲动,在江南城市群中也是最突出的。以元初、清初为例,在中原和北方的"关西大汉"都纷纷放弃抵抗之后,在人们印象中一直软绵绵的江南"才子佳人"却会成为在军事上抵抗外族入侵、在文化上捍卫夷夏之别的主力军。

从深层说,这与江南城市文化中深藏的"政治情结"有关。但实际情况正如我们在历史上反复看到的,江南每一次抗争的结果,无不是以自身的失败而告终。久而久之,在江南城市中就形成了一种节奏缓慢、温柔富贵、"躲避崇高"、沉迷于日常细节享受的诗性生活方式与游戏人生态度。这是江南城市最终选择"不谈政治"、"尤厌言兵"的江南诗性文化理念,也是历史上很多士大夫对"南朝"、"南宋"、"南明"进行声色俱厉的道德批判的主要原因。

尽管都以江南诗性文化为基本价值取向,但由于在地理、人口、历史、生活方式、文化心态、性格气质等方面的差异,南京与杭州在城市文化上又表现出微妙的不同。

与政治中心的距离和在历史中形成的不同态度,是同属江南的杭州和南京在性格与精神气质上表现出很大

杭州:这里是观看西湖的绝佳处

差异的主要原因。它们在一般的江南城市社会与文化研究中,即使不被完全忽视,也基本上不受重视。正是在现代作家的江南城市经验与话语中,这种最感性、也最本质的"细节真实"才大白于世。

以杭州为例,郁达夫写过一篇《杭州》,他最欣赏的不是儒家的政治抱负和入世理想,而是明朝人高濂写的一本叫《四时幽赏录》的闲书。郁达夫用吴自牧的"临安风俗,四时奢侈,赏观殆无虚日"来概括杭州的城市性格和文化。

由此出发,就比较容易理解为什么南宋不可能收复北方领土,因为杭州的城市生活与文化太富有诗意,过于温柔富贵,很容易使人意志涣散、意乱情迷。这种城市文化性格当然是有缺陷的。

但是反过来也可以想一想,与北方和中原常见的金戈铁马和朔风凛冽相比,这种生活尽管不够崇高、悲壮和气吞山河,但难道不应该是一切奋斗和牺牲的真正目的吗?

南京就不一样了。南京给我的感觉就是"阴"和"沉"。在这个城市的历史和记忆中,充满了太多的挫折和无奈。南京就像一个被剥夺了爵位的废帝或废后，一方面，尽管在颜面上仍不失大家闺秀的庄重和整饬，但由于建立在对内心失败和绝望的压抑之上，因而无论如何都不可能真正阳光起来。这是南京"阴"、不透明的根源。

另一方面，废帝或废后毕竟又不同于普通人，他们曾有过的辉煌和壮观，也使每个游客都无法从心里小看，这是南京的"沉"、有内涵的根源。

这两种性格与气质相互缠绕在一起，并不是真正的"深沉"品性，在行为上很容易走极端或剑走偏锋。具体说来，向上的一路是走向禅宗的"寂"、"无"。

在现代作家中，把这种性格写得最精微的是朱自清，在他的散文《南京》中有一段写玄武湖："这里的水是白的，又有波澜，俨然长江大河的气势，与西湖的静绿不同。最宜于看月，一片空蒙，无边无界。若在微醺之后，迎着小风，似睡非睡地躺在藤椅上，听着船底汩汩的波响与不知何方来的箫声，真会教你忘却身在哪里。"

而向下的一路是走向反文化的"肉"与"身"。南京人爱以"大萝卜"自况，本义是说南京人的朴实与缺心眼，这与操着吴侬软语、文化到了极致的苏杭人是根本不同的。像苏州评弹或越剧《红楼梦》中的儿女温情，在南京文化中不仅不存在，甚至还经常是南京大萝卜们嘲笑的对象。

三、扬州迟暮：除了交通，还有文化

早在隋唐时期，扬州已是闻名于世的"国际化大都市"，其人口众多与商业繁华的城市景观，大约只有北宋都城汴梁可以相比。明清时代的扬州，借助富可敌国的盐商，又成为全球最奢华和消费文化最发达的城市。

今天面对扬州，很容易使人想到《浮士德》里的名句："你是多么美呀，请你暂停！"是的，扬州在现代时期的迅速衰落，就像一个无比丰腴、富贵、娇艳的美妇人，在突然遭遇到无法承受的打击之后，甚至使人们来不及仔细记下她往昔的绝代风华，来不及为她的命运变故唱一曲挽歌，一切就成了昨日黄花。

扬州作为江南工商业城市的杰出代表，本身也是中国古代城市的最高形态之一。它在现代时期的"突然死亡"或"停滞"，也是我们研究江南城市时最值得关注的。

古代工商业大城市多以便利发达的水路交通为家底，扬州也是如此。如果说古代扬州兴盛的主要原因是隋炀帝时期江南运河的开凿，那么，导致它衰败的原因就是另一种现代交通系

没有雨雪的日子，西湖边的长椅上常常坐着闲散的人们，看着断桥上的人来人往

统对古代运河的取代。

最早道破其中天机的，其实不是城市研究学者，而是现代作家郁达夫。在《扬州旧梦寄语堂》中，郁达夫这样写道："自大业初开邗沟入江渠以来，这扬州一郡，就成了中国南北交通的要道……但是铁路开后，扬州就一落千丈，萧条到了极点。从前的运使、河督之类，现在也已经驻上了别处；殷实商户，巨富乡绅，自然也分迁到上海或天津等洋大人的保护之区，故而目下的扬州只剩下了一个历史上的剥制的虚壳，内容便什么也没有了……"这段描写，尽管文学性很强，但与城市社会学家的研究却是高度一致的。

除了交通因素，还有一个重要的原因是城市文化。关于这一点，是现代另一个著名的作家、艺术家丰子恺先生发现的。在散文《扬州梦》中，丰先生记述了他的一段真实心路历程。有一天，他教孩子们读南宋姜夔的《扬州慢》，当念到"二十四桥仍在"一句时，他怎么也按捺不住对维扬胜地的"烟花三月"与"十里春风"的冲动，决定去寻访大名鼎鼎的二十四桥。到大街上雇车子，说"到二十四桥"。然而年轻的驾车人都不知道，摇摇头。有一个年纪较大的人表示知道，然而他却忠告："这地方很远，而且很荒凉，你们去做什么？"

"二十四桥"是扬州城的文化标识。但到了现代时期已凋敝如此,当然会叫人百般感慨。

这让我想到一个问题:今天的很多城市,在大力发展文化产业、文化服务业的背景下,把很多大的文化项目都交给企业和商人去做,城市正朝着过度商业化的方向发展。这是有很大问题的,城市文化是绝对不能依赖商人的。

四、花园苏州:一个文化
城市的隐忧

在江南城市群中,最像江南的还是苏州。

据经济史家的研究,在明清时代,苏州就是"一个以府城为中心、以郊区市镇为'卫星城市'的特大城市"。而且,这种经济上的优势一直保持至今,苏州经济在当代长三角城市群中也是数一数二的。

与北方城市相比,江南城市的第二个特点是城市景观漂亮。苏州园林最能代表江南园林的特色。陈从周先生有一篇《园林分南北,景物各千秋》讲得很好,摆脱了北方皇家园林的"庸俗",充满了"清雅平淡"的"书卷气",都是值得重视的观点。最有意思

苏州夜

虽然高楼大厦日益成为上海的象征，但是老弄堂文化才是这座城市的底色，图为南京西路附近的老弄堂

的是，陈先生不是以建筑史家的身份，而是以一个散文家的身份写这篇文章的。所以，这应该纳入现代作家眼中的江南城市变迁的范围。

苏州是典型的园林城市。苏州的好，不在于园林的规模与豪华，而是提供了一种有别于城市政治、经济功能的文化空间，使自然山水、乡村文明与城市发展水乳交融，多元并存，提供了一种有价值、有意义的感性生活空间。当代作家陆文夫、余秋雨对此都有生动的描写：

"阿要白兰花啊——"，小巷里又传来了女子的叫卖声，这声音并不激昂慷慨，除掉想做点买卖之外，也不想对谁说明什么伟大的意义，可我却被这声音激动得再也无法入睡了……"阿要白兰花啊——"，那悠扬的歌声渐渐地消失在春雨里。(《深巷又闻卖花声》)

尽管在城市化进程中，苏州的传统城市空间与文化功能已有变异，一些现代城市的坏习气也沾染了它，比如你到吴中第一名胜虎丘想拍一张全景，就很难绕开乱七八糟的电线杆。但与其他江南城市相比，苏州城市化

新旧上海——摄于新天地

的代价又是最小的。它的旧城区保存得相对完好，它的市民与前工业化时代依稀相仿。这是今天在苏州可以重温"深巷明朝卖杏花"的旧梦，以及普通人在这里能够找到家园感的根本原因。

"英雄割据"与 "文采风流"

一、英雄割据虽已矣， 文采风流今尚存

一说到南京，我总是不由得会想到杜甫的诗："英雄割据虽已矣，文采风流今尚存"。(《丹青引赠曹将军霸》)诗的本义是写唐代著名画家曹霸，他本是魏武帝曹操的后人，曾因重摹凌烟阁二十四功臣画像而名动京师，特别是曹霸以画马见长，杜甫的评价是"斯须九重真龙出，一洗万古凡马空"。但由于生活在完全不同于魏武扬鞭的年代，"于今为庶为清门"的他，多半不可能有更好的命运，以至于最后只能沦落为替寻常行路人作画，聊以显示一技之长或藉以自慰。

实际上，这也是许多中国古代世家望族的命运密码。老子们出身草莽，揭竿而起，在经历九死一生之后，或君临天下或割据一方，是所谓

老墙之秋

的"英雄割据"。但在儿孙辈,生于深宫之中,长于妇人之手,锦衣玉食,手不释卷,原来纵横马上的英雄血统就逐渐退化为舞文弄墨的艺术生命。后者尽管可写出惊天动地之文或画出世上艺术绝品,其中隐约亦可见先祖的英风和壮魄,但这些纸上的东西,毕竟不可能再叱咤风云,于是他们在残酷的现实中,往往如曹霸一样陷入"途穷反遭俗眼白,世上未有如公贫"的困顿。在中国诗歌中,很早就有一个"哀王孙"的主题,也纯是因为他们的命运与轮回容易引人感慨乃至于唏嘘的缘故。其实,正如西方学者说城市

是一个有机体一样,有七朝古都之称的南京,也可作如是观。

在有关城市起源的研究中,有一种重要的说法是城市起源于军事防卫。因而,大凡一般比较重要的城市,多少都会与军事、战争相互牵连,这并没有什么可奇怪的。特别是北依长江天险、自古有龙盘虎踞之称的南京。但与一般城市往往因为一场战争就一蹶不振——不仅经济社会陷入全面的崩溃,曾经繁荣的城市生活与文化景观也沉入永寂——不同,在中国历史上多次卷入政治、军事斗争旋涡,又一次次从灾难的深渊中获得新生的南京,最突出的城市文化性格正可以用"英雄割据虽已矣,文采风流今尚存"来概括。前者是因为古人所说的"金陵帝王州"和南京多灾多难的兴衰史,后者则是因为南京在古代中国文化系统中一直持续的竞争与努力。也就是说,尽管由于命运不济,南京很难成为中国政治中心,但屡次在政治军事斗争中大沉大浮,也培养了它一种独特的性格与气质。就像那些丧失掉优越政治、经济特权的"王孙",尽管他们由于现实角逐的失败而被迫退出历史舞台,但他们的内心世界却从未真正平静或淡泊下来,他们总是要选择一些与众不同的东西,藉以显示他们内心深处不肯轻易示人的隐秘痛苦与意

愿。由于在现实中的所有出路已经阻断，因而，文采风流——这些现实中的新贵或无暇顾及、或由于自身的素质而不可能顾及的领域，就成为昔日王孙们惟一的归宿和活动场所。屈原、曹植的诗、朱耷的画，莫不如此。

一般说来，昔日王孙总会有些破落与腐朽气息，心理的创痛与压抑也必然要渗透出来，这在表面上看是不利于艺术创造的。至于他们的文采为什么可以"风流"起来，我想可以希腊化时代的犬儒学派为例来说明。狄奥尼根的学说为什么被称为犬儒学派，罗素在《西方哲学史》中这样解释说："他决心象狗一样地生活下去，所以就被称为'犬儒'，这个字的意思就是'像犬一样'。他拒绝接受一切的习俗——无论是宗教的、风尚的、服装的、居室的、饮食的、或者礼貌的"。但这并不意味着所谓的"破罐子破摔"，由于在破落之前的辉煌和良好的教育，尽管狄奥尼根以犬儒自称，但其心地与行为却远非一般的"小人儒"所可相比，如罗素所说："……尽人皆知，亚历山大怎样地拜访过他，问他想要什么恩赐；他回答说：'只要你别挡住我的太阳光'"，同时，"狄奥尼根的教导，一点也没有我们现在所称之为'玩世不恭'（'犬儒'的）东西"[1]。这其中的奥妙何在呢？在我看来，与其时代前后的正面人物（如宁愿选择死亡、不愿放弃信仰的苏格拉底）相比，狄奥尼根自然显得有些堕落或不够契合天地之正气，但由于他们天性中的高贵禀赋和良好的文化熏陶，他们即使想堕落也不可能堕落到哪里去，这是他们能够在艺术天地中自由驰骋的根本原因。

这也是南京总是给人一种大气、厚重、深奥的原理所在。在南京城市文化与南京人灵魂中那些最独特的东西，都可以在"英雄割据虽已矣，文采风流今尚存"的语境中去解读。在研究中国诗性文化时，我们曾提出"中国文化是诗性文化。或者说，诗这一精神方式渗透、积淀在中国传统社会的政治、经济、科学、艺术各个门类中，并影响、甚至是暗暗地决定了它们的历史命运"[2]。而今看来，不独文学艺术，城市也是如此。

二、《三国演义》与《儒林外史》

要想真正认识南京，有两本小说不能不读。一本是《三国演义》，一本

1　[英]罗素著，何兆武、李约瑟译：《西方哲学史》上卷，商务印书馆1963年版，第294~295页。
2　刘士林：《中国诗学精神》，海南出版社2006年版，第2页。

《桃花扇》里的文采风流

"文采风流"，既是古代南京的起点与终点，也代表着它作为有机体的两种基本的内在力量，它们之间的冲突、对话与交融进程，在深层结构上决定了南京的历史命运。

在江南一大堆城市中，南京是最政治化的一个。南京这种政治本钱，是它屡次欲与北方一争高下的原因。但实际情况却是，每一次的努力与挣扎均以一部金陵痛史为终结。久而久之，就逐渐积淀出南京十分独特的城市性格与气质。

一方面，与江南城市相似，南京不断地经受着从文明中心到政治边缘的历史驱逐，但由于不同于普通江南城市的自然条件、城市规模与政治地位，使南京很难像杭州一样以"西湖虽好莫题诗"严格自律。这与它独特的政治资本有关。与杭州的"低眉顺眼"不同，南京从来就是那种不甘就范的"失路英雄"。这也有一些原因，首先是地理环境不同，杭州一马平川，大海阻断了东方的退路；南京不仅有长江天险，还有"龙盘虎踞"的防守条件，正如诸葛亮当年在清凉山感慨"钟阜龙蟠，石

是《儒林外史》。前者一个最突出的细节，是为后来无数文人所慷慨悲歌的"赤壁之战"，这是以南京为政治中心对北方和中原政治圈取得的一次在中国历史上极其罕见的伟大胜利，并将南京固有的"英雄割据"话语演绎到一种辉煌的境界。后者也有一个重要的象征，就是当时那帮文人"制礼兴乐"的悲壮努力，与前者不同的是，由于代表着南京"文采风流"最后的散场，因而更多的是感伤甚至是充满了反讽的意味。这两个典型环境中的典型细节，正好对应于古代南京城市形态与功能的起点和终点。

在某种意义上，"英雄割据"与

城虎踞，真帝王之宅也"，南京在自然条件上完全有可能雄霸江东半壁江山。其次，从城建史的角度看，南京一开始就是军事中心，大约在2 500年前，吴王夫差以南京为作坊开始制造青铜兵器，称为"冶城"。大约在22年后，卧薪尝胆的勾践灭吴，继续于此制造兵器，改称"越城"。与杭州等江南城市发展主要依赖于商业经济活动不同，南京则是以一种国家兵工厂的方式登上中国城市舞台的。再次，从城市文化上看，杭州的文化构成比较简单，越地一带的江南文化是其要素与核心内容；南京地处中国南北文化冲突与交流的要冲，其城市文化的政治与意识形态性远比普通江南城市突出。一个最简单的例子是李香君与苏小小的差别，两者尽管都是流落风尘的女子，但她们在政治态度与抱负上却截然相反。以普通市民为例，杭州人对日常生活细节的重视，堪为以细腻著称的江南文化精神的典范；南京人则素以"大萝卜"自况，"它的本义是说南京人的朴实与缺心眼，这与操着吴侬软语、做事认真细致的苏杭人是根本不同的。人们假想中像苏州评弹或者越剧《红楼梦》中那样的儿女温情，在南京文化中不仅不存在，甚至还是南京大萝卜们经常嘲笑的对象"。[1]

另一方面，与北方都城相似，南京不断遭到战争的考验甚至是毁灭性的打击，但由于雄厚的经济文化基础使它很难像北方都城一样沦为无人问津的废墟，因而总是要与国家机器发生重要关联并一次次卷入政治旋涡的中心。以安史之乱对洛阳的破坏为例：天宝十四年（755）冬，安史乱军攻陷洛阳，直到肃宗至德二年，才由郭子仪率军收复。但由于乾元二年（759）九节度使在相州的兵溃，洛阳遂又重新沦陷于史朝义的铁蹄下。万般无奈的肃宗，只得请求回纥出兵，并于宝应元年（762）十月光复故都。解放是解放了，但在几番鏖战之后，昔日繁华和富庶的东京，据司马光对宝应元年十月的记载，已是"回纥入东京，肆行杀略，死者万计，火累旬不灭。朔方、神策军亦以东京、郑、汴、汝州皆为贼境，所过虏掠，三月乃已。比屋荡尽，士民皆衣纸。"（《资治通鉴》卷二二二）此外，战后的一些具体情况，也被唐代的韦应物、杜甫注意到了。这一年的秋冬之际，27岁的韦应物正好做洛阳丞，他十分感慨地写道："生长太平日，不知太平欢。今还洛阳中，感此方苦酸。……萧条孤烟绝，日入空城寒。"杜甫当时还流寓成都，面

1　刘士林：《中国话语：理念与经验》，上海三联书店2006年版，第203页。

对战争所带来的巨大破坏，也写下了"战伐乾坤破，疮痍府库贫"（《送陵州路使君赴任》）、"十室几人在，千山空自多。路衢唯见哭，城市不闻歌"（《征夫》）。从这些亲历者的诗句中，足以感受到战争对繁华都市的致命打击。战争在直接摧毁城市经济基础的同时，也抽空了它在文化发展上的动力。使原本"先进于礼乐"、文教发达的中原，逐渐丧失了文化上的创造力与领导权。特别是随着战乱中北方衣冠名士的大量南迁，出现了"中州老师存者无几"的局面，以至于明洪武二十年，由于北方名师缺乏导致生徒废学，政府不得不特地迁南方学官教士于北。[1] 与之相比，"因自然之利而采之，又加以勤俭，家遂致富"[2]的江南地区，在宋代以后逐渐发展成为中国文化的中心。这是南京在"英雄割据"中屡遭重创之后，仍能以漂亮的转身发散出"文采风流"的物质条件。

尽管如此，南京文化毕竟是在失败与屈辱基础上发生的，因而其"文采风流"也不同于一般的"温室中的花朵"。从世界文化史的角度着眼，关于南京古代文化，很容易使人想到现代化前夜时期的德意志。罗素曾说："德国哲学思想中的许多仿佛奇特的东西，反映出一个由于历史的偶然事件而被剥夺了它那份当然势力的精悍民族的心境。"[3]对于南京也是如此，既不可能脱离政治中心太远，又不可能成为真正的权力中心，它精悍的心境只能以一种抽象的方式来参与现实世界的历史运动。这给南京带来的是一种内涵更加复杂的城市精神与文化性格。与一般的江南城市相比，南京总是多几分由于政治风云而积淀的苍凉与悲壮，同时也因此而多了一些超越于"吴侬软语"之上的厚重与大气，其根本原因大概就在这里。如南京人有一句最喜欢的口头禅叫"多大事"。所谓"多大事"，是说没什么大事，或者说"有什么大不了的呢"。有时候人们想不开，被各种欲望或感情困扰，主要是因为他们年轻、资历浅、不成熟，没有经过惊涛骇浪或暴风骤雨的洗礼。而在经历了真正的人世沧桑与劫难之后，人的常态就是所谓的"天下本无事，庸人自扰之"。由于这种历史积淀与灵魂深处的底气，与杭州的真快乐与真逍遥不同，在南京看似快乐、

1　钱穆：《国史大纲》，商务印书馆1994年版，第707页。

2　《毗陵方氏宗谱》卷二五《方君耀琮传》。

3　[德]康德著，马元德译：《西方哲学史》下卷，商务印书馆1976年版，第264页。

中庸、热闹的江南外观下，深藏的是一颗充满悲辛、孤傲、梗概之气甚至于绝望的灵魂。

而这些，会再一次使我们想到屈原、曹植的诗、朱耷的画，还有《儒林外史》中那一番在大树飘零之际，希望重建中国礼乐文明的努力和挣扎。

三、"后金陵时代"与"渎神的欧里庇德斯"

经历了英雄割据与文采风流之后，南京就进入了"后金陵时代"。要深入理解今日南京的文化，我们不妨借助尼采关于"渎神的欧里庇德斯"的观点。关于尼采，人们一般比较注意的是酒神精神和日神精神。前者代表着感性的冲动和现实的挣扎，后者代表着理性的规约和艺术的升华。在很长一段时间内，我们一直以为日神精神是尼采所要唾弃的，但在尼采本人，实际上更强调的却是："看吧！日神不能离开酒神而生存！说到底，'泰坦'和'蛮夷'因素与日神因素同样必要！"[1]这其中的主要原因在于，在尼采关于希腊精神的研究与阐释中，他还发现存在着更加不可救药的"第三要素"——即由"渎神的欧里庇德斯"所代表的反希腊精神。尼采说："渎神的欧里庇德斯呵，……就像神话对你来说已经死去一样，音乐的天才对你来说同样已经死去。即使你贪婪地搜掠一切音乐之园，你也只能拿出一种伪造的冒牌的音乐。由于你遗弃了酒神，所以日神也遗弃了你；从他们的地盘上猎取全部热情并将之禁锢在你的疆域内吧，替你的主角们的台词磨砺好一种诡辩的辩证法吧——你的主角们仍然只有模仿的冒充的热情，只讲模仿的冒充的语言。"[2]引申言之，真正的希腊精神，不是消失在酒神和日神的激烈斗争中，相反正是在两者的激烈斗争和胶着状态中，才生产出荷马史诗、苏格拉底哲学以及索福克勒斯悲剧等希腊最高精神代表。相反却是，在只能"模仿"而不能创造的"渎神的欧里庇德斯"时代，一方面它遗弃了由酒神精神所代表的感性生命的解放，另一方面同时遗弃了由日神精神所象征的理性生命的庄严，因而才使伟大的希腊精神迅速堕落为只有"模仿的冒充的热情"、"模仿的冒充的语言"的丑角。[3]

1　[德]尼采著，周国平译：《悲剧的诞生——尼采美学文选》，三联书店1986年版，第15页。
2　[德]尼采著，周国平译：《悲剧的诞生——尼采美学文选》，三联书店1986年版，第43页。
3　刘士林：《苦难美学》，湖北人民出版社2004年版，第313~314页。

一叶知秋

对于南京也是如此。最可怕的不是"英雄割据"的冲突和残酷，也不是"文采风流"中的激情和怪诞，而是这两种激昂生命精神的同步消失。也就是说，一旦没有了英雄割据的政治苦难，同时也没有了克服苦难的艺术创造，那么，南京文化也就成为一大堆图书馆里的字纸，成为一种死掉的"文明"。在某种意义上，早在吴敬梓写《儒林外史》时，"后金陵时代"就已经流露出端倪：

话说万历二十三年，那南京的名士都已渐渐销磨尽了。此时虞博

士那一辈人，也有老了的，也有死了的，也有四散去了的，也有闭门不问世事的。花坛酒社，都没有那些才俊之人；礼乐之章，也不见那些贤人讲究。论出处，不过得手的就是才能，失意的就是愚拙；论豪侠，不过有余的就会奢华，不足的就是萧索。凭你有李、杜的文章，颜、曾的品行，却是也没有一个人来问你。

吴敬梓在最后一回描绘的那幅惨淡的士人画面，实际上也是现代南京城市命运与气数的最好写照。以南京人最喜欢的《扬子晚报》为例，这是

一张据说发行量曾超150万的市民报纸，但看一下它的内容，就知道南京的文化现状了。除了头版以最简要的文字报道一下国家大事，其他版面最喜欢登的多是"东家长，西家短"的流言蜚语，主要功能是供市民做茶余饭后的谈资，如姐夫喝醉了钻小姨子的床，官员嫖娼如何当场被捉，一个人用斧头劈柴因用力过猛砍伤了自己的眼，一个善良的姐姐终身不嫁只为照顾三个傻子弟弟。有时完全流于当代传奇与生活新闻，有时也充满了最古朴的道德说教与煽情，在叙事风格与价值观念上，则与上海的《新民晚报》越来越接近。这表明，今天南京的文化生产与传播，已经相当充分地"海派化"，而与自己的"金陵王气"越来越远了。最重要的是城市精神与气质。几年前，一家媒体曾将南京选举为"中国最伤感的城市"。其主要说法在于：一是南京作为中国著名的亡国之都，是她今日的繁华和发展无论如何也难以抹去的历史记忆；二是说南京是历史上饱经战争蹂躏最多的地区，现代史上的"南京大屠杀"更是强化了这一伤感气氛；三是预言南京永远不可能放下它沉重的历史包袱，只能像一个历史遗址安静地迎来送往。我曾把它称为"话语的阴谋"，因而它只是出于对中国城市排座次这种肤浅的新闻需要。而实际上，南京有什么伤感的呢？只要你到古老的夫子庙或现代化的新街口走一遭，听一听南京儿女那因爽直而显得粗鲁的大声议论与交谈，看一看南京人丰富的、快乐的充满诗意的日常生活节奏，就很难与所谓的感伤氛围或忧伤话语联系在一起。即使在中山陵或雨花台，实际上也是南京人最喜欢去的游玩场所。

"青山遮不住，毕竟东流去。"在"割据一方"的英雄们早已熟睡，"文采风流"的士子早已无语之后，我们实际上是不可能指望它还能再有什么真正的快乐和悲伤？这当然是一个相当沉重的话题，而这个城市文化重建的尴尬与难题，尽管可以说以南京最为典型，但实际上它所揭示的问题和矛盾又绝不是只限于南京这样的城市。

豪情只剩了一襟晚照

在中国现代城市群落中，南通曾有"近代第一城"的美誉。而今看来，尽管一城三镇间的濠河灯火依旧，但往昔的荣光无疑早已风流云散。我个人喜欢南通，是因为它特别像个小城，尽管按照国际通行的标准，无论是空间规模还是城市人口，今天的南通都很难再作小儿女态了。看着一个喜欢的对象由繁华走向憔悴，自然会比一般人多一点感伤。在思考南通百年兴衰与沉浮时，我不由想到儿时熟悉的一副对联，上联是"南通州，北通州，南北通州通南北"，下联是"东当铺，西当铺，东西当铺当东西"。那是我第一次知道南通，但当时也仅是觉得对联高明。几十年以后，才突然发现上联竟然暗示着南通的荣辱与命运。无论北方天子脚下的通州，还是东南江海交汇处的南通，它们曾经的兴盛实际上都与"通南北"的天时地利密切相关，因为几乎整个中国古代社会都是以南北为轴心而存在的。但随着时世推移与气运变化，现代世界的战略重心早已从本土的南北关系转换为全球性的东西问题。这很可能就是南北通州在现代化进程中每况愈下的根源。由此可知，南通在19世纪末至20世纪早期盛极而衰，也许从一开始就已命中注定。而随着城市曾经集聚的资源与人气不断流失和衰竭，昔日的风华与辉煌也必然化为南柯一梦。古人经常说"一语成谶"，如果南通也有这一语，那无疑就是"南北通州通南北"。"青山遮不住，毕竟东流去"，尽管这一切皆非人的智力与努力所能改变，但由于诗人说的"悟以往之不谏，知来者之可追"，平静地探究一下南通

的得失成败，也许并不只有发思古之幽情的意义。

一、英雄与大众：谁是城市真正的创造者

在文明时代中，个体的力量与智慧逐渐退居二线，没有办法同庞大的国家机器、复杂的社会组织相抗衡，于是在历史文献中，我们会经常看到怀才不遇者的悲哀与感慨。当然也有例外，有很多伟大而辉煌的事业与成功，其实就完全是个体凭借一己之力所创造。这样的事件与记忆是必要的，它们让机械的人类历史变得情节生动曲

折，也使普通的凡间生活富于魅力和光彩。

在城市建设方面，奥斯曼帝国时期的锡南(Sinan, 1489—1588)，就是这样一个了不起的英雄。从1538年被宫廷聘用，并很快成为苏丹苏莱曼一世的宫廷建筑总监，前后40多年，锡南共设计和督建了79座清真寺、34座宫殿、55所学校、19座陵墓、33所公共浴室、16幢住宅、7所伊斯兰教经学院、12家商队客栈和18个殡仪馆，此外还建有谷仓、军械库、桥梁、喷泉、医院和大型渠道等。其中坐落在伊斯坦布尔城金角湾西岸的苏莱曼清真寺，号称奥斯曼帝国建筑"最富丽堂皇的纪念碑"。[1]在融合了罗马建筑、波斯建筑和阿拉伯伊斯兰风格之后，锡南创造出属于土耳其的基本建筑模式，并通过辛勤的设计与督造使整个帝国空间拥有了独特的景观形态。后来人对此只能望洋兴叹，他们关于城市的伟大设计与奇思妙想，往往只能尘封在资料室里或记忆深处。

在中国城市史上，如果有一个人可以决定一座城市，那很可能只有张謇和他的南通。尽管张謇涉及的空间范围不如锡南那样广阔，但就对城市物质形态与生活方式的影响看，则有过之而无不及。像古代运气很好的读书人一样，张謇在他生命最成熟的盛年高中状元，从此可以大展宏图了。但处身于晚清帝国大树飘零的末世，特别是受到现代西方文明的感召与震撼，张謇却意念别移。他毅然放弃了士大夫世代向往的汉宫魏阙，抱着"建设一流新世界雏形"的梦想回到故乡南通，开始了长达30余年的实业救国、地方自治和社会建设。有关研究表明，从1895年创办大生纱厂到港闸工业区和南通城南文教商贸区建成，在前后约30年的时光里，南通的城建总量超过了此前937年（即从南通后周显德五年即公元958年建城到1895年）的总和。[2]由此可知张謇对现代南通的影响之大，特别是他大手笔缔造的"一城三镇"，其在空间资源利用上的漂亮、优化与深谋远虑，到今天仍是城市规划与更新的最佳范本。

建筑只是城市的躯壳，文化与精神才是灵魂。就此而言，张謇更伟大的功绩在于他对南通的社会建设，使之摇身一变成为中国当时最现代的城市。以作为现代文明标志的新型教育为例，从1902捐资创建通州民立师范

1　《中国伊斯兰百科全书》，四川辞书出版社1993年版，第608页。
2　凌振荣：《论张謇的建城思想》，《东南文化》2004年第2期。

学校开始,张謇陆续创办了女子教育、学前教育、小学教育、中学教育、高等教育和特殊教育,同时还开设法政讲习所、地方自治研究所、巡警教所、监狱学传习所、女工传习所、女子蚕桑讲习所、伶工学社等实业教育,通过提升市民素质而推动了城市的现代转型。张謇还大力从事福利社会体系和新型慈善事业的建设,创办有新育婴堂、养老院、贫民工厂、济良所、残废院、栖流所等,使当时的南通成为“一个幼有所教、老有所养、贫有所抚、病有所医的社会”[1]。此外,他的城市建设还涉及,新闻出版、博物馆、图书馆、公共体育场、公园、新式剧场等软实力层面,就其为南通市民所提供的公共文化服务而言,在很多方面是今天的许多大城市都不能企及的。在大约150多年前,作为美国城市美化运动最早的倡导者与实践者之一,弗雷德里克·劳·奥姆斯特德(Frederick Law Olmsted,1822—1903)设计并建造美国纽约中央公园,后人评价说:“没有奥姆斯特德,美国就不会是现在的这个样子。”关于张謇对现代南通的重要贡献,史学家章开沅也曾这样感慨:“在近代中国,我们很难发现另外一个人在另外一个县办成这么多事业,并且对全国产生这么深刻的影响。”[2]事实也确乎如此,作为中国古代城市向现代转型的典范,张謇的南通从一开始就受到多方面的赞美。1921年底,时任上海海关税务司的英国人戈登·洛德,在其向英国政府提交的《1912—1921年海关十年报告》中曾这样写道:“通州是一个不靠外国人帮助、全靠中国人自力建设的城市,这是耐人寻味的典型。所有愿对中国人民和他们的将来作公正、准确估计的外国人,理应到那里去参观游览一下。”鲁迅的朋友内山完造,则把南通誉为“中国的一个理想的文化城市”。

以上这些方面,是南通被称为“中国近代第一城”的主要原因,并在很多方面为当时的上海、天津等大城市所不及。以交通为例,“1905至1913年间,修建了港闸路、城闸路、城山路、城港路,总长34公里,形成了‘一城三镇’的公路网络。1920年由张謇制定了全面的公路规划与修筑规划,确定了三条干线五条支线,从县城始,至垦牧区为东干线,至海门县境为南干线,将城闸路延长至如皋县境为北干线。在石港、四扬、三余、吕四等

1 陈金屏:《近代南通城市的历史演进》,《南通师范学院学报》2003年第3期。

2 转引自崔之清:《中国早期现代化的前驱》,中华工商联合出版社2001年版,第19页。

镇之间设立了五条支线与干线连接。到民国10年筑路计划全部实现，至此，南通有已有公路288.4公里，为江苏全省总里程的66.5％。在那时，内地有五百多里的马路，一百多部汽车，非但江苏没有，恐怕全国也没有第二个地方。"[1]但百余年以后，重新打量上海与南通，我们的心情很难平静。原来的基础与发展一路领先，而今却只能以"上海大都市圈北翼的江海门户"为荣，或者说，本来都具备发展成国际大都市的地理条件，南通在现代城市化进程中甚至还曾抢得先机，那么究竟是什么阴差阳错的原因，使南通一下子被远远甩到后面呢？对此固然可以说："君子之泽，三世而斩"。因为南通的兴起本就与张謇这样不可复制的生命个体密切相关，随着这位有教父般地位的人物"哲人其萎"，南通直接丧失了用以集聚资源与人气，以及解决城市发展面临的重大危机的核心，因而其衰败自在情理之中。但实际上，城市的兴衰往往有更复杂的机制与因果，而不可能仅限于一人一事之上。进一步说，即使是智力与能力过人的张謇和他精心营构的南通，在本质上也是不可能摆脱现代城市发展

的一般规律。由此入手，不仅可以为苦恼的南通理解其现代命运提供一个合理的说法，同时也有助于人们更深刻地理解中国现代城市兴衰的机理。而后一点，才是直接面向未来的。

二、花园城的美丽和脆弱

城市是空间的产物，所以芒福德把城市的功能之一形象地称作"容器"。而城市与乡村的区别，也主要表现在容量的大小，能够装得下多少人口和资源。同理，现代大都市与中小城市的差别也在于此。这是尽管大家都知道城市越大，问题越多，越不适合人生存，但每个现代城市仍殚精竭虑、不择手段地扩张地盘、争抢资源的根源。

在现代南通的空间生产上，张謇的"一城三镇"广受好评。如吴良镛说："张謇将工业区选在城西唐闸、港口区定在长江边的天生港、狼山作为花园私宅及风景区，三者与老城相距各约6公里，并建有道路相通，构成了以老城为中心的'一城三镇'的空间格局，城镇相互对立，分工明确，减少污染，各自可以合理发展。这种一城多镇，分片布局的模式极有创意。"[2]

1　梁炳泉：《南通交通史》，上海人民出版社1999年版，第83页。

2　吴良镛：《张謇与南通"中国近代第一城"》，《城市规划》2003年第7期。

如凌振荣指出："张謇在经营南通的过程中,逐步形成以南通旧城为中心,以唐闸、天生港和狼山镇为纽带,以农村为基础,城乡相间,形成一个功能不同、互有分工的城镇组群。这种布局的优点是:首先,一城三镇各自的功能不同、互有分工。城镇间的农村,是今后城市发展预留地,避免了点式城市摊大饼式的扩大带来的交通阻塞等弊病。第二,在主城区外的隙地和农田设置文化、教育、金融等机构,不仅有利于古城保护,同时,也避免了利用古城土地而增加拆迁费。第三,一城三镇卫星城镇的布局,有利于更好地发挥各自功能的优势,也有利于同类功能机构的互补。第四,工业区在距古城较远的地方,避免了因工业污染给主城区带来的危害。同时,招收工业镇附近的农民工,能节约市政建设费。"[1]这在很大程度上是因为张謇巧妙地避开了现代城市的发展陷阱,即由于盲目扩张而导致的人口膨胀、环境污染、交通拥挤、居住密度加大、社会治安混乱等"城市病"。

在某种意义上,这也是人们将南通等同于英国城市规划理论家霍华德的"花园城"的原因。尽管从理论渊源上看,两者并无直接的联系。张謇的南通城市建设始于1895年,而霍华德提出"花园城"的时间是在1898年。他们面临的城市问题也有很大区别,霍华德面对的是西方工业城市的"城市化过度",他相信治愈的方法是回到小规模的、开放的、经济均衡和社会均衡的社区,因而提出"花园城"理想并在一些地区进行实践。具体说来,"一个花园城占地一千亩,城市周围是绿地,或农村地带,由农场、露天

1 凌振荣:《南通近代建筑的形成和城市规划》,《南通文化("第一城"特刊)》2003年(总第14期),第29页。

牧场、收容所和公共土地所组成。城外有一条主要线路把花园城和其他城市联结起来，它的环城部分有助于城内交通。在城市中心大约五英亩到六英亩的面积是公共建筑和市政中心。市政中心外面是主要商店、宽阔的中心公园、住宅区和花园，在环城地带有一些主要工厂。花园城人口限制在三万人左右。"[1]而张謇面临的主要问题是如何在城市化水平很低的南通推进现代化。如他在《大生纱厂股东会宣言书》中所说："年三四十以后，即愤中国之不振，四十后中东事（指甲午中日战争）已，益愤而叹国人之无常识也。由教育之不革新，政府谋新矣而不当，欲自为之而无力，反复推究，当自兴实业始。然兴实业则必与富人为缘，而适违素守，又反复推究，乃决定捐弃所恃，舍身喂虎，认定吾为中国大计而贬，不以个人私利而贬，庶原可达而守不丧。"[2]尽管时代背景与现实问题的差别很大，但由于工业化和城市化同样是中国现代化的目标，特别是如何扬长避短，即在获得西方现代化成果的同时又能避免其"城市病"，是包括张謇在内的当时许多中国先觉者共同关心与探索的问题。也正是在这一时代背景下，张謇对南通的城市规划与建设，与西方城市社会学强调的区分生活区、商业区、工业区和公共场所[3]不谋而合。也可以说，由于张謇个人的思想、智慧和现实努力，使南通避免了"先城市化，再花园化"（或"先污染，后治理"）的现代化陷阱，这一点无论如何都是应该感到庆幸的。

但正如很多年以后，中国学者在反思中国现代化进程中所形成的另一共识，即西方文化是一个整体，只想要"好的西方文明"而拒绝"坏的西方文明"，充其量只是一相情愿的幻想。对于南通也是如此。花园城固然有诸多好处，但也存在着致命的问题。花园城在规划理念上有明显的复古特点，有悖于19世纪以来城市发展的大趋势。城市的繁荣依赖于人口与资源的大规模集聚，这是现代城市纷纷拆掉城墙、大量吞噬农业资源的根源。而花园城的最大问题是以行政手段限制了城市扩张，这既在硬件上直接压缩了城市经济的发展空间，同时也严重影响了城市社会对人口与资源的容量与吸引力。在某种意义上，这是城市

1 康少邦、张宁等译：《城市社会学》，浙江人民出版社1986年版，第215页。
2 《张謇全集》第3卷，江苏古籍出版社1994年版，第116~117页。
3 康少邦、张宁等译：《城市社会学》，浙江人民出版社1986年版，第206页。

发展中无法两全的二律背反，一方面，由于任何"容器"都是有限的，因而无限扩张必然导致"城市化过度"与"城市危机"，就此而言当然要对城市规模加以理性的限制。但另一方面，现代文明的本性是一种永不息止的浮士德精神，一旦其追逐和扩张的需要受到制约或打击，又会直接影响城市向更高水平的演化与发展，直至在激烈的现代城市竞争中败下阵来。把南通与一江之隔的上海相比，就不难看出这一点。作为人工与理性的辉煌成果，南通城市形态的最大优点是秩序井然。这是张謇地方自治理念在城市规划上的感性体现，其特点有二：一是在城市空间上强调统筹规划；二是把城市看作相对封闭的社会系统，要求实业、教育、慈善等协调发展[1]。但反过来说，对均衡与协调的过分强调必然导致城市结构的封闭，因而张謇的南通在本质上仍是一个传统的政治型城市，从未真正具备过现代大都市的开放性与竞争力，尽管其中包含发达的现代工业和以新型教育为代表的现代文明。与之相比，上海现代城市形态主要是自然演化、无序竞争和各种势力相互比拼的结果，尽管其空间形态的混乱与无序使人深感厌恶，但由于在最根本处暗合了"物竞天择，适者生存"的经济自由主义理念，有益于人力资源、经济资本与社会资源的高度集聚与优化配置，因而在开埠以后迅速发展为远东第一大都市。而拥有发达的现代工商业，并一度成为联系上海、苏北的航运枢纽的南通，则由于城市形态本身的约束太多与局限过大，抬升了竞争与发展的成本，因而在短暂的辉煌之后，在中国现代城市前沿中很快失踪了。

三、"服从命运的跟着命运走，　不服从命运的被命运拖着走"

除了城市形态，还有文化问题。与"宁静如太古"或"亘古不变"的大自然与乡村相比，城市社会如同"一口煮开的大锅"，高度异质化的人口与文化、滚滚而来的财富与机遇，包括在高速聚集中产生的激烈碰撞及由此裂变出的冲动、激情与创造力，是城市的本质以及城市发展的第一推动力。就此而言，张謇努力建设的南通，尽管在文明形态、社会建设、文化教育上水平很高，但由于建立在对现代文明感性需要与冲动压抑与限制的基础上，

1　于海漪：《南通近代城市规划建设历史研究系列之四：张謇及其城市规划思想》《华中建筑》2005 年第 4 期。

苏州博物馆

因而既无法吸收到全世界的资源与资本，同时也无法获得真正国际化的视野与素质，这是南通只能在群雄逐鹿的现代城市化进程中黯然退场的另一重要原因。

首先，这可以从南通城市社会的异质化程度来了解。异质化程度越高，越有利于城市的发展。在古希腊时代已如此，如芒福德曾指出："陌生人、外来者、流浪汉、商人、逃难者、奴隶，是的，甚至是入侵之敌，在城市发展的每一阶段上都曾有过特殊贡献。"[1] 在现代城市化进程中，更是如此，每一个成功的大都市，其基本特征都是杂乱无章甚至是人无法忍受的。以洛杉矶为例，"在洛杉矶，人们不仅可以找到硅谷高技术的工业综合企业和休斯敦不稳定的阳光地带经济，而且还可以看到锈迹斑斑的底特律或克利夫兰影响深远的工业衰微和彻底失败的城市相近地区。在洛杉矶，人们可以找到波士顿、下曼哈顿、南布朗克

1 ［美］刘易斯·芒福德著，宋俊岭、倪文彦译：《城市发展史——起源、演变和前景》，中国建筑工业出版社2005年版，第103~104页。

斯区、圣保罗和新加坡的影子。洛杉矶如此逼真地展现出各种城市重构过程的这种结合性组装和衔接，或许没有任何其他的城市区域可与之匹敌。洛杉矶似乎列举着资本主义城市化最近历史的所有变化形式。"[1]尽管在学习西方技术、开办工厂和社会建设等方面，张謇都是积极开放并领时代风气的。但在对现代城市社会的理解与建设上，这位晚清状元又表现出相当保守和封闭的另一面。如"为防止地方利益和资金的外流，他甚至反对外地人在南通'谋利'"。[2]这些做法尽管有其历史的合理性，但却直接降低了城市社会的开放度和异质化水平，其后果一是影响了南通对更多资源与更优秀人力的吸引力，二是在很大程度上也严重束缚了城市的竞争力与发展活力。与上海相比，南通这一弱点十分明显。上海之所以被称为大上海，主要原因在于它是一个"五方杂处"的高度异质化社会，无论是西方列强，还是地方政府，也包括青洪帮和其他社会组织，谁也不可能单凭一己之力就决定上海的命运。尽管这给人的感

觉是"世丧道也"，但由于只有这样才能为"乱世英雄起四方"提供自由的舞台，而激烈、残酷的自然竞争与野蛮比拼，既有助于资本与资源的迅速集聚，又能培养城市居民处理复杂问题与局面的头脑和生存竞争能力，因而不是井然有序的南通，相反却是上海这样的十里洋场，才是一个现代大都市最好的摇篮。正如1904年有人在蔡元培主编的《警钟日报》上发表文章评价上海："腐朽所蒸，香草怒生焉，艰危交逼，人才崛起焉。"[3]而南通在现代城市化进程中最终被淘汰出局，在这个意义上也是它作为古典城市的宿命。

其次，还从南通城市文化的多样性角度来了解。与都市社会的异质化相一致，都市文化的多样性是现代大都市的另一基本条件。南通城市文化主要是以张謇为中心的传统文化，其核心是儒家的伦理文化与墨家的实用理性。前者最看重君子对大众的教化，这集中体现在张謇对教育的重视上。在《大生纱厂股东会宣言书》上，他曾这样慷慨陈词："须知张謇若不为

1　[美]爱德华·W.苏贾著，王文斌译：《后现代地理学——重申批判社会理论中的空间》，商务印书馆2004年版，第292~293页。

2　大生系统企业史编写组：《大生系统企业史》，江苏古籍出版社1990年版，第228页。

3　熊月之、周武主编：《上海：一座现代化都市的编年史》，上海书店出版社2007年版，第211页。

地方自治，不为教育慈善公益，即专制朝廷之高位重禄，且不足动我，而顾腐心下气为人牛马耶？又须知二十余年自己所得之公费红奖，大都用于教育慈善公益，有表可按，未一累股东，而慷他人之慨也。"而张謇对墨家实用主义的推行，则主要体现在他的日常生活上。张謇一生节俭，认为这是事业成功的"不二法门"。他的衣服一定穿坏了才换新的，每顿饭一荤一素一汤，没有特殊客人不加菜。他常说："该用者，为大众用者，虽千万，不足惜；自用者，消耗者，一文钱也须考虑，也须节省。"[1]在"文革"期间，南通市造反派以为张謇墓中会藏有大量金银财宝，曾以"破四旧"之名掘开张謇墓穴。其中仅有礼帽一顶，眼镜一副，折扇一柄。另有一对金属小盒，内装墓主的胎发和牙齿。[2]中国传统文化以主体作为社会生产的核心，既以礼乐教化培养了良好的社会生态，又有效地减少了奢侈消费对资源的恶性损耗，可以维护人类的长远目的与根本利益。这是它好的一面，但由于"利害相生"的原理，作为农业文明的产物，其相当浓郁和普遍的"逆城市化"思想，又与现代城市发展存在着无法调和的矛盾。这一矛盾在张謇本人就很明显，一方面，他是以中为体、以西为用的典范，并以现代工商业、交通和社会公共事业（如电话公司、电灯照明等）极大地推进了南通的现代化进程；但另一方面，特别是看到西方资本主义文明的罪恶与道德败坏，他更希望运用传统文化把南通建设成现代世界的理想国。和以"十里洋场"为象征的海派文化相比，西方工业文明和科学技术一体化的生活方式，在南通就受到严重的抵制而很难扎根下来。在某种意义上，传统文化积淀的深厚与张謇本人的文化价值谱系，在当时就已成为南通向现代大都市发展的沉重负担。这是个人与历史最深的悲剧，作为中国近代第一城市，由于与中国传统文化关系过于密切，所以其在繁荣的同时就为衰亡埋下了伏笔。尽管这其中一定有后人无法了解的苦衷，但无论如何，传统文化负担过于沉重的南通，在其鼎盛的同时就已丧失了成为现代大都市的最佳机遇。而像这样的历史机遇，以后很可能再不会有了。

在我很小的时候，偶然听到大人们很深奥地讨论"命运"。主要意思

1　石静：《张謇和张孝若的父子情》，《民国春秋》2000 年第 4 期。

2　陈漱渝：《张謇生前身后事》，《寻根》2004 年第 6 期。

是，知道命运与不知道都一样，因为如果真是命运，即使知道了也没有办法改变。后来读希腊哲学，又知道一句名言是"服从命运的跟着命运走，不服从命运的被命运拖着走"，觉得这两者正是所谓的殊途同归。后来人倘若能理解到这一层，就可以平常心论张謇、看南通了。

闵行的千年风水

住在古美西路，教书于东川路，免不了经常穿行于S4省道（世博前叫A4），因而这一带的城市空间结构，也就成为我最熟悉的城市自然景观。就整个闵行而言，最感动我的不是虹桥枢纽或莘庄立交，而是在这一带经常可以看到的，在城市钢筋水泥中残存的农家院落、已经被建筑物重重包围起来的小片湿地或上面只有野草的荒地。如果是在春天，有时还能看到金黄的油菜花，那当然就会更叫人无端感慨了。

有一次，偶尔看闵行新闻，一个被采访者非常激动地说闵行像农村，与追求国际大都市的上海不相匹配。在他的心目中，只有浦东陆家嘴的高楼大厦，或是徐家汇的繁华商圈，那才是大都市的地标。看着那张纯朴的脸和

他激动的表情，当时我在心里就笑了。但转念一想，也不奇怪，因为他所描绘和想象的城市化，就是这样的。或者说，城市化，就是与在景观和生活方式上离大自然和农业传统越来越远。

这当然是一个很深的误区，同时也由于深入人心而十分顽固。要想解开这个中国人的城市情结，首先需要弄清楚什么是理想的城市。

一种理想是现代的，最好的城市就是要大。除了人口和空间规模，还要有最高的大楼、最大的工厂、最大的商场，甚至包括最大的图书馆、最大的大学和最大的市民广场。这种城市理想孕生于19世纪，结果是在当时城市化水平最高的国家，刺激出"欲与天公试比高"的摩天大楼，还有各种垄断性的托拉斯机构。20世纪在环境、社会与精神上的很多问题，可以说都是这种城市理想的后遗症。

另一种理想是后工业时代的，这在西方始于20世纪60年代，由于亲历了现代化进程对自然资源、城市环境及精神生活的严重破坏，人们开始反省那种以"大投入、大产出、大消费"为基本特征的"美国梦"，而转向基于"生活质量"与"可持续性的文明"的"欧洲梦"。城市不再是物质躯壳的庞大，生活质量成为首要的目标。如在世界宜居城市的评比中，前三名基本

上不是美、英、日，而是挪威、冰岛等不起眼的小国家。而这一点正体现了芒福德的城市理论。在他看来，理想的城市不是当今的纽约、东京、伦敦或巴黎，也可以引申为不是中国的北京、上海或广州，而是中世纪的城市。如当时的威尼斯，它在全盛时期也不过只有20万人，但它在城市环境、管理与生活水平上取得的成就，则是今天任何一个拥有快速交通和通信设施的现代化城市难以相提并论的。中世纪城市的一个最大特点，就是农业景观、生活方式渗透在城市中，与城市新兴的工商业及市民水乳交融。芒福德在《城市发展史》中，曾多次以诗的语言表达了这一点：

在12世纪时，水车的声音在伦敦绿油油的田野中非常动听。在夜间，四野俱寂，万籁无声，只是偶然有动物的骚动声或城镇上守夜人报时的声。中世纪的城镇上，人们可以整夜熟睡，丝毫没有人们的喧闹声或机器的噪声。

在中世纪的城镇里，清晨公鸡长啼报晓，屋檐下鸟巢内的鸟儿吱喳而鸣，城边修道院的报时钟声，市场广场新钟楼发出的和谐的钟声，它们唤醒人们，宣告一个工作日的开始，或是宣告市场开门。人们随意哼起歌曲，从修道士们单调的咏唱到街上民歌手们歌词的反复回荡，还有学徒工们和家庭女仆的信口低咏。唱歌、跳舞、表演，这些仍然都是即兴自发的活动。

从美学上看，中世纪的城市像一个中世纪的挂毯：人们来到一个城市，面对错综纷繁的设计，来回漫游于整个挂毯的图案之中，时常被美丽的景观所迷惑：这儿是一丛鲜花，那儿是一个动物、一个人头塑像，哪里喜欢，就在哪里多停留一会儿，然后再循原路而回；你不能凭一眼就能俯瞰设计之全貌，只有在彻底了解图案中的一笔一勾，才能对整个设计融会贯通。

一言以蔽之，中世纪城市之所以是理想的，不是因为它们在物质上有多大进步，而是"取得了过去城市文化从未获得的成功"。与此同时，芒福德把当今大都市普遍存在的问题称为"罗马化"，其核心是"在物质建设上的最高成就以及社会人文中的最坏状况"。原因则在于，"罗马人从未认真处理这些现实的文化问题和城市问题，他们贪得无厌地追求权力和权力的种种物质表现，并将此作为生活的理想"。在当代大都市中，"竞技场、高耸的公寓楼房、大型比赛和展览、足球赛、国际选美女比赛、被广告弄得无所不在的裸体像、经常的性感刺激、酗酒、暴力等,都是道地的罗马传统。同样,滥建浴室,花费巨资筑成的公路,而尤其是广大民众普遍着迷于各种各样的耗资巨大而又转瞬即逝的时髦活动,也都是道地的罗马作风"。而当代城市化进程中越来越严重的"罗马化",实际上正是大都市规模失控、结构失衡与功能失调的根本原因。如果我们真正明白了这一点,也许就会对自然景观与都市建筑、农业文化遗存与现代生活方式相互渗透、交织的闵行区感到一些侥幸。因为在上海很多城区中,像这样的空间环境已经不多了,并最有可能为一种真正符合城市化理想的都市发展提供"物质条件"。当然还要看到的是,闵行在当下这种城乡融合的空间形态,仅仅是由于一些偶然的原因。同时也不应忘记,在越来越喧哗的城市化"大跃进"中,它在理论上的良好形态又是十分脆弱的,因而,以后还能不能在闵行区看到晚春田野上的油菜花,夏天池塘边的鸭叫和蛙鸣,甚至是一片有些荒凉的深秋的芦荻,也是不能有任何保证的。

中国有一句老话,"十年树木,百年树人"。一位日本学者曾加了一句"千年风水"。他的意思是,城市空间作为城市发展的自然与物质基础,是不可以随便大动干戈的,一旦规划和建设得不好,也就永远破坏了大自然的风水。在当下,中国正经历着的城市化,既是空前的又是绝后的。以往我们不需要这样大的城市,而以后则再不会有这样多的农民。据说,大规模的城市化运动在中国还要持续35年左右。也就是说,到2050年前后,大规模的城市建设与空间开发仍是不可避免的。这就意味着,在城市空间资源越来越紧张的今天,依然保留着自然与农业空间的闵行,必将面临着更大的诱惑与压力。所以,今天的闵行人,正决定着以后千年的闵行风水。如此想来,很多的事情,我们都应该想得再细些,看得更远一些,做得再慢一些……

当代江南都市的审美文化生态

在城市化的进程中,大都市与区域性的中心城市对人类文化的影响是举足轻重的。自改革开放以来,中国城市的经济社会建设取得了巨大的成就,但同时也遭遇了相当多的新问题。在这些问题中,除了经济迅猛发展带来的环境与资源问题之外,还有一个

相当重要但迄今尚未引起足够关注的，是城市化过程所引发的一系列精神生态问题。

人口密集、交通拥挤、空间逼仄、竞争激烈的都市生活方式，必然要给人们的心理环境与精神生态系统带来程度不同的冲击、污染与破坏，这些负面影响不仅给都市文明的生产主体带来沉重的精神负担，也直接影响到城市自身在经济社会等方面的可持续发展。尽管形成"当代都市社会问题"的原因很多，但主体的情感模式、心理结构及精神生态固有的稳定性、有序性与平衡性的被破坏与变紊乱，无疑是许多"当代都市社会问题"产生、并

愈演愈烈的深层次原因。比如心理与精神疾病问题，据2000年10月10日国际劳工组织发表的调查报告，当时全球就已有约3.4亿人患有忧郁症，而工业化国家中的劳动者比例最高，约有十分之一的人患有忧郁症、焦虑、紧张、冷漠等精神疾病。与此相关的是，在一般的城市社会学或其相关的人文科学中，对诸如精神生态、心理健康等领域所出现的问题，如果不是置若罔闻，也基本上没有提出什么行之有效的理论与方法。一个主要的原因很可能是，这些科学在基本理论模式上属于实证科学，而人的心理健康与精神生态则属于人文学科中的美学与精神

风云际会:夜上海

生态学研究范围,即使他们已感觉到有些"城市问题"已超出自身的有效范围,但由于理论、方法与技术手段的不足,也无法对之进行有效的"干预性研究"。在这个意义上讲,就需要有一种从心理与感性层面上研究"当代都市社会问题"的审美生态学来介入,而对都市文化进行审美生态研究正是应此社会需要而产生的。

当代江南都市主要是指位于长江三角洲的国际大都市上海以及作为区域性中心城市的南京、杭州等。由于自然地理、经济生产方式及文化小传统等历史原因,江南主要城市间的经济文化联系一直相当密切,在当代,随着长江三角洲地区"世界第六大都市圈"的初步成型,这种历史上的联系如今变得更加密切,从而构成了一个相对独立而完整的学术研究单元。自改革开放以来,江南地区经济的迅速增长是刺激江南都市文化走在中国城市前沿最重要的原因,但与城市化进程相伴生的人口的剧烈增长,资源的相对不足、紧张的生活节奏等,也严重地影响着当代江南都市人口的心灵和谐与精神生态的良性循环。对这些新的精神生态问题与审美矛盾进行切实的研究,可以为长江三角洲地区的文化重建与精神生态建设提供理论证明与实践指向。另一方面，由于"发展在前"的原因，当代江南都市的文化生产与消费模式已成为中西部地区竞相摹仿与参照的对象，与此同时，它自身存在的精神生态问题也同样被传播到中西部相对不发达的城市文化中。在这个意义上讲，研究当代江南都市文化的审美生态问题，就是研究当代中国城市文化的精神生态与可持续发展的问题。以江南都市文化的审美生态为研究对象，不仅可以为江南都市文化的精神生态的健康发展提供一种审美原理，也可以为中国城市化进程提供一种实现科学发展、促进和谐生存的理论参照系。这是从审美生态角度研究当代江南都市文化的重要意义所在。

具体说来，当代江南都市文化的审美生态研究主要包括三方面的内容。

一是创建当代江南都市文化审美生态研究的基本理论，为具体而深入的研究提供一个具有合法性的"文化理论"与"解释框架"。在这里特别要强调的是基础理论研究的重要性，而不是随便地选择几个观念或以为有了几种方法，就可以把江南都市文化中存在的问题解释清楚、找出规律。按照马克思的说法，人是按照"内在生产观念"进行生产的，因而一种理论方法是否正确，是否具有合法性，也就直接决定了研究的最终结果。特别是在当代社会中，由于主体的力量越来越强大，可以使用的理论观念与物质手段也格外丰富，几乎可以生产出任何他能够想到的东西，因而对一个新的学术领域来说，基本理论的建设、基本方法的铸造更应该被视为"重中之重"，否则，尽管可以研究来、研究去，但由于在研究之前就缺乏一张可靠的图纸，其最终所建设出来的东西就难免是一种"非驴非马"的怪物。总之，基本理论的研究一定要"先行一步"，这是当代江南都市文化的审美生态研究可以真正"服务于现实实践"最重要的主体条件。

二是以上海为中心的江南都市文化的审美生态关系研究。根据马克思"'人体解剖'对'猴体解剖'是'一把钥匙'"的理论方法，选择作为最高环节的上海都市文化予以剖析与研究，就可以揭示出江南都市文化在审美生态上的基本规律与深层结构。近百年来，江南都市关系有一最重要的变化，就是上海由一个不起眼的"海边小城镇"迅速崛起为长江三角洲地区的国际化大都市，并迅速改变了江南都市之间历史延续下来的经济与文化结构。具体说来，原来占据主导地

凝神选择菜肴的外国人，摄于泰康路

位的苏州、杭州、南京等江南传统城市文化，在现代中国百年中迅速地被新兴的海派文化所覆盖。这是两种在性质上有着很大不同的江南都市文化结构，传统的江南城市文化是中国诗性文化的重要表现形态，基本特点是审美与实用浑然、市井烟火与高雅品位共生的一种诗意生活方式，因而，"腰缠十万贯，骑鹤下扬州"、"三生花草梦苏州"代表着中国传统人生与社会最高的和谐理想。而海派文化尽管在历史上可以追溯到距今约 5 800~4 900 年新石器时代的松泽文化，但它真正

的精神性格的形成却主要是由于百余年来输入了西方文化的结果。当今上海文化的主要结构要素有三，即从现代以来至今仍在源源不断地输入的西方文化和在本土内部由于人口流动而不断输入的中国文化（特别是北方与中原文化等）以及与上海在自然地理与文化传统上联系最密切的江南地域文化，它们之间的结构关系可以这样理解，从本土的视角看，最主要的文化矛盾是江南审美文化与北方实用理性的冲突，而从世界性的眼光看，则是代表着现实功利的西方物质文明与更看重心理利益的中国诗性文化的矛盾，三种结构要素的相互依存与相互矛盾构成了当今上海文化的深层结构。尽管上海文化在表面上十分繁多复杂，但在深层结构上却是由这样既相互矛盾、又有妥协与一致处的三股力量决定的。它们深入地存在于这个都市人群的生命与生活中，并从心理——情感的深层次上影响着上海经济社会与文化的发展。如何化解这三种力量的矛盾、理顺其内在的结构关系、探索它们在当代和谐共生的具体方法，对于整个长江三角洲的城市化进程是十分重要的。

三是研究都市审美生态对其文化产业及经济社会发展的现实影响。精神生态尽管不直接作用于具体的物质

生产过程，但作为主体生活与创造能力的一个重要方面，它必然要通过影响劳动者本身的劳动兴趣、创造灵感、生活热情、消费需要等而间接地参与社会的再生产。对江南都市文化进行审美生态研究的必要性也在这里。对于当代江南都市社会来说，迅速的城市化、大城市化过程，在给这一地区带来巨大的经济社会进步的同时，也产生了大量的现实矛盾与精神生态问题。它们在演化为更为激烈的现实冲突之前，一般是以情绪、压抑、焦虑、苦闷等形式蓄积在人的心理结构中，对这些尚在"青苹之末"的心理内容进行有效的疏导与控制，使之在生态上走向有序化、和谐化与审美化，就可以避免给社会肌体本身带来更大的现实伤害甚至是灾难。而解决精神生态问题还意味着可以为物质生产提供更优化的主体条件，在这个意义上讲，江南都市文化的审美生态研究也是"生产力"。而且可以相信，一个社会对生态与和谐发展的需要程度越高，这种"文化与审美的生产力"就会变得更加重要。把在一般的城市社会学、都市人类学研究中遗漏的"审美生态问题"提出，关注主体原生态的情感与欲望能力在当代都市文化中的损耗、扭曲与异化，在心理层面上为它们提供疏通的理论方法，在社会层面上尽可能地提出具体的解决方案或理性预警机制，使江南都市社会的区域经济与社会发展最大可能地建立在理性的基础上，是对当代江南都市文化进行审美生态研究的根本目的。

一句话，人的精神生态的健康与可持续性，是一切人类社会发展中最重要的主体条件。

中国诗性文化与都市空间生产

城市化进程在当代的新模式，是以"国际化大都市"和"世界级都市群"为中心、并超越了政治、种族与文明的界限并在全球范围内同步展开的。一方面，都市化全面提升了不同国家、地区经济社会发展的"国际化"程度，但另一方面，由于它同时确立了依附于"国际化大都市"和"世界级都市群"的"国际标准与认证体系"，也导致了比以往任何时代都更加严重的单质化与同质化。这表现在经济、金融、信息、文化、语言、思想观念、审美趣味等方面，而作为其最高代表与最直观表现形式的都市空间，更是集中体现了都市化进程在当今世界中的二重性。特别是发展中国家，城市的精神个性与传统形态迅速消亡，在空间与功能上日益趋同、千篇一律,不适合人们居住与生活,已成为当今都市空间生产普遍的宿命与噩梦。人们越来越强烈地意识到,在都市空间的规划、设计与建设中,总是自觉不自觉地以西方为标准与摹仿对象,是导致都市空间生产趋向单质化与同质化的根源。也正是由于这个原因,"自然和历史文化遗产受到破坏,城市风貌类同"已经成为中国城市化面临的八项挑战之一。[1]这是都市文化研究必须关注当代都市空间生产的直接原因。

在某种意义上,这就是中国都市空间生产的"异化"现象,即在当代城市化进程中,它不是获得了充分的发展,而是更多地否定了自身;不是越来越具有中国的精神与风格,而是与他者变得越来越雷同,最终结果是中国城市越来越不像中国城市。在发展中出现一定程度的"异化",乃至引发一些焦虑与痛苦,这并不奇怪。但问题在于,如何通过更高层次的发展以消除这种与自身的意愿与需要相违的"异化",使中国都市空间进入良性与和谐的再生产过程中,则是我们必须认真思考与严肃对待的。往深一层说,当代都市空间生产的问题,从属于中国传统文化危机的一部分,表明中国传统城市空间在现代化浪潮中正在变得面目全非。要终止中国都市空间的"异化"现状,在整体上涉及的是中国传统文化的再生产、或者说是它在当代世界的安全问题。中国传统文化再生产最重要的背景是,中国不再是"中国之中国",而是"世界之中国"。由于西方文化是现代化的主流,因而也可以说这主要是一个中西文明的冲突与对话问题。尽管自20世纪以来,各种"现代阐释"与"创造性转化"层出不穷,但由于未能在现代背景下完成"解释中国"的理论任务,所以,正如我们在每一个层面都可以看到的,中国传统文化在中国大地上正在全面地消失与隐匿。究其根源,是因为我们未能在现代背景下建构出中国文化理念与基本框架,因而就不可能在实践中把一个与西方文化不同的中国文化展示于当今世界。由此可知,要改变包括中国都市空间在内的"异化"现状,最重要的是在理论上首先完成中国文化的现代阐释,以便为中国文化在当代的再生产提供一种正确的内在生产观念。

中国文化不同于西方,这是不争的事实。但关键在于找到其根源,这是我们深入理解自身的传统、与其他

---

1 张玉玲:《建设部副部长:中国城市化面临八项挑战》,《光明日报》2006年6月16日。

文明进行平等对话与交流的大前提。尽管中西文化在表现形态上十分丰富，但从深层结构上讲，西方文化的核心无疑是理性智慧，而中国文化的核心则在于"诗性智慧"。因而，中西文化的根本差别就在于诗性文化与理性文化的不同。

从起源上讲，按照维柯的天才看法，诗性智慧是人类最早的精神形态。这种原本高度一致的人类智慧，在轴心时代（公元前8世纪—前2世纪）开始出现重大变异，并直接孕育出希腊理性文化、中国诗性文化等最古老的文明类型。理性文化的基本特点是"对象化"

与"主体化"，这是由于主体理性意识与精神的生成直接导致的两种结果，所谓"主体化"，是指在主观世界出现了理性与感性的分裂；所谓"对象化"，则是指在客观方面展开的社会与自然的对立。诗性文化的主要特征是"非对象化"与"非主体化"。所谓"非主体化"，是指人在压抑其感性本能以成为文明人的同时，又对文明时代个体生命内部必然要发生的理性与感性的分裂加以限制，因而最终没有发展成与其感性存在水火不容的理性主体；所谓"非对象化"，则是指人在努力征服自然以换取生活资料的同时，又努力把人类与自然的矛盾冲突控制在一定的范围内，因而保持了人类与对象世界之间固有的有机联系。如果说，理性文化与希腊商业文明相适应，那么也可以说，诗性文化则是中国古代农业文明的产物。在前者，人与人之间的社会关系建立在冷冰冰的契约之上，在后者则不同，它的联系机制是以血缘亲情为基本原则而扩展出来的。

从历史演变上看，理性文化尽管萌芽于轴心时代，但由于中世纪宗教文化的压抑，所以在相当长的时期内并未成为西方世界主流，直到启蒙时代与工业革命的来临，才使理性文化同时在主体与客体、理论与实践两方面走向成熟形态。如果说，启蒙运动的意义在于使理性精神成为新的上帝，那么也可以说，正是借助工业革命的物质力量才使人类真正成为大自然的主宰。尽管理性文化取得巨大成就，在主体方面使人成为"理性的人"，在客观方面带来高度发达的"科技文明"，但由于它本质上是一种异化生产方式——在主体上表现为黑格尔的"自我意识的异化"，可以阐释为"理性"与"感性"越来越严重的对抗与分裂；在客观上展开为马克思的"异化劳动"，并因此造成了人类与自然环境、资源等方面越来越尖锐的矛盾与冲突，所以它片面的发展也必然伴随

着巨大的负面影响。从19世纪开始的现代主义思潮，它在哲学上提倡非理性主义，在实践上对工业文明的抵制与批判，是这些矛盾集中的反映与表现。如果说，前者的主旨在于"反主体化"，即以对"理性主体"的反思与批判以弥合感性与理性的分裂，那么后者的主要手段则可以称作"反对象化"，即通过重新确立人与自然的关系以改善两者之间越来越尖锐的矛盾冲突。但另一方面，正如有人将后现代主义看作是现代主义的高级阶段一样，非理性的现代主体并没有使"感性"与"理性"实现新的和谐，相反的是，在反理性思潮中获得充分发育的感性主体，一旦与消费社会琳琅满目的商品世界结合起来，则直接发展为以纵欲与狂欢为主要特征的畸形消费意识形态，它们在环境、能源甚至是信息等方面给人类社会造成了更大的危机。正是在这样的时代背景下，由于主客矛盾未能充分展开——在主体未能发展出科学主义，在客观上也未能走向征服自然的工业文明之路，所以始终发展缓慢的中国诗性文化，才显示出它重要的当代价值与意义。也就是说，它提供的是一条感性与理性、人类与自然和谐共存的精神—实践方式。只有理解了这一点，才能了解中国传统文化的现代性价值，只有按照

鱼食饭稻

这个思路，才能超越狭隘的保守主义或民粹主义，以一种世界性的眼光重新发现中国文化的意义。

　　最初的城市与农村差别并不大。芒福德就把城市发展的第一个阶段称作"生态城市"（Ecopolif），这实际上是人们一般习惯的"村庄"。真正现代都市空间的形成，是19世纪以来的事情。正是在几近疯狂的"高度竞赛"——即高层建筑的马拉松式的全球城市竞赛中，现代都市在空间与景观上才迥异于其传统的形态。现代都市空间的产生，需要三方面的条件：一是理性主义哲学"理性高于感性"的精神理念，二是现代钢铁工业提供的现代建筑素材，三是19世纪中叶以后快速的城市化进程带来的大量城市人口。现代都市空间是理性文化的产物，集中地表现了"感性"与"理性"、"人类"与"自然"的矛盾关系。从精神层面上看，这是理性与感性发生断裂最深的地方。这一点既可见于现代主义文学，如波德莱尔对巴黎的态度，也可见于城市社会学家对大都市的批判，如芒福德把发达的大都市称作"暴君城"。这不仅因为都市的压抑与异化远甚于乡村与中小城市，同时也因为都市人的焦虑与痛苦也远非普通人可以承受。从物质层面上讲，都市是与人类与大自然分裂最彻底的地方，完全是人工、技术的产物，"冷冰冰的理性主义导致了现代景观的产生"。可以举的一个例子是规划史上托马斯·杰弗逊著名的"北美大陆计划"，"杰弗逊对当时的美国作了一个几何式的划分，根据比例和合理分配划分了这一空间，按照精心设计的比例规划了一小块一小块的城镇，采用了西班牙人在拉丁美洲开创的棋盘式格局，规定了哪一块地用作公共建筑（学校、城镇政厅），哪一块地用作住宅……使土地按照完美的原则和理性的逻辑进行划分……"现代都市空间，既充分显示了理性对感性的胜利，也是人类改造、征服自然能力的极致。但另一方面，正如一首流行歌曲所唱，"在城市的高楼大厦里找不到我的家"。人们到城市里来，是为了更好地生活。这也是许多人向往城市，以及人类花费巨大人力、物力建设城市的原因。如果一个城市不能给人们带来幸福美好的生活，这将直接威胁到城市本身存在的意义。

诗性文化与此不同。一方面，由于人类与自然的亲和关系，所以中国古代空间生产的主要特征不是表达人类对自然的征服，而是在很大的程度上依赖于大自然的地理条件。这一点

在作为城市母体的乡村表现最为突出。以楠溪江中游的古村落为标志，它不仅与现代工业的审美观念与建筑素材很不相同，也与一般的中国城市建筑有许多重要区别，其中最典型的是商业建筑、交通建筑与防御建筑等类型的不发达，同时，在这些古村落，也最容易见出风格朴素与环境友好的特征。如陈志华所说："和江南各地相比，楠溪江流域的各种建筑都谈不上有什么大型的，也没有工艺技巧特别精致复杂的，并不以细巧华丽的装饰见长。楠溪江各类建筑的第一个特点是朴素平易。它们所用材料无非是原木、蛮石，少量砖和白灰。原木、蛮石都保持着它们天然的本性、本色、本形。弯的就是弯的，糙的就是糙的，仿佛信手取来，不施斧凿，便造成了房子。以致这些房子成为自然的一部分，能够和山川草木共呼吸。楠溪江各类建筑的第二个特点是率真自由。它们大多不死守严格的类型化的呈式，连礼制建筑都不拘一格。它们随着需要、随着环境、随着条件而变化组合形式，很灵活，没有矫情的做作，因此处处显示出创造性。"[1]

由于诗性文化对城乡分裂与对立的限定，体现在乡村建筑中的空间意

1　陈志华：《楠溪江中游古村落》，三联书店1999年版，第123～125页。

识也深深地影响到城市。中国许多城市都有"城市山林"之称，如清人梅曾亮眼中的南京，"江宁城山得其半，便于人而适于野者。"（《钵山余霞阁记》）即使如北宋汴梁这样在平原上建设的城市，它在城市空间中也增建了众多的自然景观。另一方面，由于感性与理性的冲突不是很大，城市也是最适合人们生活的，以中国的都城为例，尽管在空间上有高低贵贱之分，但政治中心与四周不是对立的，而是有序的、和谐的整体。中国传统城市空间的特点，集中体现了诗性文化的理念与需要。这样的格局直到现代以来才遭到毁灭性的破坏。对于中国这样的发展中国家，工业化、现代化、城市化是三位一体的，在这个过程中，理性文化诸要素在中国城市空间中沧海横流，并以现代化的名义迅速取得了霸权地位。具体到中国当代都市空间生产，最典型的是把高楼大厦看作是城市空间现代化的标志，并以"奚为我后"的焦虑心态迫不及待地加入"高度竞赛"中，而不再尊重城市的自然与传统。中国城市的特色、个性、氛围，以及特有的城市生活方式，就是在这个缺乏研究、规划与反思的实践过程中全面消失的。由此可知，当代中国都市空间基本上是理性建筑观念与文化的产物，是理性文化战胜、驱逐了中国诗性

文化的结果。"城市设计专家"说，"中国城市建设只见建筑不见城市"。建筑本是城市最重要的标志，它们的意义即在于显现城市的内在精神与外部景观。而"只见建筑不见城市"则说明，在当代中国都市空间生产过程中，建筑元素与城市整体已经分离。或者说，由于代表西方理性文化要素的建筑势力强大，已经从根本上湮灭了中国城市的存在。

在找到问题的根源之后，最关键的是如何改变这一在现实中仍在加速进行的异化进程，对此我想有两个方面需要注意。首先是观念变革，即改变现代以来形成的理性文化的空间生产观念。众所周知，马克思在讲人的生产与动物的不同时，曾用了一个蜂房的比喻。蜜蜂也会建筑，蜂巢也很完美，但由于是出于本能，所以蜜蜂世世代代只能盖同样的蜂房。而人与之不同，他是"先有图纸，再盖房子"，是他内在的生产观念决定着他最后建筑的是什么。在这个意义上，当代中国都市空间之所以出现许多问题，关键在于我们使用的是西方理性文化的内在生产观念，而要想使中国的空间真正具有中国特色，就必须要回到中国诗性文化中。其次是付诸实践。以诗性文化为理念，以感性与理性、人类与自然的和谐为总体目标，通过跨学科、

综合性的系统工程,把诗性文化理念、要素与结构融入城市规划、设计与建设的具体环节与实践操作中,把当代都市空间生产为有中国诗性文化特色的都市空间。在这个意义上,无论是西方都市空间的改造,还是中国都市空间的生产,都有必要借助诗性文化的精神资源,以开拓出感性与理性、人类与自然和谐共生的新思路,这是在城市化背景中重建中国诗性文化的意义所在。

在城市化风雨中真正
阳光和大气起来

关于"东北人在影视剧中的形象"真实不真实,是否存在着片面化和脸谱化?我想这些问题是无须作更多的讨论的。即使不用拿影视作品中众多的"人物形象"进行比对和归纳,仍可以放心地说这些形象肯定是不够真实乃至于相当片面和极端的。

这其中的主要原因有两方面:首先,当今世界又称"信息时代"、"媒介社会"、"视觉文化"等,以电子信息技术为主要生产工具的后现代文化消费,本身就是一个机械复制和批量生产的机器,在这样的文化生产过程中,"片面化"和"脸谱化"已成为常态,丝毫不值得大惊小怪。而所谓"东北人在影视剧中的形象",本身就是东北文化与当代传媒相结合的产物,自然不可能指望它超越后现代这个基本的文化生产定律。其次,从"东北人形象"的形成和基本内涵看,也是如此。在某种意义上,与以"林海雪原"、"北大荒"、"长白山"、"松花江"等为自然生存环境,以尚武、尚力、重情、重义为主要特色的传统东北人形象相比,当代东北人形象的建构则始于20世纪80年代中期的春节联欢晚会,具体说来,以赵本山为代表的东北小品的三要素:即"大嗓门"的方言、"二杆子"的性格和"大团圆"的结局,在内容上"偶尔在性与政治之间打打擦边球"以及在语言形式上煞费苦心地耍点"小聪明",是当代东北人形象建构与消费的核心商业机密。以后,尽管通过影视等大众文化传播工具,新东北文化要素沧海横流,却都没有超出这个赵氏"原本",只有模仿得好不好、像不像的问题。但无论如何,它们有一点共同的本质又是自身无法克服的,即由于从一开始就受电子信息技术及潜藏其后的文化商业目的的支配,新东北文化比一般的区域文化更多地沾染上文化消费主义的弊病,进一步说,东北人究竟以什么形象登台亮相,与东北人真实的自然环境、社会空间与精

平江路区域鸟瞰

神需要是否有关已完全不再重要，而关键在于每一个形象本身有多大的消费价值，可以为文化生产商创造多少商业利润。明白了这个道理，实在没有必要对这类后现代文化"形象"甄别真伪，因为后现代文化本身统统是虚构的产物。

但接下来的问题是，"东北人形象真不真"为什么会成为一个重要的现实话题，特别是由于在人们的关心中实质上包含了东北人活生生的身份焦虑和文化期待，所以对这个话题更深入和有意义的讨论就可以转换为：是什么样的现实需要和文化心理唤起了这一追问，以及人们通过这个讨论

想达到的真正目的又是什么？简单说来，这也可以称为"后现代形象文化的狡黠"，尽管影视上的东北人形象本质上是一种好玩的"瞎话"，但正如西方学者说形象本身包含了意识形态的性质，因而它既可以干涉个体的意识与理智，同时也会影响到人们的现实生活本身。进一步说，是在这种"片面化"和"脸谱化"中，遮蔽了东北人的内在天性与真实需要，或者说，这些传媒中的形象根本就不是他们理想中期望的那个样子，这才是人们对如过江之鲫般的东北人形象先是不满、继而焦虑直至要讨个说法的根源。在这个意义上，关于"东北人形

魏源故居

说，只有经过痛苦和煎熬的城市化过程，真正具有了掌握现代经济规律和文化工具之后，传统农民才能成长为真正的现代世界主人。而这恰是东北人形象最大的软肋。小农的意识、行为和价值判断，是影视中的东北人最重要的一张牌，从"土老帽"赵本山的各种小品，到赵薇在《姨妈的后现代生活》中的灰头土脸，莫不如此。但问题在于，在东北人影视的叙述过程中，它们却成了战无不胜的法宝。而一般的城里人，也包括城市的游戏规则，则成为他们嘲笑、抨击和感化的对象。同时，这也是东北人形象受到热烈消费的主要原因之一。

象真不真"的讨论，早已超越了一般的艺术与文化范围，既关系到传统的东北文化资源与生活方式资产，同时又涉及东北文化安全与文化民生等现实问题。

那么，"东北人形象"最根本的问题是什么呢？这显然是一个更重要的问题。有人曾根据影视中大量的东北人形象，归纳出东北人"个性鲜明、敢爱敢恨、不拘小节、讲义气、耿直、粗鲁、俗气、爱打架、爱面子"等性格。这尽管相当准确，但也显得没有重点。因为在它琐碎的经验分析中，没有发现这些性格特征背后致命的缺陷。一言以蔽之，在当下影视所制造和传播的东北人，最缺乏的是现代人的文明素质和生命机能。真正的现代生命，在本质上只能是城市的产物。或者

至于为什么会这样，主要原因在于它迎合了人们在快速城市化进程中普遍的"逆城市化"思潮。对中国而言，一方面，由于城市化水平低与发展快的矛盾，几乎每个稍微大一些的城市都普遍存在着超负荷运转的问题，并直接表现在城市规划、经济发展、交通运输、社会治安、居住、医疗、教育、社区服务等方面，使人们痛感都市生活带来的沉重压力与巨大异化；另一方面，由于源自乡土中国的主体生命

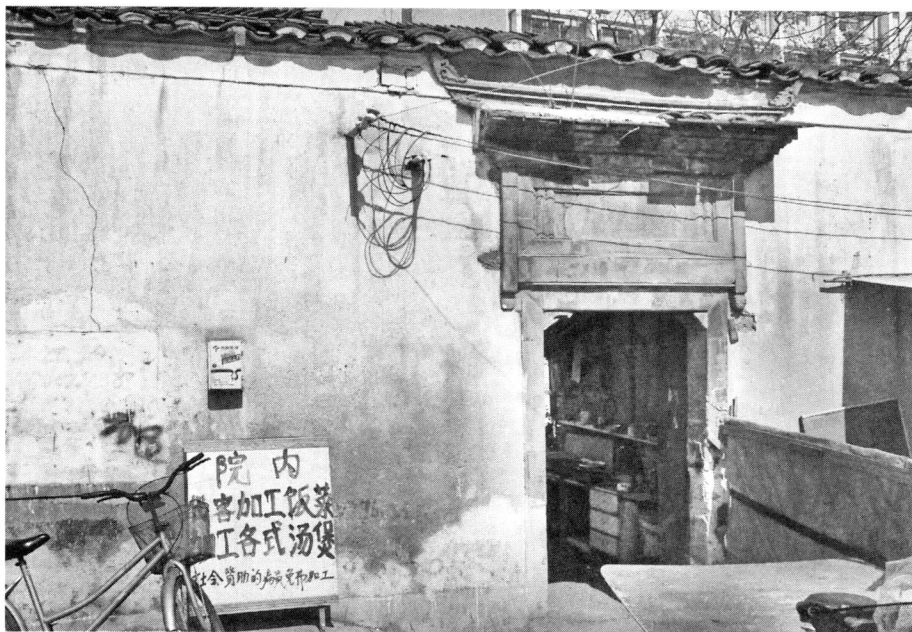

新城市如何对待老房子

机能未能及时地更新换代，许多人不仅没有切实地分享到都市化进程的效益，相反还由于种种不适应和缺乏经验而付出了更大的代价，这是"逆城市化"在中国有众多知音与广阔空间的根本原因。而影视中的东北人，多半是利用了这一点，他们拼命编织农村最好、农民道德品质最高、乡里乡亲情感最真实、关系最可靠等并不天真的童话。而城里人则成为反面典型。尽管有些导演或演员也会善意地揶揄一下觉悟不高的农民兄弟，但瑕不掩瑜，农民美好善良的本质迟早会做出惊天动地或激动人心的壮举。但另一方面，所有这些，又毕竟是编剧和导演制作的"虚幻形象"，真实的情况正如芒福德所说：无论什么时代，城市都代表了更高的物质生活和精神享受，甚至在中世纪就有一句德国谚语叫"城市空气使人感到自由"，也包括上海世博会"城市让生活更美好"的主题，它们才揭示了城市的真实面目和存在。因而可以说，影视中的东北人及其渲染的那一套，直接违背了演员和观众内心真实的愿望，而他对城市的嬉笑怒骂则给人一种吃不到葡萄的感觉。

因为我们可以问一句，尽管在影视中你可以讽刺城里人或东南沿海地区，但现实中的东北人难道真的不希望自己的家乡也如此吗？答案当然是不言而喻的。

其实，在中国区域文化与人物性格上，东北人素有阳光和大气之说，他们在情感上敢爱敢恨，在行为上不拘小节，而现在的关键问题无疑在于如何完成它们的现代转换，重新变得阳光和大气起来。当然，与影视中的东北人的小聪明和小喜剧完全相反，只有更深地融入城市化进程，更多地超越对城市本身不够光明磊落的心理，才能使东北人重新成为现实中有力量的北国儿女。而这一点，才应该是东北人理想的自我形象，同时也是每个人都希望看到的。

杏花疏影里　吹笛到天明

那个远去的放牛娃
到哪里去了

一

对于人类而言，一个最朴素的真理是"人不吃饭不行"。在中国传统的农业社会里，暴力掠夺或商业交换都不是人们的特长，因而要想完成这个任务，就只能老老实实种庄稼，通过直接和大自然打交道的农业生产，用汗水、勤劳和智慧去获得必需的食物资源。而对于身体发育尚未成熟、不能独自春耕夏耘的农家子弟，最适合的职业显然就是做一个小小的放牛郎。这是古代儿童的生活与文化与"小放牛"联系十分密切的根源。

今天的孩子也许会说：没有刺激的电子游戏、没有令人发炫的动漫卡通，整天和一头沉默寡言的老牛待在一起，那不是没意思透了吗？实际情况当然不是这样，"小放牛"的生活并不是表面看来那么机械与枯燥，而是拥有着一个独立的内容丰富的完整世界。如拔河、捕蝉、抽陀螺、弹弓、斗草、放河灯、过家家、击壤、骑竹马、掷砖这些古代儿童的游戏与游艺，如姜子牙、哼哈二将、土行孙、裴元庆、罗成、秦琼、岳云这些古代世界的英雄与奇特人物，如穿云箭、打神鞭、八阵图、太极图、天门阵、诛仙阵、番天印、勾魂链、混元伞、捆仙绳、八卦仙衣、九龙神火罩等充满诗性智慧的兵器与阵法，以及如地行术、换头术、撒豆成兵、五行遁术等文明人闻所未闻的古代知识与法术，它们和大自然的青山绿水，日出而作、日入而息的生活节奏，以及人在大地上劳作的辛苦和收获的欢乐，一同构成了"小放牛们"的文化和生活世界。在几千年的历史中，一代又一代的先人，不管日后他们多么平凡普通，还是将以文才武功震撼华夏，在他们童年的文化记忆与深层心理积淀中，到处都是与小放牛相关的生命经验与精神印记。

如同农夫与耕牛的密切关系一样，与黄牛、水牛等几千年来的形影相随，在中国创造出一种带有浓郁农业文明特色、自成一体的儿童文化传统。我把中国文化看作是以食物生产与分配为深层结构的诗性文化，牧牛作为古代儿童参与农业社会最重要的中介与象征，恰好构成了中国传统儿童文化的核心。所以把中国传统儿童文化命名为小放牛文化是最适宜不过的。

如果说农业文明的最高诗境是田园生活，那么小放牛就是其中一曲最激动人心的悠扬牧笛。在熙熙攘攘的

消费社会中，重新打开被历史或粗暴或小心折叠起来的"小放牛"文化，就会与我们祖祖辈辈曾经有过的童年时光再度相逢，可以听到他们当年的嬉笑、斗嘴与童谣，可以看到他们做游戏、给父母做帮手时灵活而愉快的身影，甚至可以真切地感受到他们幼小心灵世界中的寂寞、悲欢，以及在无眠之夜里的叹息和梦想。这对于今天局限于狭小的电视影像世界中的少年儿童，无疑是一种特别珍贵的非物质儿童文化遗产。小放牛的文化经验与现代性价值，可以增加当今儿童文化与生活的多样性，同时也是各种快餐文化与垃圾食品最有效的天敌。

二

在民间流行的"小放牛"民歌系列，是这种东方儿童文化体系的重要象征。对河北民歌"小放牛"加以分析与阐释，可以发现它与中国农业文明是一脉相承的。

首先，"小放牛"不只是简单的体力劳动，同时还具有文化学习的功能。这是一种在劳动生产实践中获得知识的特殊教育模式。如河北民歌"小放牛"的一个版本——

（问）赵州桥来什么人修？玉石栏杆什么人留？

哎，什么人骑驴桥上走？什么人

推车压了一趟沟？

（答）赵州桥来鲁班爷爷修，玉石栏杆圣人留。

哎，张果老骑驴桥上走，柴王爷推车压了一趟沟。

这首"小放牛"产自我的故乡华北平原，不知道被多少代的放牛娃反复唱过多少遍。正如孔子说学习《诗经》可以"多识鸟兽草木之名"，它也在不经意间把有关赵州桥的知识传播给一代新人。这与我的女儿整天坐在被大都市十面埋伏的教室里学习很不一样，体现了"知"与"行"在中国古典教育中的密切关系。

其次，不光是知识传授，"小放牛"还有重要的情感发蒙作用。如《毛诗序》讲的"情动于中"必然会至于"永歌"，在另一个春天百花盛开的民歌版本中，表现的是牧童与邻村小姑娘的互表爱慕。

(女)三月里来……桃花儿红，杏花儿白，月季花儿红，又只见那芍药牡丹一齐开放哪哈呀嗨！来至在，青草儿坡前，见一个牧童，头戴着草帽，身披着蓑衣，手拿着牧笛，口儿里唱的俱是莲花落哪哈呀嗨！牧童哥呀你过来呀我问你，我要吃好酒在哪儿去买哪哈呀嗨？

如果说前一首偏重于实用知识教育，目的是使儿童的智力结构越来越完善，避免整天在田野里"半工半玩"而使头脑越来越简单；那么后者刺激的是一种懵懵懂懂的两性情感体验，使孩子们初步理解了他们在人类繁衍工程中将要承担的职责。既包含了知识的学习，也包含了情感的启蒙，"小放牛"恰好构成古代儿童生活与文化世界的基本框架。

在不同时代的风雨中，孩子也会很早就介入现实斗争，使他们的歌声在内容与形式上有重要改变。由方冰作词，劫夫作曲的《歌唱二小放牛郎》，讴歌的是抗日战争中的一个小烈士。它的主要功能是发蒙儿童在特定时代中的英雄主义机能与崇高生命体验。这是最能感动我们这几代人的声音与旋律了——

牛儿还在山坡吃草，
放牛的却不知哪儿去了。

那个只有十三岁的王二小，"不是他贪玩耍丢了牛"，而是因为"把敌人带进我们的埋伏圈"而英勇牺牲了——

干部和老乡得到了安全，
他却睡在冰冷的山间，

他的脸上含着微笑，
他的血染红了蓝的天。

秋风吹遍了每个村庄，
它把这动人的故事传扬，
每一个村庄都含着眼泪，
歌唱着二小放牛郎。

这三首"小放牛"分别启蒙了儿童的知识、情感与意志机能，为他们日后的发育与成长打下了良好而全面的根基。这可以看作是小放牛文化的深层结构，几千年来的中国少年儿童，都是在这个基本结构中成长与生活的。

小放牛的世界并不封闭，而是与外边更广阔的世界直接相通。如王维《渭川田家》写的"斜光照墟落，穷巷牛羊归。野老念牧童，倚杖候荆扉"。这是中国古代农业文明最基本的生活图景之一。同时，在老庄以"赤子"为人生最高理想的影响下，"小放牛"在士人文化中还代表着更高层次的生命觉悟或境界。如古代诗人多次表达他们对放牛儿童的羡慕。

草满池塘水满陂，山衔落日浸寒漪。
牧童归去横牛背，短笛无腔信口吹。（雷震《村晚》）

草铺横野六七里，笛弄晚风三四声。
归来饭饱黄昏后，不脱蓑衣卧月明。（牧童《答钟弱翁》）

也包括禅宗界流行的"骑牛找牛"寓言，古代画家们喜欢的"牧牛图"主题，在他们看来，丢失了牛，就是丢失了自我；寻回了牛，则意味着发明了本心。明人刘元庵有一首诗："牧子骑牛去若飞，免教风雨湿蓑衣；回头笑指桃林外，多少牧牛人未归。"以牧童与牧牛比喻人生的得失与进退，是他们早期人生经验与文化理想的升华。

三

"小放牛"文化是农业文明的产物，农业文明对待大自然与人自身的思维方式与价值观念，深深地影响了小放牛的世界观、自然观、人生观与审美观。

对待大自然的态度与方式，构成了工业文明与农业文明、西方现代社会与中国古代社会的根本差异，这不仅存在于成人世界中，也直接表现在儿童文化上。与当代少年儿童深度地沉溺于电子技术制造的虚拟世界不同，"小放牛"最直接的表征是与大地母亲、与土地、庄稼、山川河流、树木野草紧密联系在一起，而最大的间接影响则是使一个孩子最大限度地保存了他朴素的天性、感受、情绪、心理体验、意识、语言，成为一种与大自然、与人自身亲密无间的古典儿童文化谱系。如果说当今儿童的主要兴奋点集中于一块小小的荧屏，或者是能够在人工灯光的照射下在电视上"秀一把"，那么使"小放牛"真正感到精神解放与生命自由的，则是大自然的阳光、无边的田野以及生活世界的真实风雨。后者显然是一种更健康、更符合儿童天性的生活方式。如苏霍姆林斯基说："孩子周围的世界，首先就是蕴涵丰富多彩现象和无限美的大自然的世界。"[1]印度伟大诗人泰戈尔也写道："我们都知道，孩子都喜爱泥土；他们全部的肉体和心灵，如同鲜花一样渴求阳光和空气。他们从不拒绝来自宇宙的要求与他们感官建立直接联系的持续邀请。"[2]与人类因为技术、文明的蛊惑而远离大自然与乡村如出一辙，这种与自然联系密切、最符合儿童天性的文化，也是在技术与文明的不断扩张中被葬送的。这个过程可以用泰戈尔本人的一段儿时经历来说明。心灵手巧的泰戈尔和小伙伴们关系很好，他们整天用泥土、树枝等做各种玩具与游戏。可是有一天，一个小伙伴得到了一件高级玩具，于是就脱离大家而去。远离泥土、树枝而去的孩子，当然会有自己新的经验与生活，但由于它建立在人与自然分裂、对立、斗争的基础上，所以必然要以牺牲他的自由烂漫的朴素天性为代价。而那个远离大地而去的孩子，无疑可看作是当今一代卡通儿童的象征。

与大自然紧密联系在一起的"小放牛"文化，在审美形式上即席勒说的"朴素的美"。如家喻户晓的"牛郎织女"传说。在叶圣陶先生的版本中，这个故事是这样开始的：

古时候有个孩子，爹妈都死了，跟着哥哥嫂子过日子。哥哥嫂子待他不好，叫他吃剩饭，穿破衣裳，夜里在牛棚里睡，牛棚里没床铺，他就睡在干草上。他每天放牛，那头牛跟他很亲密，用温和的眼睛看着他，有时候还伸出舌头舔舔他的手，怪有意思的。哥哥嫂子见着他总是爱理不理的，仿佛他一在眼前，就满身不舒服。两下一比较，他也乐得跟牛一块儿出去，一块儿睡。

他没名字，人家见他放牛，就叫他牛郎。

1 苏霍姆林斯基：《把整个心灵献给孩子》、《育人三部曲》，人民教育出版社1998年版，第16页。
2 《泰戈尔集》，上海远东出版社1997年版，第407页。

我把这段文字看作是最美的"中国话语",多用短句,很少虚词,如叙家常,适合讲述,语义简洁,思想朴素,不仅有白描般的形式感,更重要的是记录着真实人生。与之相比,西方童话则可称为"感伤的美"。如安徒生童话中可怜而坚定的锡兵,为了爱每天踩在刀刃上的小公主,被魔法驱赶着日夜兼程的黑天鹅,甚至一个被寒冷夺走生命的小女孩,也被诗人想象为与慈祥的外祖母一同去了天堂。这当然也有异常惊人的美,但它本身更是一种人工的美。同时,作为一种飘浮在半空中的东西,也会使人被更远地带离了他必须面对的真实世界。

一者唯美,一者求实。这既是中西审美文化,也是中西儿童文学的根本差异所在。它们当然互有长短。如果说西方童话重在唯美主义,好处是容易启发童年的想象力与审美机能,但也有致命的脆弱之处,就是只能培育出审美情感过于丰富、心灵需要高于一切的温室之花,一旦遭遇到现实世界的狂风暴雨,它们多半是要被无情摧折的。与之相比,更多地融入人生辛酸与现实沧桑的中国童话,显然具有更为坚韧、可靠的实践理性品格。如这些人们耳熟能详的格言:

一粥一饭,当思来之不易;半丝半缕,恒念物力维艰。(《朱子家训》)

坐吃如山崩,游嬉则业荒。(《重定增广》)

一日春工十日粮,十日春工半年粮。(《增广贤文》)

早起二朝当一工,一勤天下无难事。(《训蒙增广改本》)

牛可耕,马可乘,好吃懒做,不如畜牲。(《训蒙增广改本》)

这种传统一直延续到20世纪70年代。在一首现代儿歌中,还可以听到这样的童声合唱:

老牛老牛快起身,南山有地未曾耕,你我出些力,养活许多人……

尽管因为混杂了伦理内容而不够纯粹,与现实距离太近而缺乏五颜六色的光晕,以及过早地承受人生风雨而没有心灵远游带来的极度快感,但却有助于一个孩子认识他的生活世界,完成他的社会化。

五四新文化运动以来,古典儿童文化被等同于封建文化,遭到史无前例的攻击与破坏。以清算"二十四孝"为路径,它被冠以"不自然"、"违背儿童天性"等罪名。而注重审美的西方儿童文学则被顶礼膜拜,这种状况一直延续至今。今天重新审视那些犹在耳际的"现代启蒙话语",不能不使人心生疑窦。特别是看看在大众文化哺养下成长的少年儿童,他们是人类历史上"情感机能"或"新感性本体"发育最好的,但结果不仅没有实现人性的全面发展,相反却由于理性机能与意志机能的严重弱化,使他们对是非的判断力、对现实问题的思考能力,尤其是独自承担挫折、面对苦难的意志力极度地匮乏。当今少年儿童的心理障碍与精神疾病不仅在程度上越来越严重,在范围与数量上也急剧地扩展与上升,成为整个社会十分头痛的问题。这就是孟子说的"人生于忧患而死于安乐"的深义所在吧。

所以会出现这样的问题,既与我们一直倡导的西方儿童文化观直接相关,同时也是在恶性解构了"小放牛"文化之后的一个现实苦果。现在是到了重新比较、考量、评判中西儿童文化的时候了。要想正确地评价这两种儿童文化,关键在于弄清知识、伦理与审美三者的关系,它直接决定着个体在思想、人格与境界上的生成与发育。在《新道德主义》一书中,我提出了一个基本原理:知识机能区别人与物质,伦理机能区别人与禽兽,审美机能区别自由的人与异化的人。在伦理机能与审美机能之间,是一种典型的二律背反关系:一方面,没有伦理教化对生理欲望的压抑与异化,人就不可能与动物区别开成为现实的人;另一方面,没有对伦理异化形式的审美反抗与超越,人就不可能与机器区别开成为自由的人。在这个几乎永远不可能解决的矛盾中,最重要的是要充分认识到这样一个原则:尽管审美生存是人生最高的目标,但由于它的一个前提是必须先通过伦理教化以便与动物区别开,因而在人的精神生命的发蒙与成长中,不是审美,而是伦理机能的培育与建构才是根本的与首要的。这是我不同意西方现代哲人的"审美本体"或"新感性本体",而把"伦理本体"或"道德境界"看作人的基础本体论的根本原因。"寓教于乐"的中国古典儿童文化,不仅很好地体现了"伦理先于审美"的新道德理念,同时,正如前文所分析的,它也最大限度地保持了知识、伦理与审美的平衡,是一种最有可能促使儿童全面与和谐发展的文化模式与价值理想。与"小放牛"文化曾哺育了无数吃苦耐劳、高尚勇敢的中华民族优秀子孙相比,在西方现代儿童文化中,由于审美机能的畸形发育严重影响了知识与伦理机能的健康成长,结果是生产出一大堆想象力发达、整天沉湎于电子游戏的"媒介儿童"与"网络青少年",在这个意义上,可以说"小放牛"文化不仅比西方儿童文化更高明，也更适合儿童的内在需要与天性。

在"小放牛"文化中，最大限度地实现了人与大自然、与乡村、与自己的身体以及与亲人和同类的和谐关系，因而它并不因强调伦理教化而轻视人的审美与自由需要。它对西方那种片面强调"想象的自由"具有一种天然的限定作用。在把一个小放牛娃培养成人的过程中，既以实用知识引导他步入现实世界，以伦理知识改造他的野蛮天性，同时也以适度的审美活动丰富他的心灵。何其芳先生在《画梦录》中有一个形象的比喻：

见着五六岁的孩子，大人们总喜欢逗他一句，问他哪天"穿鼻"。这是把他比作小牛儿，穿他的鼻是送他上学。但说话的人常故意照着字面解释，仿佛私塾里的先生真有那么一根绳子，可以穿过顽皮的孩子的鼻孔，拴在书桌的腿上，像牧人把牵牛的绳子拴在树桩上。

如《三字经》说的"玉不琢，不成器。人不学，不知义"，开始读书，接触生活，接受文明的训诫，这是天真烂漫的儿童开始社会化、失去童年的自由与快乐的开始。尽管这其中有压抑、痛苦、扭曲乃至于异化，但却体现出对孩子未来高度负责的态度。这与当代的电视文化截然不同，后者的放纵无度已使越来越多的少年儿童成为"赛博世界"的居民，并在更大的程度上远离了真实的大自然、社会与儿童纯朴的心灵世界。个体审美与想象力机能的片面与畸形发展，导致的是一种十分可怕的"审美异化"。它带来的巨大灾难是思想与意志机能的严重萎缩与丧失，前者使人不能清醒地区别"真实的东西"与"虚幻的东西"，后者则使人没有意志从"虚幻的世界与生活"中超越出来。这是当代"网络青少年"的病根。在以"娱乐至死"为惟一目的的大众文化中，"小放牛"文化作为中国本土的古典儿童文化资源，有益于促进个体"伦理机能"与"审美机能"的和谐发展，可以使他们在成为一个会思考的理性主体、坚强的伦理生命的同时，又不失为一个趣味多元、发展比较全面的个体。在消费社会中越来越紧迫的"救救孩子"的呼声中，重建"小放牛"文化无疑可为这些年幼的病人提供一种重要的良方。

四

每在江南看到山坡上或稻田中悠闲的水牛，耳边就会响起台湾校园歌曲《乡间小路》的旋律。但同时内心深处也会发出一声相当悲凉的追问：

那曾经在中国大地上绵延千年的牧童之歌，还会在熙熙攘攘的都市化进程中重新嘹亮起来吗？

这疑惑不是没有原因的。许多人都有这样的经验，当你想给幼小的儿女讲述自己的"小放牛"生活时，他们往往流露出不屑一顾的表情，或者总是想迅速摆脱你以便投入电视卡通中。这背后提出的是一个严肃而痛心的问题：曾经使无数代人深深陶醉与留恋的小放牛文化，在今天为什么变得如此不受我们的孩子喜爱与欢迎了？

当然有客观方面的原因。因为我们所生活的当代世界，正在发生着比以往任何时代都更加酷烈的沧海桑田，一方面，迅速的城市化进程使中国这个农业民族更远地离开了自然、乡村与牛背，另一方面，西方消费文化的传播与渗透也直接改变了蔓延千年的传统生活方式与人生价值态度。主流世界的苍黄巨变也横扫了"小放牛"的世界。吃的是麦当劳、肯德基一类的垃圾食品，看的是樱桃小丸子、天线宝宝一类的快餐文化，过的是圣诞节和其他商业文化制造的狂欢节日，使越来越多的孩子们对祖辈曾经的"小放牛"生活，如果不是一无所知，也基本上很难再产生兴趣。最令人担忧的是，这不仅表现在城市里

的孩子，借助于发达的现代交通与传播通讯技术，它也迅速地深入广大的农业地区。这些都不同程度地影响到"小放牛"文化在当代世界的再生产与可持续发展。

但更重要的原因还在于主体。《三字经》说"养不教，父之过。教不严，师之惰"，"小放牛"文化在今天面临如此深刻的危机，不仅直接是中国传统文化总体危机的一部分，也表明作为社会中坚的成人精英文化的可悲与失职。具体说来，一是在20世纪一百年的风雨中，各种反传统的急先锋彻底破坏了拥有巨大精神价值的中国传统文化。它表面上是"打烂孔家店"，实则摧毁了一个千年积累的文化心理结构。二是在现代化进程中大量涌入的西方文化面前，本应成为中华文明精神斗士的现代文化精英，摇身一变沦为西方文化的买办与销售商，这两股势力勾连、结合在一起，一方面以西方民族的生命经验清洗、置换了中国民族的文化心理结构，另一方面，则以西方话语霸权地位的建立覆盖、淹没了各种中国传统文化发言人的声音，中断了以经史子集为代表的"中国话语"在现代世界中的延续性。对于一个孩子也是如此，他之所以对"小放牛"文化不感兴趣，主要是吞食了过多的垃圾文化食品而使自身的审美机能发

生了根本性的变异，这是他们不能从"小放牛"文化上体验到相应的审美愉快与文化意义的根源。至于如何打通"小放牛"文化与儿童审美机能之间的认知与交流障碍，最关键的无疑是首先要有人站出来，向孩子们重新讲述"小放牛"真实的历史与生活，同时还要在与各种文化买办与商人的英勇斗争中捍卫中华民族的文化记忆。

基于这种考虑，我与一些年轻的朋友一同策划、编写了旨在"澄明'小放牛'的生活世界与文化价值"的《小放牛丛书》，其缘起正如我在丛书的总序中所说：

一是时常觉得自己幼小的女儿无书可读、无游戏可玩，童年的生活过于贫乏而无趣。这当然不是说当下生产的儿童精神食粮不丰富，而是痛感其中的"垃圾食品"太多，它们不利于一个孩子的身心甚至是想象力的健康成长。二是想纠正一种当代成人的文化偏见。在进化论的幌子下，人们很容易把中国农业传统的一切，都贬低、糟蹋得一无是处。而实际上，大凡有过放牛经验的过来人，都可以他们最纯洁的早期生命经验证明：那小小的放牛娃生活，本身就是一个世界，它的深度、丰富与完美，也绝非当今的"大风车"、"天线宝宝"等所能取代的。

尽管这声音还显得弱小，但我们并不孤独。甚至在西方也可以找到志同道合者。如牛津大学教授蒂莫西·加顿·阿什明确提出"地球供养不起资本主义"，就从一个侧面认同了包括"小放牛"在内的农业生活方式具有的积极与重要价值。如J.里夫金号召以"欧洲梦"取代"美国梦"。美国梦的本质是以"最大自由去挣最多的钱"，"欧洲梦"则基于"生活质量"本身，不是物质财富、钱财聚敛、拓宽疆土，而是自我修养、提升精神与拓宽人类的同情，是这种新人生理想的主要内容。这与农业文明哺养的中国诗性文化是高度一致的。它们使人真切地感受到，在工业化与城市化进程中仿佛已彻底消失的农业文明，实际上正在全球范围内走向更高层次的复活。与此相应，即使是"小放牛"的生活与文化传统，在迅速"麦当劳化的"中国社会也没有绝迹，在某些时候、某些地区它往往还会变得异常活跃。最近听到一个颇值得安慰的故事，说一些在城市发达的大款开始重新回到乡村过年。这是很有象征意义的，他们从乡间出来，在城市中艰苦奋斗取得成功，成功的标志就是与乡村断绝一切往来，对他们仍在乡间的亲人与一同放牛的伙伴置若罔闻。每逢春节，他们总是聚集在城市的豪华公寓中"搓麻"，或者寻找各种各样的刺激以打发无聊的时光。

但在这样的城市生活方式中，他们终于未能得到心灵真正的满足。相反，却是依旧贫苦的亲人与童年时代的生活对他们具有更大的吸引力，这大概就是他们重新回到农村与亲人一起过年的原因。这深层表明的是，由自然、历史、亲情、童年记忆、朴素生活经验交织而成的农业文明，对文明人将是一个永久的精神家园。

正如马克思盛赞野蛮人的正直、刚强、勇敢一样，在"小放牛"的生活世界中也积淀着少年儿童人生最珍贵的东西。尽管人类社会与文化的变异正在更深刻地入侵与污染着这个世界，一方面，越来越多的人聚居于城市中，进一步远离了人类的大地母亲与朴素的乡村社会，另一方面，随着不同文化传统在消费社会中日渐走向同质化，现代人也比任何时候都容易彻底背弃祖辈相传的文化记忆、心理经验与精神生态。但越是在这样的危急关头，就越需要有人勇敢地站出来，自觉地担待起文化传承的历史使命。这不仅是为了孩子，同时也为了成年人；不仅针对过去与当下，同时也直接面向着未来；不仅是为拥有无数"小放牛"的中华民族负责，同时也关涉到全人类的未来与明天。

相关链接：

《小放牛丛书》，刘士林主编，第一辑三种，一曰《二千年来的那些游戏》，主要钩沉古代儿童与青少年在白昼里的游戏与游艺活动；二曰《数百年间的那些战争》，专述近古以降，特别是明清以来各种传奇、小说中最打动儿童的古代战争细节；三曰《夜幕下的讲述与倾听》，旨在追忆当我们还是"小放牛"时那些最激动人心的早期文化经验。河南文艺出版社2007年4月第1版。

父亲节与女儿的对话

父亲节前夕，女儿就读的WFL发了一张纸页，要父亲与孩子写出自己想说的话。女儿写的是——

爸爸，你辛苦了，你天天坐在电脑（前）工作。

父亲写的是——

孩子，爸爸对你提的要求是：少读书，多跑动；少在房间，多去户外；少吃西餐面包，多食五谷杂粮；少看炫动卡通东方少儿，多看科学教育戏曲纪实。

二零零七年六月十七日晨光中

南北的路你要
走一走

我12岁来到河南，在中原一生活就是15年，读书、求学，长大成人，至今我的父母仍居住在商丘；30岁以后，又从雷州半岛迁居到自己很早就喜欢上的南京。当时不仅自己想，别人也这样讲，这回应该安定下来了吧？但七年——据说这是一个特别发生情感变故的有点神秘的数字——以后，我又很突然地离开了这个不仅在当初、也许今后仍然是自己最喜欢的城市，移居上海。由于这种经历，按理说我对两地都有发言权，但真正话到嘴边，我的内心深处又充满了矛盾与困惑。这是因为，尽管在河南待的时间很长，而且是充满梦幻与憧憬的青少年时代，那些地方性的早期经验当然要渗透到后来所有的真实生活中。但另一方面，说心里话，自己又从来没有真正喜欢过那种豪放得有点粗俗、热情中暗含着狡黠的中原文化，所以在遇到中原文化，特别是要把它与江南文化放在一起谈论时，我又深切地感到，尽管在那里生活了那么多年，但自己本质上还是一个"中原大地上的异乡人"。而对江南文化也与此相类似，尽

管南京是我最喜欢的城市，最初也有终老于斯的念想，但最终不是还匆匆而去了吗？在爱情故事中，有一个很难回答的问题，就是"如果真喜欢一个人，为什么还要离开她呢？"对一个地方来说也是如此。总之，不喜欢的地方与最喜欢的地方，都没有留住自己的心与匆匆人生脚步，这无论怎么解释，都难以自圆其说，也一定有连自己一眼就能看到的破绽。

一般说来，对于特别喜欢与特别不喜欢的对象，或是由于感情陷得较深，或是由于没有什么感情，所以最好的选择就是不去想、不去说。但话说回来，自己毕竟在两地生活了那么多年，而且那正是自己一生中最好的时光，对此如果毫无领略与会心之处，那当然更是说不过去的。老实说，它们对我就像是两次十分隐秘的情感经历，有时不用别人提，自己也会忍不住地要把它们放在一起，抚摩一下，比较一番，这时的感觉就不是没有话说，而是有千言万语在内心深处痛苦地蠕动。但我的矛盾主要在两方面，一是尽管自小生活在中原文化氤氲中，但由于没有感情上的依恋，所以几乎找不到什么深刻的联系。记得有一次在苏州鲁枢元老师的家里，当时他刚出了一本回忆童年生活的《蓝瓦松》，他说："你在开封生活了很

多年，看看有没有什么体会……"鲁老师是开封人，文笔如叙家常，也把古城的过去写得栩栩如生。我是怀着很惭愧的心情看完的，因为我对那些街道、那些人物的了解，实在是过于印象化、过于模棱两可了，也真实地感受到，自己当初根本没有融入那片水土与时空中。二是尽管自己说"江南是天下游子的家乡"，但正如我在读周作人、丰子恺等人的江南散文时会发现的，其实这些人才真正有资格谈论江南的野菜、小吃与往事。一个没有故乡的人，对一片喜欢或不喜欢的土地，大抵只能是这样两种结果，或者是没有什么体验，就像马克思说

的再美的景色对于一个忧心忡忡的穷人，也不会有什么意义；或者只能有一种虚构出来的家园感，它只能建立在狭小的想象力的灰色空间里。

在这种可以称为"双重疏离"的背景下，当然也会产生一些非常特殊的人生体验。它们很难归纳到传统的经验范式中，而如果说它们还有什么意义，我想就是它们那种找不到"谱系"的茫然与困境。我对中原文化与江南文化的体验与感受，也主要是这样的一些东西。比如传统文人在怀旧时，有两个最喜欢的题目是"故乡的吃食"与"乡音"，它们分别形成了一个人最初的口味与听觉，而对一个没

有故乡的异乡人来说,则完全是另当别论了。"吃面"还是"食米",这可以说是江南文化与中原文化的一个重要差别,它根源于两地不同的农业生产方式,所以《史记·货殖列传》说:"楚越之地,地广人稀,饭稻羹鱼,或火耕而水耨。"而身在中原的白居易,看到的却是"田家少闲月,五月人倍忙。夜来南风起,小麦覆陇黄"的另一番景色。在"吃面"与"食米"上,我就很难找到自己的归属感。也许因为不是在河南土生土长的原因,我在河南时最喜欢吃的是大米,上大学时,米的供应还相对紧张,每天中午只有一两笼屉白米饭,有时为了买到一碗米饭,大家要轮流旷第四节课去排队。而真正到了南京以后,到处都是上等的大米,自己却越来越迷恋上面食。对在江南可以见到的中原风味小吃更是情有独钟。比如开封的吊炉烧饼与胡辣汤,最初我在南京的北冬瓜市居住时,附近的上海路菜市场有一家卖胡辣汤的,略有东京汴梁风味,我每隔一两天总要去吃上一顿。不久以后,由于汉口西路拓宽,小老板再也看不到了,这件事曾使我很久不能释怀。后来迁居龙江,有一家徐州人也做胡辣汤,尽管它一点中原的味道也没有了,但仿佛就是因为它的名字太亲切,也经常免不了花一元钱买上一碗吃。这是在

暗暗怀念自己一直不喜欢的中原文化吗?我自己也找不到答案。

出生在河北,自小走过许多地方,我是那种没有"乡音"的人。在河南时,很不喜欢河南话,一直操普通话,为此曾多次受到"河南人"的善意嘲弄。大概是古典诗词曲赋看得比较多,所以一到江南就对吴侬软语产生了一份特殊的情怀。但这个立场也没有坚持到底。由于不喜欢听"河南话",所以在当时最不喜欢的是豫剧,觉得它太土、太俗、太热闹。其中一个原因在于,很可能与我在开封文化艺术学校的教书生涯有关。那是最不顺心的人生境遇之一,大学毕业时,由于一些特殊原因,我从郑州大学分到了开封文化艺术学校。说是文化艺术学校,其实就是以前文化局的戏校,因为戏曲没有出路才改名的。在大学时我曾是一位校园诗人,最喜欢、自己也在写朦胧诗,对于土得掉渣的河南地方戏,是满眼的瞧不起。我当时的学生,大都是从小县城或乡下来的面目俊俏的孩子,他们对我这个中文系的学生有一种惊奇与好奇感,时常喜欢在我面前唱上几句,很可能是想让当时那个落魄的青年诗人注意到他们吧。还有一次,一个学生大胆问我喜欢听他们唱戏吗?我十分坦率地说"不喜欢"。当时我还跟文化局长搞过一段

"整团"——就是整顿、改革剧团的工作，所以经常有人送戏票来，但自己也往往是看都不看地随手一扔。但是在时隔多年以后，有一回与几个朋友喝酒，一位来自徐州的性格豪爽的友人，说起自己本是一个大队支书的儿子，小时候最大的理想是当个唱戏的。说着说着，就当场唱起来，有《李天宝吊孝》、有包公戏、有陈三两告状、有《卷席筒》，当然也少不了《朝阳沟》。几乎他唱每一段，都会引起我们的共鸣。地不分南北，人不论东西，大家都被他扯破嗓子的"嚎"（这是一个河南方言）深深感染了。从那以后，有很长一段时间，《卷席筒》的这段唱腔一直在我心灵深处徘徊不去：

> 小苍娃我离了登封小县，
> 一路上受尽了风霜熬煎，
> 二解差好比那牛头马面，
> 我一说话他就把那眼来翻……

模模糊糊地，好像自己就是一个来自河南的小苍娃，但，谁又是那个驱赶着自己南来北往的"解差"呢？我没有想到的是，在自己那么讨厌的豫剧中，竟然能表达出这样深刻的人生体验来。这就是自己想逃避也逃避不了的"乡音"吗？但这样想时，也是于心不安的，正如纪伯伦的一句诗："倘若这是我收获的日子，那么，在何时何地我曾撒下了种子呢？"还是一首当代民谣唱道好："南北的路你要走一走，千万条路你莫回头"。是的，人在走路的时候，最好不要回头想往事，否则就免不了有许多沧桑感，它们也会使行进的步履变得艰涩与沉重起来……

青春浩气想吴钧

我对中国诗性文化的探索与研究，起自1990年着手研究、完成于1991年、出版于1992年的《中国诗哲论》，中间经过1994年、1995年的《中国诗学人类学》，最终在1999年出版的《中国诗性文化》中得到较为完整的表述。（在2006年出版的四卷本《刘士林中国诗性文化系列》中，《中国诗哲论》易名为《中国诗学精神》、《中国诗学人类学》易名为《中国诗学原理》，但基本内容均保持未变。）2002年以后，我又将中国诗性文化的基本原理运用于"江南文化"和"都市文化"研究中，先后撰写或主编有《江南话语丛书》（2002年第一版，2008年第二版）、《诗性智慧丛书》（2005）、《中国都市化进程报告》（2007、2008、2009）、《中国脐带：大运河城市群叙

事》(2008)、《江南文化读本》(2008)、《江南文化精神》(2009)、《江南文化理论》(2010)等。二十年来，我个人的学术方向与领域虽几经变化，对诗性文化理论、价值态度等也有或大或小的调整和补充，但以诗性精神与价值谱系审视、反思、批判古代的政治伦理异化、现代西方工具理性和当代全球商业欲望的主旨始终如一。

一、无法论证的诗性直觉

关于诗性文化概念的最初出场，在很大程度上可以说"纯乎偶然"。当时我还是一个刚刚毕业的大学生，由于在大学时有写诗的经历，以及很偶然地接触到与西方理性传统差异很大的维柯的《新科学》，特别是在后者"诗性智慧"的刺激与启发下，我几乎是在一种"诗意迷狂"的状态中偶然撞进了诗性文化之门。从最核心的"中国文化的本体是诗，其精神方式是诗学，其文化基因库是《诗经》，其精神峰顶是唐诗。一言以蔽之，中国文化是诗性文化"，到随意发散出的"不是历史学，不是道德哲学，而恰是古典诗学，才真实地把握和描述出古代中国人的生命本体及其精神方式"等，可以说都是无法论证的诗性直觉产物。

但门户既开，就为以后的探索与推进提供了可能。直到1998年夏秋之际完成了《中国诗性文化》的写作，借助人类学对原始思维和早期人类文明起源研究等理论与方法，特别是在中西文明的比较框架下，中国诗性文化的出身之谜和深层结构才日渐清晰和完整，并最终凝练为我经常喜欢讲的一句话——"如果说，西方文化的深层结构在他们的哲学中，那么中国民族的最高智慧则在中国诗学里。"后来，我还经常用"思想芦苇"和"情感芦苇"来说明中西文化的深层差异——"以'思想芦苇'自居的民族最发达的是理性机能，以'情感芦苇'自居的民族最发达的则是审美机能。主体机能发育的不同，也直接影响到他们思考、解决现实问题的思路与方式。如果说解决'思想'问题主要靠哲学，那么最擅长解决'情感'问题的则是诗学，这也是哲学在西方文化中占主导地位、而诗学成为中国文化深层结构的根源。"

二、思想上的曲折与反复

在对诗性文化的价值态度上，我经历过思想上的曲折与反复。在写作《中国诗哲论》前后的几年中，由于受80年代西方现代思潮和工业文明必胜的影响，尽管当时可能比现在更热爱古典诗歌和田园生活方式，但对中国诗性文化的评价与态度却相当悲观甚至冷酷，如我在《中国诗哲论》的"结语"中曾写到"诗性文化是一种较为落后并与现代社会格格不入的文化形态"，这种青春思想特有的叛逆直到很久以后还未能被淡化，以至于多年以后如王改正先生还会以《诗性文化与现代社会格格不入吗？》(《中华诗词》2009年第11期)一文赐教。但老实说来，这个观念在我的研究中占的时间很短，在1994年出版的《文明精神结构论》中，我提出一个健康的文明在深层应包括"真、善、美"三大观念或"科学、伦理、审美"三种"精神实践方式"，并将之对应于人类历史中的古代农业文明、现代工业文明和后现代消费文明，特别是在深入研究了西方现代的"美拯救世界"思潮，以及在1994年、1995年通过撰写《中国诗学人类学》(即2006年收入《刘士林中国诗性文化系列》的《中国诗学原理》)而比较充分地了解到诗的起源与发生之后，我对科学主义和工业文明中心论已有很大的超越。但真正做到把诗性文化与理性文化看作对立、互补的两大谱系，则是在1997年和1998年写作《中国诗性文化》的时期，通过对中国诗性文化的原始形态、历史源流、深层结构和现代价值的充分研究，这个关于诗性文化的探索才大致告一段落。

幸运的是，我这些早期并不成熟的探索并没有被时代抛弃，在90年代以后，特别是新世纪以来，随着西方现代社会病象横生以及现代工业文明的漏洞百出，在生态文明、可持续发展等新的时代背景和要求下，我更加意识到关于中国诗性文化的偶然探索，具有远比它本身更加重要的理念价值以及思想文化资源意义。再后来，由于越来越明白包括中国诗性文化在内的任何形态的文化都有两面性，所以我不再胶着于诸如"中西文化孰优孰劣"、"诗性文化与现代社会是离是合"这类大而无当的问题，而是以"与文化为善"的态度并积极地"从建设性角度"推进中国诗性文化的研究工作。具体说来，一方面是不断地思考和阐释诗性文化的本质与内涵，努力通过具体内涵的深入挖掘以探索中国诗性文化蕴涵的现代性价值。如提出在中国民族生命中存在的是"诗化的感性"和"诗化的理性"，既不会走向高度抽象的西方逻辑系统，也不容易走向西方非理性的欲望狂欢。另一方面，则是努力探求诗性文化作为一种基础理论进入一些新的学术领域（如江南文化研究）和更广阔的现代社会生活（如都市化进程研

究）的可能与具体路径。我觉得这比早年那种空泛的讨论在实际上更有助于诗性文化的当代重建和复兴。以"诗化的理性"节制"消费生活方式和消费意识形态"的恶性膨胀与无限扩张，以"诗化的感性"平衡"大众文化和娱乐文化"的"娱乐至死"，更是我经常强调和努力探索的。如2004年出版的《苦难美学》、2006年出版的《一个人的文化百年》，主题都是以中国诗性文化理论反省、检讨、批判西方以非理性为核心的现代文化和以纯粹欲望为主题的后现代消费文化。所以尽管在表面上这与中国诗性文化有所偏移，但在研究的主旨与关切的核心问题上，却可以说与诗性文化仍是一脉相承的。这一切都因为，我有一个很大的梦想，就是希望在经济全球化、社会麦当劳化、文化粗俗化的当今世界，实现中国诗性文化在当代的整体重建或走向真正的文艺复兴。

三、中国文化的安全就是诗性文化的安全

在经济全球化和文化都市化的背景下，民族与传统文化的利益与安全问题日益重要。近几年来的都市文化与城市发展研究，使我对中国诗性文化的安全与可持续问题也有了一点新的思考。在2004年《解放日报》发表

的一个演讲中，我提出一个问题："自近代以来，中国民族在文化上的创造越来越少，从人文思想资源这种形而上的'道'，到生产工具这些形而下的器物，基本上都是从西方引进的。这个过程与中国诗性文化的衰亡是同步的，它说明了什么问题呢？"在2006年《中国教育报》发表的另一个讲演中，我提供了一个初步的答案："因为与诗性文化一同消亡的，还有我们民族诗性的精神机能与生命本体，包括我们民族特有的诗性的感官、直觉、心理、思想与创造力。而与此同时，是我们在文明上与西方日益趋同，越来越没有自己的风格与特征。尽管我们仍在生产与创造，但由于从观念到工具都是西方的，所以整个现代生产过程就摆脱不了一个巨大的异化怪圈，即，我们越生产，我们就越缺乏；我们越创造，就越没有创造的能力。因为我们没有一件劳动成果可以与西方区别开。这表明，一旦失去了诗性文化，我们就只能充当其他强势文化的工具，并按照它们的意图去生产与消费。"

现在讲文化利益与安全的人物与言论很是不少，但我认为，由于对中国传统文化深层结构与真实精神的陌生，很可惜他们大都未能抓住中国文化最根本的文化利益与需要。因为与其他古代民族对人类的贡献不同，中华民族最大的贡献是诗性文化，这既是我们民族与其他民族相区别的标识，也是中华民族内部自我认同的身份证明。所以说，中国最根本的文化利益是诗性文化，中国文化的安全就是诗性文化的安全。从诗性文化出发，我们才知道什么是中华民族的真、善、美；立足于诗性文化，我们才可以真正理解我们真实的存在以及表达我们真实的需要。现实的状况恰恰相反，由于世事忙碌、倦于思考以及被其他民族文化所惑，我们早已不知道自己真实的存在与需要了。当然，我们应该学习西方，应该了解科学、商业、管理等，以便在全球化的竞争中占据更有利的位置。但更要强调的是，未来世界绝不会是理性文化独步天下，而诗性文化既是理性文化最重要的批判者，也是人类要全面发展不可或缺的另一半。在这个意义上，维护诗性文化的利益与安全，既是我们对中华民族应该承担的伦理职责，也是对人类文化必须作出的庄严承诺。

相关链接：

中国文艺理论学会副会长、暨南大学党委书记、副校长蒋述卓教授在《20世纪中国古代文论学术研究史》（北京大学出版社2005年版）中，将《中国诗性文化》列为20世纪中国古代文论研究中"诗学的文化研究"的两大代表之一。

美学家劳承万教授在《美学学科的两种理论形态》(《文艺理论研究》2006年第6期)中认为:"其论著之主题,便是提出美学理论体系的新形态——诗性智慧型美学,以之区别于传统的(西方的)哲学美学(哲学体系中的美学/或曰'真—善—美'结构中的美学)之理论形态"。

中国艺术研究院中国文化研究所所长、《中国文化》主编刘梦溪教授在关于"现代学者旧体诗词"的来信中,认为"所论均能得其窍要,并时有发明。……提出20世纪学人之诗的远源为宋诗、近源为晚清同光体诗,应视作论文作者的学术发明"。

中国科学院院士、华中科技大学原校长杨叔子教授将中国诗性文化理论推荐给他本人担任名誉主任的中华诗教促进中心,与"绿色教育理念"一同被称为"当代诗教的文化学基石"。(《中华诗教》2008年12月31日)

江南国学：诗与思的 中国对话

编者按:国学本是北方文化的产物,也是以北方与中原为中心的中国传统社会、文化与学术的独特反映与表现形态。但早在春秋时代就传播到江南地区,并历史地形成了具有独特学理内涵与精神性格的江南话语谱系。在以后漫长的中国思想与文化史上,日益成熟的江南国学不仅对北方儒学系统产生了重要影响,有力地促使了中国传统学术的知识增值与价值多元化,同时,以经济与文教发达的古代江南社会为中心与根据地,江南国学也在相当大的程度上影响了中国传统社会的生活方式与精神文化生态。从江南文化角度关注国学,既显示出国学存在方式的多样性,进一步开拓了研究的学术空间,同时也可以使我们的理解在内容上更加丰富,在细节上更加真实与生动。有鉴于此,我们邀请相关专家就此进行对话,并希望能有更多关心国学及其现代化问题的同仁予以关注、参与和批评指正。

刘士林(上海交通大学教授):十几年前,在哲学上以不同于康德、黑格尔的尼采、海德格尔为代表,在文学上以不同于雪莱、拜伦的荷尔德林等人的诗歌为代表,"诗哲"一词开始流行,当时的很多人把他们看作"诗与思的对话"的典范。其实这是有很大问题的,西方人的理性过于成熟,和诗对话起来总是隔着几层,特别是这种

对话有明显的宗教旨向，因而我更倾向于把它们看作是一种"思"与另一种"思"的对话。在研究中国诗性文化时，我开始有意推崇"诗与思的中国对话"，它的中介是自然，没有宗教与神的压迫感。如孔子向往的"齐鲁春凤"，庄子展示的"南华秋水"，与海德格尔讲的"死"、"操心"，与荷尔德林在黑夜中的流浪很不相同。再后来，我还发现更好的对话在江南诗性文化中，与北方相比，江南的诗性少了一些伦理束缚，多了几分感性的温存与亲切。江南国学是在江南诗性文化土壤中自然开放的花朵。它是学问，但更是诗。

姜晓云（南京师范大学博士）：维柯有一个基本的思想，一种东西的本性就是它的起源。从文化起源上看，江南文化就有刘先生指出的这种"自然生发"的诗性特点。史初的江南经济地理环境比较特别，一方面自然条件比较优越，从个体生存的小生态环境来看，这个地区"地势饶食"，易于为生，以至使人产生了一种对自然环境的自然顺应感和深度倚赖感，"池塘生春草，园柳变鸣禽"，自然诗性思想的悄然滋生，应是一件水到渠成的事情；从群体生存的大生态环境来看，诚如童恩正先生所言，江南地区由于山、河、林、沼等自然的分割与障碍，人们只能在河谷或湖泊周围的平原上发展自己的文化,从而形成了一个一个自然独立的"文化龛"。在这种自足、闲暇、松散、少争的自然生发状态之中,伦理的教诲让位于审美的观照。江南文化所呈现出与北方文化中"百川东到海"式的大一统场面明显不同。可以这么说,史初江南文化具有的这种自然诗性,是江南文化的思想内核,也是其今后与北方文化进行"诗与思"对话的"本钱"。在南、北文化的不断对话与融合中,江南国学形成并日渐繁盛。

查清华(上海师范大学教授):从源头上看,江南国学的独立成型当始于先秦时期。梁启超在《论中国学术思想变迁之大势》中将先秦学派分为南北,南派以老子、庄子(包括列子)、杨朱及其门徒为正宗,以许行、屈原为支流。地理环境的差异决定南北民族的生活方式和人生态度,由此形成南北学派的不同特色:"北地苦寒硗瘠,谋生不易,其民族消磨精神日力以奔走衣食、维持社会,犹恐不给,无余裕以驰骛于玄妙之哲理,故其学术思想,常务实际,切人事,贵力行,重经验,而修身齐家治国利群之道术,最发达焉。……则古昔,称先王;内其国,外夷狄;重礼文,系亲爱;守法律,畏天命:此北学之精神也。南地则反

是。其气候和,其土地饶,其谋生易,其民族不必惟一身一家之饱暖是忧,故常达官于世界以外。初而轻世,既而玩世,既而厌世。不屑屑于实际,故不重礼法;不拘拘于经验,故不崇先王。……探玄理,出世界;齐物我,平阶级;轻私爱,厌繁文;明自然,顺本性:此南学之精神也。"这些概括相当精辟,不但在古代中国具有很强的代表性,即在今天仍然可见南北文化精神的种种差异。

刘士林:自然环境对精神生产的影响一直受到关注。丹纳在《艺术哲学》中谈到意大利时,就特别强调南北意大利人在性格与审美上有很大的区别。国学是北方与中原文化的产物,但自春秋时代传播到江南以后,受江南特殊的自然条件、生产与生活方式的影响,也发生了很大的变化,形成了独特的性格与谱系。以后,江南国学不仅对北方儒学系统有重要影响,也影响了中国传统社会的生活方式与精神文化生态。但以往的正面研究很少,从属于江南区域经济、宗教、社会史、文学艺术研究,没有受到应有的重视。

查清华:就文学而言,自然环境对文学生产的影响就特别值得关注。丹纳的自然环境理论对我们很有启发,刘师培在《南北文学不同论》中亦论

及自然环境对我国南北文学产生的影响："大抵北方之地土厚水深，民生其间，多尚实际。南方之地水势浩洋，民生其际，多尚虚无。民崇实际，故所著之文不外记事、析理二端；民尚虚无，故所著之文，或为言志、抒情之体。"指出江南抒情文学发达的一大关键。地理因素又会影响区域社会政治和经济文化，从而作用于精神生产。这一层丹纳在实证分析欧洲文艺时未能推及，不免有自然环境决定论之嫌。而梁启超《中国地理大势论》就关注到"四围社会之影响"："燕赵多慷慨悲歌之士，吴楚多放诞纤丽之文，自古然矣。自唐以前，于诗于文于赋，皆南北各为家数：长城饮马，河梁携手，北人之气概也；江南草长，洞庭始波，南人之情怀也。散文之长江大河一泻千里者，北人为优；骈文之镂云刻月善移我情者，南人为优。盖文章根于性灵，其受四围社会之影响特甚焉。"

姜晓云：我在搜集相关研究资料时，也发现在江南国学历史发展进程中，很少见到高高在上的、一本正经的圣人圣师，也很少看到被奉为圭臬的、神圣不可侵犯的思想和经典，却可以经常看到许多自然通达、博学清言的学者。记得冯友兰先生在讲述两晋时期不同思想流派的学者相聚时，往往从事所谓的"清谈"；而当谈到精妙处，即"非非"处时，往往相视无言而会心微笑。我想，这是一种非常自然美妙的学术交流方式，充满着诗意，与北方伦理化了的教诲方式显著不同。可能正是因为江南学人本着这样的学术交流方式，为此他们在与包括北方思想在内的不同学术思想开展"诗与思"的对话时，能够不断从对方身上发现自己本初的诗性文化特质，从而在更高精神层次上发现、呈现、回归自身。从东汉王充的自然天道观，到以后的玄学、南禅、理学、心学、朴学，在历史上不同发展时期，江南地区不仅进一步接受了源自北方的国学，而且通过加入自己的诗性文化因子发展了国学。可以这样认为，东汉以后国学的发展与新变，主要源自江南，特别是江南的自然诗性思想。同时需要指出的是，这种自由探究学术的思想、态度和方式，也非常有利于学人之间的互动和学术更为广泛的传播。江南学术流派的形成、学术世家的兴盛、书院的发达和科举的兴旺，以及市民文化的繁荣，就是重要表征。据统计，清代在江南贡院里中举、又在京城会试中高中状元的，苏、皖两省就有58人，占据全国112个状元总数中的半壁江山；当时全国有县级以上官员2 000多个，其中有一多半是从江南贡院里走出来的，侧面可见江南学人之间相互学习借鉴程度之深、成效之广。当然，文教的发达反过来也促使江南国学越来越兴盛。

刘士林：按照刘师培的说法："魏晋以后，南方之地学术日昌，致北方学者反瞠其后。"随着江南的发达，这种状况越来越明显。乾嘉时代，以沈彤、江声、余萧客、褚寅亮、洪亮吉、孙星衍、王昶、王鸣盛、钱大昕为代表的吴派，以程瑶田、金榜、洪榜、段玉裁、王念孙、孔广森为代表的皖派，形成了"一代学术几为江浙皖所独占"的局面。江南国学开辟出清新、细腻、在思维上更加抽象与纯粹、在感受上富有人情与美感的一脉，代表着国学的新形态，显示出国学存在方式的多样性、内容上的丰富性以及细节上的真实与生动。

查清华：南方学术日昌，以承接先秦老庄的魏晋玄学兴起为标志，玄学影响达数百年，期间不仅促成玄理思辨的发达，而且使明自然、顺心性的南学精神在文学领域得到空前张扬：一是以谢灵运、谢朓为代表的山水文学的发达；二是以民歌和宫体诗为代表的艳情诗的繁荣；三是对文学语言、音韵等艺术形式要素的美学追求。在内容和形式两方面都区别于以儒家传统为内核的北学传统，这些具有独立精神的巨大突破足以"致北方学者反瞠其后"。

刘士林：除了环境因素之外，江南人的性格在江南国学的发展中也起到重要的作用。不少江南学者都很有个性，并表现出江南学人特有的优雅气质。《北史·儒林传序》云："大抵南北所为章句，好尚互有不同。江左，《周易》则王辅嗣，《尚书》则孔安国，《左传》则杜元凯；河洛，《左传》则服子慎，《尚书》《周易》则郑康成，《诗》则并主于毛公，《礼》则同遵于郑氏。南人约简，得其英华；北学深芜，穷其枝叶。考其终始，要其会归，其立身成名，殊方同致矣。"《隋书·文学传序》亦称："自汉、魏以来，迄乎晋、宋，其体屡变，……彼此好尚，互有异同。江左宫商发越，贵于清绮；河朔词义贞刚，重乎气质。气质则理胜其词，清绮则文过其意。理深者便于时用，文华者宜于咏歌。此其南北词人得失之大较也。"

查清华：《汉书·地理志》就说过："凡民函五常之性，而其刚柔缓急音声不同，系水土之风气。"指出人的性格具有区域化特点。由于地理环境不同，南北人的性格也有差异。比如刚才说到江南的抒情文学较北方发达，这也和江南人的文化性格有关。《颜氏家训》就述及这样一个细节："别易会难，古人所重。江南饯送，下泣言离。……北间风俗，不屑此事，歧路言离，欢笑分首。"颜之推注意到江南人的性情更加细腻婉约，尽管他接着说："然人性自有少涕泪者，肠虽欲绝，目犹烂然，如此之人不可强责。"以示自己并不否定亦有例外。所以江南文人大多是情种，陆机"悲落叶于劲秋，喜柔条于芳春"、"缘情而绮靡"，锺嵘"若乃春风春鸟……感荡心灵"，刘勰倡"为情造文"，萧统"属辞婉约，缘情绮靡"，萧绎说文须"情灵摇荡"……此后，极力强调文艺抒情性特征的，大多在江南，明清时以吴中为核心的江南区域尤为突出。

姜晓云：的确，江南国学不仅是一个共时性的存在，更是一个历时性的存在，是兼收并蓄、不断叠加累积的历史产物。史初江南文化是以"质有趋灵"的诗性存在方式，标举以自然为中心的诗性观念，进入中国人的精神版图的。秦汉时期江南地区一方面远离政治中心，"在山泉水清"，对原有诗性文化传统保存较好，另一方面学术文化又受到业已占主流位置的儒、法等北方意识形态的影响和压制，学术话语呈现出一定程度的"异端"色彩。魏晋南北朝时期，玄学、佛学进入江南，与江南本土的道教风云际会，不仅促进了玄、禅思想的进一步发展与飞跃，还在哲学与艺术方面催生出具有

中国特色的自然美学思想。此后，江南地区充满主体精神的心学的产生、富有实证精神的朴学的发展，无不引领着传统国学的时代新变。明代的徐光启更是本着"救儒补佛"的目的，首开"西学东渐"之风。总的来说，与北方地区相比，历史上的江南地区并未曾遭受过大的战争和其他毁灭性的影响，自然诗性文化发展一脉相承，形成了自身的优势与特色；同时由于经济地理和社会人文方面的优势，以及自身学术文化组织结构的松散与包容，使得江南国学在其发展过程中，能够通过自然诗性与理性的相互观照，不断得以兼收并蓄其他文明成果，从而促进了自身学术文化的反思与超越。从这个意义上来说，刘士林先生在美学研究中重新发现江南，并重启江南国学的整体研究，也是在现代化背景下对工具理性开展的一次"诗与思"的对话。相信在对话中我们会更好地发现自身。

刘士林：庄子把交流的最高境界称为"相视而笑，莫逆于心"。就是不用语言或少用概念，用一种通晓易懂的话语把道理和意境传达给读者。江南国学是这方面的卓越代表。但在今天看来，这里也有一个很深的矛盾，要建设一门江南国学新学科，就必须打破现在的混沌状态，建构概念范畴、分

类原则与解释框架。一旦这样做，势必破坏江南国学的诗性存在方式。如何避免"日凿一窍，七日而浑沌死"，是一个相当复杂而又需要积极面对的困境。

金融危机时刻谈生态
——鲁枢元、刘士林、路燕三人谈

一、从生态角度看金融危机

路燕（《人与自然》杂志执行主编）：今天专程到苏州来，一是看看老朋友，再是希望听听二位教授在自然与生态方面的见解，鲁老师和刘老师是多年的亦师亦友的关系，咱们今天的谈话就随意些，轻松一些。

鲁枢元（苏州大学生态批评研究中心主任）：这段时间一直有些话想说，咱们就从金融危机谈起，谈谈金融危机与生态的关系，现在报纸铺天盖地都在讲"救市"，为什么不能做一个反向思维：金融危机也许是件好事。为什么呢？经济发展慢一点，人们的日子过得简朴一点，地球资源消耗少一点，金融危机逼着人们少消费一点，迫使人类减轻对地球生物圈的压力，同时也给那些国际金融巨鳄、跨国公司的老饕们一点教训，这何尝不是一件好事？

刘士林（上海交通大学教授、都市文化学者）：我和鲁老师的想法一样，金融危机从某种角度上讲的确是一件好事。金融危机，其实就是对地球的一个冷处理，地球已经太热了。

鲁：最近我看了一篇文章，写得真好，作者是净心和尚，一个苦行僧，别人找他访谈，他就谈金融危机。他说，金融危机不是最可怕的，最可怕的是经济高速发展，人均一辆汽车。他说，如果一个人随地吐痰，别人都会瞧不起他，觉得这人没素质，但如果一个人开辆汽车，大家都会觉得他很气派，而事实上，汽车排放尾气的危害要比随地吐痰大得多。

刘：前些年在上海讨论了一个话题，就是关于小排量汽车开不开放，当时我和一个交通专家作节目，他的意见是向日本学习，买了汽车可以不开，放在家里，只在周末出去度假时开一下，因而完全可以放开。我说，这怎么可能呢？中国的情况与日本不同，一是人口数量大，二是多数中国人买汽车主要是做日常的代步工具，也不可能有了车放在家里。举个例子，假如上海人均一辆汽车，那么，整个上海就会变成一个巨大的停车场。这表面上好像人人平等了，但结果却是使所有

的人无路可走。中国的情况与西方差别很大,因而很多事情都不能随便比拟。特别是有些人热议的汽车社会一类的话题。

鲁: 最近还看了一篇很臭的文章,讲的也是金融危机,他说,虽然出现了金融危机,并不能证明以前的金融政策有问题,仍然鼓励人们不要手软,不要停顿,在既定的道路上继续前进。我觉得,这种美国式的市场运营方式是最烂的。这种方式就是鼓励人超前消费,有一个花两个,把后面的钱甚至把后辈的家底都花光。可怕的是这种美国式的运营方式却正向全世界推广。

刘: 这就叫做"美国梦"。它的实质是"吃光、用尽、花完"为特征的资本主义生活方式,其实这也是世界上最糟糕的生活方式。所以最近几年一直有人提倡要以"欧洲梦"取而代之。欧洲梦关注的中心是"生活质量"与"可持续性的文明",这次金融危机在客观上已经起到了推动转型的作用。比如最近报纸上说,欧美等国今年的圣诞节就过得相当节俭。

鲁: 人们都说经济发展有它自己的规律,既然是规律为什么就不能放任自然呢?就像在黄果树公园,这棵树倒了,不要管它;这个动物病了,也不要管它,该死的就死了,生命力强的、抵抗力强的，自然也就活过来了。所以，我觉得，金融也是这样，该颓败的就让它颓败。

刘：当下的各种危机越来越多，如果找一下根源，我想其实都与城市化进程相关。今年春季，我和学生在讨论粮食危机时，就发现它与城市化进程的关系很密切。今年是一个很重要的临界点，城市人口在世界人口中的比例恰好占到一半。城市的本质是消费，甚至是超级的消费，这是当今人类对环境与资源，也包括文化传统等精神资源消费量越来越大的根源。今年的粮食危机，一个根本原因就是重视发展工业的城市化进程破坏了工业与农业的平衡，而今年的金融危机，则是重视发展金融的都市化进程破坏了实体经济与虚拟经济的恶果。后果现在我们都看到了，一旦远离了农业这个基础生产部门，没了吃的，其他一切都谈不到。同时，一旦远离了工业与制造业，没有了实体经济的支撑，大家都玩虚的，结果就是全球经济的衰退。但有时我也想，金融危机也很可能是人类找平衡的一种方式，把投机性的商业利润榨一榨，对社会生态应该是件好事。

鲁：不管是美国政府，还是中国政府，在金融危机面前都在尽力表现自身的强大，投入几百个上千个亿来救市，没有一个政府敢让金融危机持续下去、放任下去，让国民的工资和生活水平下降，如果那样这个政府也要危机了。政府为什么都在猛着救市，其实也有政府的利益在里面。还记得吗？此前，一些极端自由主义的理论家曾经鼓吹，让市场与资本的自由运作主导社会的发展，让跨国大公司取代政府的职能。这次金融危机的到来击破了这个自我膨胀的气球，反而给政府带来一次在企业与民众间树立自己威权的机会。应该看到大众有时也是短视的，你给我增加工资就高兴，给我减少了工资就要骂人了。岂不知生态环境变得好一点，这也是大众的利益，而且是大众更长远的利益。所以，这个问题也很复杂，不好解决。另外，刚才你说到没有实体，我认为最实的实体应该是农业，最牢靠的实体是传统农业，所以，后现代社会要向前现代社会借鉴学习一些东西，有什么理由认为农业社会就一定比工业社会更糟糕呢？

刘：非但没有理由，西方城市史家普遍认为，理想城市绝非当今世界的巨无霸式的大都市，而是人口规模适当、居住环境优美、人与自然和谐、精神生态良好的中世纪城市。如韦伯以为中世纪城市中实现过"美好生活"，芒福德说中世纪城市取得了城市文化从未获得的成功。实际上，当今绝大多数国家都对城市化进程过快感到担忧，一些国家甚至出台一些措施试图减缓这个进程，但成效不大。如何做到这一点呢？从历史上看，主要是靠大的灾难和苦难。人类自己发展失控时，就会有一种外部的超人类的力量显灵。这次金融危机是不是也可以理解为一种"天意"呢？如果宇宙中真有这样一种自我调节或控制机制，那真是人类的幸运。

鲁：金融危机算什么呢？不过是大家的日子过得苦一点，我们以前又不是没过过苦日子。而且那时苦日子里的幸福和乐趣也并不一定比现在少呀。

刘：刚才我们讲美国超前消费，住花园洋房，金融危机以后，把花草全拔了，种上蔬菜，假期也不出去旅游了，在菜园里干活。其实这对人的身心都有非常大的好处。

路：我们能源的三分之一都是旅游消耗掉的。

鲁：现在，金融危机一来，英国人立马推出简朴菜谱，学习过素朴一点的日子。但是中国怎么就没有自己这方面的宣传报道呢？

刘：鲁老师说到简朴菜谱使我想到现在流行的肥胖症。

鲁：还有"三高"人群的出现，光靠广告上神吹的什么"脑白金""黄金搭档"能解决吗？

二、人类犯的最大错误是没有处理好与自然的关系

路：上个月，我到广西壮族自治区的新安，因为今年冻灾的缘故，凡是树木生长茂盛的地方都遭到严重破坏，直到现在都没有恢复。但是我们又发现，原来被压迫的二层三层的植物，今年就长得特别茂盛。当时陪我去的是一位植物学家，他就说，冻灾当时看起来是一场大的灾难，但对于整个生物群落而言实际上是件好事。

刘：这一点真的很奇怪，康德在探讨人类的命运时，曾讲到有一种"只能期望于天意来做的事"，我们不妨把它叫做先验智慧，特别有意思的是，康德还说，这种按照天意自上而下的教育，往往采取粗暴的方式，通过许多不幸，甚至是在毁灭的边缘改造人的天性，促进他们走向善。

路：对，自然界有一个节律，有它自己调整的过程。

鲁：事实上，凡事都是有进有退。现在我们总是讲发展，讲进步，却从来没有人讲退一步。关于生态问题，我还想说，人不能只关心自己，以人类为中心，如果能把关心的范围普及万物，关注所有的生物，甚至非生物，也就是

进入冯友兰讲的天地境界，人自己日常生活中的烦恼也就变少了。人的毛病就是只盯着自己，到最后自己的这一块也只剩下了金钱，甚至只剩下一串变幻莫测的数字，活着也就没有太多的意思。

刘：前段时间，我去了一趟昆明的抚仙湖。抚仙湖是我国最大的高原淡水湖泊，湖水清澈，一眼能看到水下七八米，可以使人想到古代诗人经常用的"镜湖"一类的意象，全部为一类水质，可以直接饮用。当时我就觉得，江南的太湖以前也许就是这个样子吧，但今天已经污染得面目全非。令人担忧的是，抚仙湖现在的开发节奏也在加快，不知道以后会不会成为又一个太湖。

鲁：我算了一个账，刚才我们讲的发展，西方是每年2%～5%的速度，中国是9%的速度，甚至更高。这样的发展速度想维持多少年？一百年？如果一百年都按这样的速度发展下去，那将不得了啊！人类存在的历史现在说是六百万年，后面还有多少年？据说人类作为一个物种自然消失，还有七百万年。现在，谁又会为这七百万年着想呢？不说七百万年，谁会为今后的一千年、一百年着想呢？

路：现在有一句话，叫活在当下。

鲁：现在是活在当下，只为我活着的这一百年着想，后面天塌地陷都不管了。现在的发展观可能也是建立在这种想法之上的。

路：有科学家预测，一旦人类退出地球舞台，只消500年，我们留下的痕迹就基本上不复存在。这也许就是大自然的力量，就是我们常常说的"沧海桑田"。

刘：以往讲"沧海桑田"，往往有经历几世几劫的感觉。今天，在强大的消费需求支配下，"沧海桑田"往往就是十年、二十年的事情。所以有人说：我们过去讲保护环境是为了造福子孙后代，但实际上，这话说得太大了，因为如果不采取更为有力的保护措施，我们这一代人能否平安过去也还是未知数。所以说，如果不好好保护环境，人们能否"活在当下"，也成为很严重的问题。

路：中国的六七十年代，许多东西跟一千年前基本上没有什么变化，但是近二三十年，毁坏的东西太多了。

鲁：海南岛生态破坏最厉害的也是最近这三十年里。这又涉及宣传的问题，所有的大报小报，关于改革开放这三十年，几乎全都在讲功绩，没有讲问题的。别的不讲，起码应该讲一讲生态问题，这三十年，我们的自然付出了多大的代价啊！人再怎么厉害，总还是属于自然，总还是肉身的吧？没有变成电脑和机器人，人是需要和自然接触的，尤其是需要与真正的自然、野性的自然接触，可是现在这样的自然没有了。

刘：也包括文学作品中那种很自然的审美情感。比如张洁《爱是不能忘记的》那种铭心刻骨的精神恋爱，舒婷朦胧诗中那种古典的爱情体验，在当下，都被败坏了。前一阵网上讲，两个中学生在手机短信之中相互发的就是想做多少次爱。

鲁：我给学生上生态批评课，讲到西方的荒野哲学，想着带学生体验一下荒野，可是从苏州往外走上二十多里，再也找不到丝毫真正的荒野了。

路：长江三角洲这一带的确太繁华了。南京、苏州、上海、杭州、宁波整个都连成了一片了。

刘：鲁老师带着去找荒野，使我想到上个世纪二三十年代的丰子恺先生。他有一次教孩子读《扬州慢》词，其中有一句是"二十四桥仍在"，怎么也按捺不住冲动，马上寻访他心中大名鼎鼎的二十四桥。但到了扬州，不仅没看到什么二十四桥风月，还被当地的车夫笑了一番。与现在江南受到的破坏相比，丰先生的时代是可以忽略不计的。但我还想告诉您的是，以后，要想在苏州周围找"荒野"，恐怕更不可能。据我的了

解，苏州的十一五规划是东扩几千平方公里，一旦规划完成，与上海就真的打成一片了。

鲁：人类有时过于自作聪明，而不顾及自然。我觉得，人类所犯的重大错误就在于没有处理好人与自然的关系，这是一个最根本的问题，这和你们这个刊物正好相符，所以，《人与自然》责任重大呀。

路：虽然现在我们的声音很微弱，可是我们还是在拼着命地努力做呀。

鲁：人类所面临的最大问题就在于没有处理好人与自然的关系，一旦人与自然的关系弄好了，许多的问题都可以顺利解决了。

三、这个世界不再令人着迷

路：古代的大儒王阳明说："大人者，以天地万物为一体也……"他眼里的"一体"是一种自然关怀，也是一种人文关怀；是一种人与自然的共处方式，也是拥有丰厚道德情感的生命对环境的尊重与景仰。我们现在最缺失的，可能就是这种关怀、共处、尊重与景仰，这一点既表现在对待自然的态度上，也表现在人与人的相处过程中。

鲁：以前好像说人越穷道德意识就越淡薄，其实有一个度在里面，人都穷得没饭吃，社会当然容易出现问题，

但是，也不是越富有人的道德观念就越高、社会治安就越好。为富也可以不仁，人穷也可以志不短。学校的教育生态什么时候最好？现在都说是西南联大。西南联大那时候，战火连天，流离失所，但是那时教师和学生的精神生态反而最好。

刘：精神生态与物质基础并不成正比。汤因比在研究文明发生时就指出，艰苦的环境有利于人的精神的成长，比如中国古代文明的发生，就发生在生存环境相当艰苦的黄河中上游。还有希腊城市文明的发生，芒福德认为它代表了古代城市最高的发展水平，但这不是因为它优越的自然地理条件，所以西方有一句谚语，叫"希腊和贫穷是一对孪生子"。一方面，希腊的生活资源不丰富，使他们不能向往过奢侈生活，另一方面，在基本吃饱穿暖的情况下，他们把主要精力用在发展哲学、体育、艺术和宗教上。

鲁：古希腊人吃得很简陋呀，大概也就是一些玉米面配点洋葱头。但他们创造的希腊文化，却被黑格尔称作是"欧洲人的精神家园"。

刘：实际上很多例子都表明，物质条件过于好，不仅不利于精神和文化的发展，反而会败坏人类个体和社会中很多好的东西。孟子就说过"生于忧患而死于安乐"。把希腊和罗马比一下就知道，物质条件相对贫困的希腊，代表了西方人类在轴心时代的最高智慧。这些智慧成为西方人可持续发展的最重要的文化资源。而物质条件极端奢侈的罗马帝国就相反，它的腐败、糜烂和荒淫也是众所周知的。用两句话来比较，希腊是"健康的灵魂寓于健康的肉体"，罗马是"在物质建设上的最高成就以及社会人文中的最坏状况"。芒福德曾说，"罗马化"是当今世界很普遍的现象，这是令人担忧的。

鲁：人的心灵中总需要有一些非常美好的东西，比如，我记得你曾经说，每天晚上睡觉前都要读几首古诗词，唐诗宋词，现在的孩子包括我们的大学生还有谁每天读一读古诗词啊？

路：我们楼上一家刊物的主编，他放着复旦的副教授不做，却跑到我们那里做个杂志的主编，他说他提到一些外国名著、中学时代的普及性读物，学生们表现出一种很茫然的神情，课就不好教下去了。

鲁：我们那时就觉得精神很贫乏了，现在的孩子精神更贫乏。

路：关键是他们自己并不觉得贫乏。

鲁：这更可怕了。

刘：我们跟鲁老师做学生那会，新的名著刚一出来，上午出来，下午可能就买不到了。书看懂看不懂不管，先买回来再说。好像是一种本能,知道这是财富和好东西。

鲁:那时候书很少,可是人人都拼命读。现在书多了,却不读了。王元化在他书里面引了韦伯的一句话说:这个世界不再令人着迷。换句话说,这个世界让人觉得没意思了,这个"没意思"表现在两个方面,一是自然方面,人出去,尤其是生活在大都市里的人,看不到蓝天,也呼吸不到新鲜的空气,看不到清清的溪水湖水,感受不到鸟语花香,这个是没意思了,另外一方面是心灵,人的心灵几乎被挣钱或做官完全占满了,个别人这样还好说,所有人都变成这样时,整个世界都没意思了。包括现在的小孩,挂在嘴边的一句话也是"没意思"。按说,他们应该比我们那时有意思多了,还说没意思。

刘:我把这种现象叫做文化消费异化。现在的精神食粮好像是多了,但却并不是作家按照天性创作出来的,而是被各种文化的催化剂催生的,它们相当于菜市场上的饲料鸡、垃圾猪,精神与审美的含量很低,所以,现在人们越看书,就越觉得书不像书,越看电影,越觉得电影不像电影,越欣赏绘画,越觉得绘画不像绘画……

鲁:还有电视剧。

刘:周作人曾说过,他在北京二十多年,就是没吃到过好点心。现在看一看,文学作品差不多也成了这个样子。

鲁:究其原因,还是在于没有处理好人与自然的关系,研究陶渊明的人那么多,我发现陶渊明用两个字就可以概括了,就是"自然"。陶渊明凭着他这一百多篇诗文,一千多年来,始终被人们奉为"诗人中的诗人",不管是李白、杜甫、白居易,还是苏东坡、黄庭坚、陆游、辛弃疾统统对他表示无限的敬意,为什么呢?就是因为自然,从内到外的自然。

刘:陶渊明是古代最自然的诗人,苏东坡就说过陶渊明的诗可以治病。有一次他得到一个好的版本,每天只看一两首,为什么呢?就是怕一下子看完了,就没有东西可看了。还有一个和尚生了病,就撕一页陶诗烧成灰当药喝。这与我们当下的浅阅读、快餐阅读真是有天壤之别。古代人读书,注重的是"变化气质"和"涵养心性"。在陶诗中包含的平淡与本真情感,是古代人崇拜陶渊明的根源。

鲁:陶渊明自然到什么程度?一个是生死问题,秦始皇多大的人物啊,生死关过不了,不想死,花费了巨大人力财力求仙、炼丹,还是死了,而且死得很难看。陶渊明呢,估摸快死了,自己把自己的祭文写一写,挽歌写一写,写完了,也就死了,死了就是纵浪大化中,回到大自然,进入新的轮回。许多人的苦恼都是因为生死关没有过,不能坦然处之。

刘:这是儒家一个很大的弱点——把功名看得太重了。一旦功名富贵的想法占据了内心,就很难拿得起来又放得下,整个人生就不可能自在起来。

鲁:儒、道要融合,我们做学问的人总是把某个人分成是儒还是道,陶渊明是儒是道,争得不可开交,我觉得,亦儒亦道,浑然一体,这样才好。刚才讲到陶渊明的生死问题,再一个是子女问题,有一篇文字是写他儿子的,老大比较懒,老二比较笨,老三呢,还不太识数,不识就不识吧,能好好过一辈子,也行了,这个问题他看得也很淡然。我们养了个笨儿子,还非得让他当状元,不行啊,当了也不愉快呀,顺其自然多好啊。

刘:苏轼也是这样,很旷达。鲁老师刚才讲到培养子女,苏轼有两句诗就写得很好,一句是"人皆养子望聪明,我被聪明误一生",另一句是"人生识字忧患始,粗记姓名可以休"。这与普通人惯有的"望子成龙"不同,也是一种很放达的态度。

鲁:做人还是自然、散淡些好,比

如做官,我们也不是说官绝对不可以做,都不做,这个社会怎么办呢? 陶渊明呢,做官也行,不做也行,做得不舒服了就不做。这都是精神生态呢。

路:现在很多人精神生态不好,就是因为达不到这种境界,该走的时候不走,该退的时候不想退,总是拼命地想抓住些什么。因为这些人为官,退下来之后,精神就完全没有了支撑,生活也就没有了意思。结果许多人际纠纷、人事关系问题由此而生,最后闹得大家都不欢而散。

刘:这种实用层次的人生境界,实际上表现在社会的各个方面,拿我们今天谈的金融危机来说,现在各种媒体上传授的都是趋利避害招数。如利用华尔街金融人才动荡去"抄底"、利用国外企业的资金困难去"收购"、利用房价下降和利好政策"买房"、利用股票大跌的有利时机"回购",以及如何瓜分各个国家的救市政策与资金等,最可笑的是美国色情杂志《好色客》出版商也向国会递交申请,要求政府对美国色情业提供50亿美元的救援,还美其名曰拯救色情业有助于帮助美国度过经济寒冬。如果我们能够把金融危机、经济衰退看得自然一些,并减少对这一自然过程的干预和烦扰,我想对度过经济寒冬可能帮助更大。因为它直接减少了人们很多不必要的恐慌，因而实质性地提振了各国政府在危难中最需要看到的信心和稳定。

结　语

路： 在自然界，我们看到了自然生态存在着自我调节、自我修复可能，那么在自然生态、社会生态之上的人类精神生态是否也有一个重塑、再造的可能？我们谈了金融危机又谈生态危机，危机重重，那么曙光何在？

鲁： 我想要深度地对待两个问题，一个是理性主义的问题，不能走极端，一定要承认人的有机性、整体性，个人心灵内以及天地间的奥秘都不是理性可以彻底认识的，所以，还是要对自然抱一种敬畏之心。另外一个问题就是人类中心主义，一定要把人类关注的范围扩大到天地万物。刚才谈到的问题都出现在人与自然的关系上，但是解决的希望也同样在人与自然关系的协调，问题在哪里，希望也就在哪里。人，既然自以为是万物之灵，那就应当自觉地对万物承担起责任。

刘： 在这些问题上，人文知识分子的作用很重要，现在有许多人已开始觉醒，仅靠技术与管理解决不了人与自然的危机，必须从文化观念培养和生活方式建构上加以补充。国内的生态批评研究是一种很重要的力量，尽管这股力量还不够强大，但作为一个正在发育和成长的学术流派，是值得人们关注和寄寓希望的。如果此次金融危机能促使国人这方面的觉悟，我觉得就没有白白承受当下的痛苦和损失。

我与《江海学刊》的诗性往还

1997年春天，我从湛江到南京。在为数有限的宴饮或其他场合，与编辑部许多人一下子成了很好的朋友。前主编吴功正先生以治中国美学史闻名学林，他的书总是写得厚得叫人羡慕。中国美学一直是我关注的重要方向，按理说一到南京就该拜访前贤，请教学问。但奇怪得很，我们第一次见面已经是新世纪初了。好像是扬州的姚文放到南京请吃饭，我也有幸叨陪末座。当时我们的书分别得了中国图书奖，一见面就觉得对方挺亲切的。吴先生酒量极好，当时我也很可以。"感情深，一口闷；感情浅，舔一舔；感情铁，喝出血。"在推杯换盏、酒酣耳热之际，一下子就倾盖如故起来。那是第一次领略吴先生的风采，他不大喜欢说话，除了他圆圆的、黑黑的脸和豪饮之气，只记得他说要做中国美学通史的弘愿。但我们几个在酒场上过于吊儿郎当，逗他说"您赶快别做了，给我们留口饭吃"，所以根本没有谈学术。后来的见面依然少。真正与学术有关的是他2002年参加我的博士答辩，可能是由于刘梦溪先生端坐中间，所以委员们多是褒奖客套之语。总之，和吴先生总是酒喝得过于高兴，但从未认真请教过学问。

许总和庄锡华先生，两位金陵的孔雀，先我去了更东南的泉州和深圳。许老师治中国诗学，我们方向很近，但一从文史一从美学入手，差别也显而易见。当时《中国诗性文化》刚刚出版，由于学术路数不同，其中的许多提法他应该是不赞同的，但与我不时遇到的"卧榻之下，岂容他人鼾睡"者不同，他以优美的文笔在《人民日报》上写了书评。由于这似乎代表了古代文学方面的一种态度，所以真是重要而及时的。印象中最深的是在他白云园的书房，许老师谈起一个很浪漫的愿望，就是要在中国每个学术杂志上发一篇文章。他视力不好，写得已经很多，我不知道他的这个愿望后来实现了没有，但他说话时那种孩子似的表情，我永远也忘不了。庄老师研究文艺学，与我为稻粱谋的方向一致，这是一个更加少言寡语的人，我们完全称得上"人淡如

菊"。我从未去过他的家，尽管有一段他就住在北京西路编辑部的后面，是我上下班的必经之地。他也只到过我家一次，拿着厚厚的《美育新思维》，说明希望要我写篇评论的来意后，茶水还没有泡上，就腼腆而匆匆地离开我在芳草园的寓所。其实我们当时应该算熟悉了，因为《文艺报》周玉宁的关系，我曾为他的散文集《斜阳旧影》写过评论，后来他在我主编的《文化中国·边缘叙事》中还写过一本《诗心沧桑》，但真是对话很少，以至于我想不起来我们曾在一起说过什么。

编辑部中与专业有关的，还有年轻的刘蔚和赵涛。他们来上海开过"中国美学的地方经验与世界价值"研讨会，回去后推出了"江南文化与中国美学笔谈"，影响好像也不错。由赵涛约请、刘蔚编发的《都市与都市文化的界定及其人文研究路向》，在我们从事的都市文化学新学科建设中，是有一些奠基性意义的论文。它先后被《新华文摘》、《中国社会科学文摘》、《文化研究》转载，可见两位年轻朋友

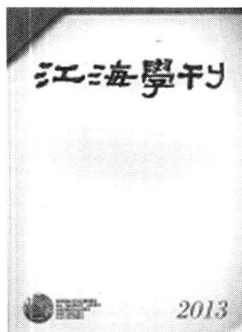

的识见和对我本人学术研究的关注。

而真正以诗会友、或有酬答的，则是现任主编韩璞庚兄。他的导师唐友伯先生治康德哲学，与治康德美学的劳承万先生很要好，我们由此算有些世谊。在我刚到南京不久，唐、劳来宁公干时请我们一起吃过饭。但他从未像兄长一样约稿示好。记得在南京时只有一次约稿，他说："你到南京也几年了，我一直不想约你稿子，因为你写得多，什么时候你用功写一篇，不要重复以前的，再给我吧。"我哭笑不得："你什么意思，是说我写东西都不用功，都是重复自己……"尽管他矢口否认，但我还是觉得他的态度挺严肃的。尽管自己也可以称得上略有襟怀，但对突如其来的逆耳之言，当时无论如何也不能吐纳自如。只是随着时光流逝，身边的幻景与喧哗越来越多，才真心感受到一种兄长的厚重关切。不谈学术，但还有诗。璞庚兄一直写旧体诗词，我也是由诗人而入学人者流，但放弃此道已经多年。在南京的某一天，手机短信中收到一词，起句是"闲居江东十八载"，意境美妙，有《三国演义》卷首词的风采，末署"潜阳居士"。当时的手机还比较落后，储存号码有限，不能显示发信人，又不好回电去问，所以有几年一直享受着不知何人送的礼物，直到后来手机换代，才知

道"潜阳居士"就是研究哲学的璞庚，心中一下大有好感，以往的芥蒂烟消云去。

2007年是我大学毕业20周年，10月从母校聚会归来，一种抑制不住的冲动使我重操旧业，有时也会通过手机传给他。我晚上睡得早，手机关得更早，一天早上，一开机就收到他的《暗香·寒梅》：

旧时月儿，曾几度照我、梅下吹雪。随风丽人，敢挑几瓣相采撷。独恋吾身，向秀俭醉矣，春光辞祺。

南国，独孤寂，欲献与数枝。夜来积雪，回环衣衫。红萼香飘总深忆。重凝眸曾牵手处，残叶下，玄武柳絮，念区区千里梨花，纷纷思绪。

末署"潜阳居士丁亥年于紫金之巅，醉酒吟哦"。发短信的时间是晚上10点多，心下惭愧，就搜索枯肠，不好意思地回了一首《答潜阳居士》：

昨夜奇馨入梦怀
非是老梅凌雪开
青山难遮东流去
访戴无须棹舟来

这首诗写得真不好，属于应景之作，但在这个越来越浮躁与功利的时

代，能偶有闲暇与感兴酬唱一二，已属不易，就不怕献丑了。同样的原因，尽管他的诗词多晚唐、南宋、晚明气，与我喜欢的汉魏风骨与初盛唐气象有距离，但也绝不妨碍我欣赏他对自然、节物和香草美人的沉湎与感喟。最有意思的是，2007年11月初，我写了《秋夜感事》《咏秋日新荷》、《秋游九华山》等，诗长，用手机发太麻烦，便通过赵涛的Email转给他，未想到赵涛很快回了一首，其中有"中州回望志难伸"、"随园看雨忆消魂"等句，包含了对我的"同情与了解"，使我很受感动。

在南京时，我和璞庚同住在龙江芳草园，但彼此并没有串过门儿。只是有一天晚上，我在小区花园里纳凉，听到不远处有人十分投入地唱苏轼的"明月几时有"。当时并没有靠前看，怕影响了歌者的雅兴，但后来我一直疑心那就是诗人璞庚。此外，我们还多次相约过喝酒、聊天，但都没有兑现过。其实，璞庚尽管喜欢诗，但本职工作也做得很好，《江海学刊》的学术影响力就是明证。正如我认为"诗"起源于中华民族古老的以食物分配为核心的政治制度一样，诗并不见得总是风花雪月、醇酒女人，其中同样包含着可以为天地立心、为生民立命的智慧与力量。

今年是改革开放30周年，也是中华民族困厄摧折之年，值此蜀壁破碎、多难兴邦之际，《江海学刊》迎来了自己不平凡的50岁生日。余生也晚，"躬逢胜饯"。正所谓"钟期既遇，奏流水以何惭？"故而不避琐细，"恭疏短引"。是想说明在严谨的学术之外生命的律动和美妙吗？我也不知道。

2008年7月26日于沪上春江景庐

《甘肃社会科学》是我的一面镜子

在《荷塘月色》中，因为记起《西洲曲》里的句子，江南人朱自清便不由地"惦着江南了"。而作为一个在江南生活多年的燕赵人，我的江南文化研究所以有别于一般的"吴侬软语"，一个重要原因就在于与西北学术期刊的密切交往，它们以迥异于江南风格的历史、文化、思维和经验，为我的学术和人生提供了另一种重要的参照系。这其中，就包括已届而立之年的《甘肃社会科学》。除了历史上的金戈铁马、雄边杀气可以壮人心魄，即使在当下，西北一带普遍的生活贫困和艰辛也足以使我从消费社会的幻境中警醒过来。所以在接到主编胡政平的约

甘肃社会科学

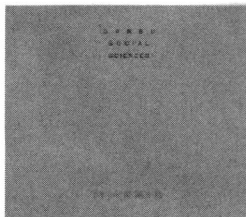

稿短信之后，我一下子就想到了当年人在清华园的朱自清先生。

在当今世界和学界，跨文化交流越来越受重视。但其中也有一个很大的问题，可以称为"嫌贫爱富"。以全球的文化交流而言，是特别喜欢和欧美发达国家往来，而不愿意推动与周边不发达国家或地区的文化交流。以本土的人文学术而言，是整天围绕着大都市的学术中心转，而对处于边缘地带的中西部难得一顾。在这种过于功利化的交往形式中，导致的一个最大问题是经验的片面化，在此基础上的政策、制度、目标、学术等，也必然是不切实际或顾此失彼的。另一方面，由于高度社会分工和严密科层体系是现代文明的标志，学者也很容易局限在一个狭小的"圈子"里。而与一些陌生的地域与人群的经常性交往，无疑有助于克服人自身的这种异化。就此而言，我把与西北一带期刊和编辑的交往看作是一种幸运，尽管他们的稿费不高，有时固执的编辑还会提出这样那样的麻烦问题。

相比于《人文杂志》《社会科学评论》等，我与《甘肃社会科学》的交往时间最短。大概是2007年的暮春，由上海大学曾军博士作伐，胡政平主编来到我在康健园畔的办公室。他给我的第一印象是标准的西北汉子，而且年轻时应该更英俊一些。这也是一种冥冥中的"天意"吧，西北尽管穷山恶水、生活条件不好，但生养出的男人和女人都英俊美丽。像很多西北汉子一样，政平主编不长于辞令，除了很客气地约稿外，其他好像就没有什么话了。我也有一个不好的习惯，就是不喜欢"谈学术"。当年周文彬先生在编辑《中国诗性文化》时，就时常因为我不回答他提出的学术质疑而不高兴。"干什么吆喝什么"，这本是一件最自然的事情，而自己究竟为什么不喜欢"谈学术"，我也一直很纳闷。但那次见了政平主编之后，我突然明白了，这是因为自己在骨子里仍是一个北方人。与南方学者不同，北方学者不长于辞令是其来有自的，早在《北史·儒林传》，就有"江左宫商发越，贵于清绮；河朔词义贞刚，重乎气质。气质则理胜其词，清绮则文过其意"一类的记载。不谈学术，就主要聊人生，因而知道政平主编的经历比较复杂、曲折，从基层做起，经历过风雨，换过几个职业，现在很希望能把刊物做好。由于他对我正在做的新学科非常感兴趣，于是立马谈好在他主编的刊物上不定期地推出《都市文化研究》专栏。这就是发表在《甘肃社会科学》2007年第2期的"艺术与城市文明笔谈"和发表在《甘肃社会科学》2008年第3期的"市民广场与城市空间生产"笔谈，前者包括刘士林《艺术与城市文明初论》、张黔《欧洲城市文化与城市艺术》、严明《东亚艺术与城市文明》、李正爱《江南城市经济与艺术文明》四篇，后者包括刘士林《市民广场与城市空间的文化生产》、汪涛《广场空间的文化寓意——以墨西哥城广场文化的抉择为例》、严明《东亚城市广场的启示》三篇，论题都是都市文化研究中的前沿问题，也有相当重要的现实针对性，发表以后影响也不错。在这些影响中，有些是编辑部比较重视的转载、引用等，有些则是我们重视的更内涵化的东西。

为什么一下子就决定把最新研究成果给城市化水平较低的甘肃，而不是像通常一样发表在我们更熟悉的长三角期刊呢？其原因当然是多方面的。从直接的方面讲，是因为我们经常会碰到一种追问："在中国，为什么要研究都市文化？"关于这个问题，我已在许多场合回答过。简单说来，并不是我本人和我的团队都吃

饱了撑得没事干，而是因为都市化（Metropolitanization）进程已成为影响当今世界的核心机制与主要力量，是每个区域——不管你城市化水平高低，都不可能回避的现实挑战，因而与之相关的都市文化研究太重要了。而且我们还有一个见解，就是城市化水平越低的区域，在都市化进程中的发展会更艰难。所以，将这样的一些文章交给中西部杂志发表，也是希望更早地传达一些时代新资讯。但很显然，这还有西部积淀的历史文化对我们的吸引力。江南自古是一个温柔富贵之地，在这里待久了，人就很容易"没来由短尽英雄气"。在有消费社会之称的当代更是如此。而作为一个职业化的学者，通过与西北学术期刊的往还，增加异质性的人际和学术交往，也足以开阔自己的视野，使我们相对平静、简单和灰色的日常生活增添一些"荒野"生态。但究竟为什么有这样的念头，则是不久前因为读了一篇讲演才找到的。这个讲演是中国人民大学郭成康教授的《康乾盛世的成就与隐患》，据说是讲给中南海高层的。其中郭先生特别强调说，在1784（乾隆四十九年）年，乾隆第六次南巡至杭州，在他一生这最后的一次南巡中，乾隆颁发了著名的《南巡记》。乾隆在文章中将他即位50年来的文治武

功归纳为两件大事:一曰"西师",二曰"南巡"。"西师"是指乾隆二十年至二十二年(1755—1757)两次进军伊犁,最后平定准噶尔的战争。"南巡"是指他一生六次到江浙巡视,成功地笼络了作为当时经济文化核心区的人心。郭先生对这两项举措评价很高,"在客观上,也就锻铸了超越千古的大一统丰功伟业,使中国广大地区实现了百年的和平和安定。"(郭成康:《康乾盛世的成就与隐患》,《中南海历史文化讲座》上册,内部资料2006年版,第134页。)

这个卓越的见解之所以特别引起我的注意,是因为它把西北和江南在战略意义上紧密联系起来。特别是在当下看来,由于东南沿海一带的经济发展过热,致使西北地区在中国的重要性每况愈下。除了政治和经济,也还有学术与文化。从中国文化的大格局看,西北与江南是两种很重要的中国经验,而单纯或过多地关注东南沿海发达地区或一些中心大都市,就会导致对中国经验产生一个很大也很危险的理解,由此出发还会对中国的可持续发展和社会和谐产生诸多的负面影响。具体到学术上也是如此。中国太大,区域差距更是明显,因而对任何一个研究中国的学者,如果在他的知识背景上能多一点西北经验,那对

他正确理解中国现实以及如何评价和选择西方理论方法绝对是一件好事情。从近现代学术研究史的角度看,当时学者的眼光和学术意识是令人钦佩的。如在西方列强黑云压城、满清帝国大树飘零的嘉庆、道光年间诞生的边疆史地研究,作为一门以中国边疆地区的地理沿革、种族关系、行政与武备等为中心的新学术,如祁韵士编撰的《蒙古王公表》、《西陲总统事略》、《藩部要略》,如徐松则编撰有《西域水道记》、《新疆识略》等,就颇能显示出当时学者具有和乾隆大帝一样的"西师"眼光。后来的历史学家们把这一19世纪的史学新方向看作是对时代要求的自觉回应,其中最值得纪念的是龚自珍和魏源,前者除了编撰《蒙古图志》外,还写下了充满政治与军事智慧的《西域置行省议》、《御试安边绥远疏》、《上镇守吐鲁番领队大臣宝公书》、《与人论青海事宜书》等文章。而后来以研究海防知名的魏源,也是从编著关注边疆民族的《圣武记》开始的。这两位都是典型的江南文人,正是由于超越了他们所属区域与文化的制约,才写就了饱含着时代忧患、关乎国运兴衰的大学问。与之相比,我们今天的人文学术研究,最缺乏的就是那种宏阔的战略眼光。就此而言,身在西北重镇兰州的《甘肃社会科学》,

更应秉承边疆史地研究的战略眼光，在立足西北、捍卫西北经验在全球化时代的合法性的同时，更应胸怀乾隆大帝的远大志向，在当代文化战线上向东、向南、向四面八方主动进军，在经济全球化背景下重建西北的生活文化经验，让西北学术话语在中国话语体系中走向澄明。这是我对而立之年的《甘肃社会科学》的一点期望。

记得在中学时，曾学习过鲁迅先生的《一件小事》，那个意味深长的结尾，可以说至今记忆犹新。《甘肃社会科学》之于我也是这样的一面镜子，它时刻提醒我西北是一种不能割舍也不该被冷落的中国经验。

道心自是澄明境

流光容易把人抛。

一接到文艺美学研究中心的通知，才知道曾繁仁先生在山大已躬耕四十五周年了。闭上眼睛想一想，觉得这真是好漫长的峥嵘岁月呀。特别是时值岁杪，回想起和曾先生的相识与往还，心中便自多几分梗概之气。

有几句中国的老话，用在我和曾老师两人间，是再恰当不过了。一是"余生也晚"。今年是曾先生执教的第45个年头，遥想先生当年意气风发地走上讲台时，我还没有出生。二是"相识恨晚"。尽管曾老师早已名满天下，在自己的学习和成长过程中，也从他的美学研究中受益颇多，但由于种种原因，直到2002年5月，曾先生到南师大主持我们的博士论文答辩，才有机会与先生相识。三是"闻道也晚"。执掌名校山东大学多年，曾先生桃李满天下，而我到曾先生门下做博士后，已经是2004年的岁末。自此以后，与先生的联系与交往才逐渐增多。但回想这些并不久远的往事，心中却有一

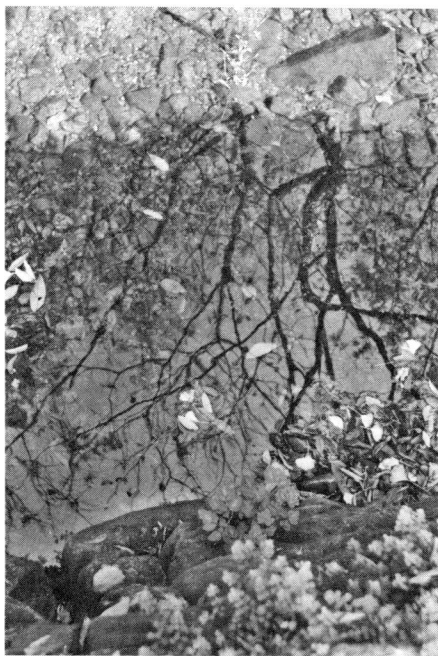

份特殊敬意与温暖。

一

　　第一次与曾先生见面，是在2002年5月。当时是南师大文艺学第一届博士毕业答辩，曾先生应邀来做我们的答辩主席。他是头一天下午到的，因为没有什么事情，便由我和冬青一同陪去看南京狮子山刚落成不久的阅江楼。

　　阅江楼号称中国四大名楼，与南昌滕王阁、湖南岳阳楼、武昌黄鹤楼齐名。它们有一个特点是以文章而闻名。滕王阁因王勃的《滕王阁序》、岳阳楼因范仲淹的《岳阳楼记》，武汉的黄鹤楼则因为崔颢、李白的诗。阅江楼的来历有些复杂。阅江楼位于南京西北的狮子山，在朱元璋称帝前，曾于此处击败劲敌陈友谅。到了洪武七年春，大概还被当时的赫赫战功鼓舞，朱元璋下诏要在此地建阅江楼以示纪念。为此，他不仅亲自撰写了《阅江楼记》，还命众文臣各写一篇，其中以大学士宋濂所写最佳，并因后来选入《古文观止》而家喻户晓。尽管诏书下了，文章也写了，但朱元璋毕竟是从小要过饭的，最终因为工程耗费过大而罢手。所以，阅江楼最独特的地方是600多年来一直"有记无楼"。直到新世纪来临，在中国GDP以每年两位数的高速增长，才最终了却了朱皇帝当代的弘愿。据说，主其事者，是在南师大刚拿了博士学位的一位官员。大概是这些生动的细节，使原本打算下午在宾馆看书的曾先生，终于答应去看上一看。

　　狮子山位于南京城西北，濒临长江，气势雄峻。阅江楼在整体上成"L"型，主翼面北，次翼面西，最高处达五十二米，是长江风光和金陵形胜的绝佳观察点。后来，每次给学生上江南文化课，我总要说只有登上阅江楼，才能理解古人所说的"金陵王气"。但当时忙于陪曾老师，又加上不够熟悉，记不得是否也这样强调过。印象最深的是从楼上下来，几个人坐在一个亭子里。曾先生突然说还没有跟家里人通话，而他的手机正好没电了，我于是马上拿出自己的，拨通了号码，正准备到四周转一下，以方便曾老师通话，谁知他只讲了两句：一句是我已经到了，二句是士林和冬青正在陪我，然后就挂断了。特别是随后知道了曾老师本是安徽人，又曾在上海读过中学，我真的有些迷惑。再以后，每讲到江南文化与北方文化差别时，"曾先生的电话"便成了我很喜欢举的一个例子。用它说明，在江南人和北方人之间并没有"硬底界限"，一旦性格细腻的江南人在北方生活久了，同样也会北方化的。与此相关的另一个例子是，有一回我和一位杭州教授同住一个房间，他也是同样的内容，与夫人竟絮絮叨叨地讲了半个多小时，以至于我在一旁都不耐烦了。

当然，与曾老师最初的亲近感，始于他对我博士论文的充分肯定。我的博士论文题目是《20世纪中国学人之诗研究》，是导师刘梦溪先生逼着做的。他当时对王国维、陈寅恪、马一浮等十分着迷，就一定要我做他们的旧体诗词。本就不是很情愿，加上收集材料和研究难度大，特别是他们的诗词中颇多不合时宜的东西，讲得浅了没有意思，讲得深了又恐招惹麻烦，所以写起来真是煞费苦心和几经周折。记得当时曾老师一见我面就说：他开始也是首先觉得好题目，接着就感觉到不好写。直到认真地看了陈寅恪的一章，才放心了。第二天答辩时，他也是讲了这样的话。但最令我感动的，还是有一次趁着周边没人，他拉着我的胳膊悄悄问我愿不愿意到山大去工作。可能是这个问题太突然，我还没有想好怎么回答，周围就有人围上了。后来，我想，这大概是曾老师知道了我当时的一些际遇，所以才有了这一关切。但当时的我，却过于留恋南京的山水，所以一直就没有正式面对。但被一个素昧平生的长者如此地关怀，在我内心里一直是很感动和很温暖的。

二

真正与曾老师的密切联系，是在我到了上海师大以后。

2004年冬，我刚迁居上海不久，应邀去日照参加文艺美学研究中心主办的全国审美文化研讨会。本来，我与山大就有些缘分。早在1990年代初，就认识了陈炎、谭好哲、邹广文等。此来，与济南的联系也一直比较多，我的《中国诗哲论》《阐释与批判》都是由山东的出版社出版。但此次日照之行，收获更大，新结识了马龙潜、仪平策、王汶成、祁海文等师友，觉得山大是一个特别温暖的学术群体。当时学弟程相占对我说："你既然与山大有这么深的渊源，为什么不来做一个博士后呢？"我觉得他讲得很对，就在一天早晨散步时，向曾老师表达了这个愿望，并得到他的首肯。很快，我就成为山大的文艺学博士后。尽管此前已有一届，但由于是同时出的站，所以我们很荣幸地成为山东大学文艺学的第一届博士后。

和劳承万先生一样，记得曾老师当时说的最多的，就是劝我早点收缩自己的研究范围，不要把自己的学术领域搞得太宽,以便精耕细作。当时,我差一点就遵从他们的劝告了。其主观原因是,在到上海之前,我本人已有些"亢龙有悔"的意思了。起因是当时有一家出版社想为我出一个自选集。由于出版界一直比较厚爱,我当时的书已出得不少,对一般性的著作出版,已没有多大的兴趣。但由于从未出过自选集,所以当时还是挺兴奋的。于是很快编好了目录。在编辑过程中,我也突然发现自己的确做得范围太宽。现在重新查看一下,当时想出的自选集分七编,分别是:

第一编:中国话语:理念与经验
第二编:非主流美学:批判与阐释
第三编:中国诗性文化:原创与创新
第四编:先秦诸子:旧学与新知
第五编:新道德主义:源流与本体
第六编:先验批判:学理与人文
第七编:文化批评:智识与仁心

在编辑完了以后,当时就想,这次算总结一下过去,以后就逐渐收兵回营,依然回到自己的中国美学与诗性文化中。但事情的发展并不天遂人愿,好像有一种自己无法抗拒的力量,使我又开始白手起家做起了都市文化学,而且是当作一个新学科来做,它比以往任何一次可以说都走

得更远。2007年9月,在为《中国脐带——大运河城市群叙事》写后记时,我曾不由自主地写道:"已经有好几年了,尽管一直要求自己不再铺摊子,收敛旁骛的意念与学术活动的范围,毕竟已过不惑之年,多休息休息不是一件很好的事情吗?但这好像又不是自己可以把握的,实际情况是,越想收手,接手的事情就越多。"这种尴尬的状况自然也一直受到师友们的关心。特别是劳承万、刘梦溪和曾繁仁三位先生。印象中,对我搞都市文化最不赞同的是劳承万先生和刘梦溪先生,劳先生觉得我应该回到中国美学中,一说到都市文化,他就不愿意发表任何意见。刘先生则认为我应该好好地研究中国诗学,至于都市文化,在他眼中基本上与真正的学问了无干系。也正是这个原因,在研究都市文化之后,我跟他们的联系越来越少。尽管曾老师也不怎么赞同我放弃美学去研究什么都市文化,但与劳先生、刘先生不同,他的表达方式要温和得多。他觉得我可以研究都市文化,但又希望我不要离自己的老本行——文艺学太远,比如还要经常参加文艺学的会议,以及适当发表一些文艺学的文章等。后来的事实证明,他的忠告是绝对有益的。研究都市文化,同样是所谓的"一入侯门

深似海"。随着以后的事情越来越多，一些文艺学的会我参加得也越来越少。而几乎每一次会后，曾老师都会以电子邮件或电话的方式问我为什么没去，遗憾与惋惜溢于言表。每当此时，我也会真心地觉得惭愧。

在不希望我离自己出身的中文专业，特别是文艺美学太远的同时，最令人感动的是，曾先生还曾以各种方式、在不同场合支持我做新学科。他不仅在百忙中先后几次参加我主办的学术会议，而且也会写文章支持我们的都市文化研究。其中特别是我们与光明日报社联合主办的"儒学与都市文明的对话"论坛。由于一开始就讲好要在报纸上做一个整版，因而在邀请谁，特别是如何安排论坛内容，我们很是动了一番脑筋。为此，我一开始就拟定了一个包含四个主要问题的提纲，并希望专家按照提纲准备发表内容。其中有两位先生令我们十分感动，一位是北大的汤一介先生，他事先准备了稿子发给我们看。另一位是曾先生。当时请他的主要考虑不是别的，而是因为曾先生有上海和齐鲁两地的生活经历，齐鲁是儒学的故乡，而上海是中国最大最现代化的都市，也是曾先生自幼生活过的地方。但在名单拟定之后，我又开始犯难，一是他太忙，不知是否有时间与会，

二是这个领域并不是他所熟悉的，他自己也有很多课题要做，而至于能否按照我们的提纲准备发言更是有些诚惶诚恐。但后来的事实证明，我的担心都是多余的。曾先生不仅挤出宝贵的时间光临，而且几乎是针对每个问题逐个准备发言内容的。由于充分的准备，论坛开得十分成功，场面热烈，思维活跃，给与会者留下了深刻的记忆。而我作为主其事者，更是如鱼饮水，冷暖自知。像上师大这样的小学校，像都市文化这样的新学科，能受到这些长者的关怀和支持，这对于我们来说，已不仅是一种福分，更是一堂生动的人生教育课。有时候，这种支持还是默默的。据说有一次，一位同样不理解我研究都市文化的长者，在一个场合打趣说："刘士林这个农村娃子，一到上海就搞什么都市文化……"后来有人告诉我，当时的其他人都不说话，只有曾老师立刻回应说："都市文化有什么不能搞的，士林不是做得很好吗？"如果说，在我的学术发展中，鲁枢元、劳承万、刘梦溪和曾繁仁是影响最大的几位长者，那么，从这件事情上足可见出他们各自不同的仁与智。

就我个人而言，最感动的还不是这些。上海是大都市，机会多，风险也大。所以每次与曾老师通话，他都会

叮嘱我说：你到上海不久，周围环境不够熟悉，凡事都要小心。这时的我，已届不惑之年，既有足够的耐心听长者之言，同时在日常生活中也小心翼翼。但实际上，即使你再小心翼翼，有些该遭遇的"坎"仍是命中注定的。特别是本来乏人问津的都市文化一旦做得红红火火之后，各种风波与风浪也开始与日俱增。每当风浪袭来，需要向人求教时，我总会不假思索地拨通先生的电话。这当然也是有原因的，在我最信赖的几位长者中，鲁枢元先生离我最近，我去苏州时他甚至不愿意我住在宾馆里，但鲁老师不大理会俗务，讲多只会给他增加负担，所以我一般不跟他讲。劳承万先生对我一直呵护有加，多次著文为我的学术研究助威，我会经常与他通话，但当过多年右派、历经人世沧桑的他，多半只会帮我骂骂"狗娘养的"，以示襄助。一般说来，我会最后一个告诉刘梦溪先生，因为他太专心于学术，我实在不愿意分他的心和精力。相比之下，只有打电话给曾老师，可以获得最实际的帮助，这也是我越来越依赖于先生、与先生沟通最多的原因。

最近一次去看曾老师，是因为济南的生态美学会议。最初的会议通知，尽管是寄到了我刚离开的上师大，但几经辗转还是到了我的手里。但看一下日程表，前面有上海的活动，后面是国家文物局和无锡市政府的大运河论坛。我犹豫了半天，最初决定还是不去济南了，因为如果要去，就只能"迟到早退"。对于我这个年龄的学者，这是很忌讳的。但在会议前一周左右，突然接到了曾老师的电子邮件，只有一句话："你来济南开会吗？"尽管只有短短的一句话，却在我眼前浮现出一种倚门而望的情景。于是我立刻准备车票和行程。因为即使"迟到早退"，也比"旷课"要好。由于时间安排太紧，在济南只有一个昼夜。白天曾老师太忙，我只能利用惟一的一个晚上去看他。记得当天晚上，曾老师几次重复着两句话：一句是说我瘦了，当他不住地说我瘦了的时候，我一时竟然有些语噎，甚至不自觉地鼻尖有些发酸。二句是希望我在济南多待两天，好好休息休息。他强调说这是要我来的主要目的。其实，济南的秋天真美，下榻的锦绣山庄红叶缤纷，我也真的想多住几天。但实在是在俗言俗，第二天还是匆忙登上了去无锡的客车。

我曾把儒家的人生比喻为"做一天和尚撞一天钟"。也就是说，人生活一天就有一天的职责与义务。要做到这一点，也实在是不容易的。更何况人生难免奔波，奔波中更难免遭遇各种风浪，但如果生活中一直有长者的关怀和呵护，我想，那不仅没有什么不满足，而且应该为这样的人生与缘分感到深刻的安慰。

三

由于这些往事，在接到通知后的那个晚上，我睡到半夜就醒来了，内心里充满了一份莫名的激动。最有意思的是，醒来之前，脑海中反复出现的是《世说新语·言语》里的这段话：

> 桓温北征，经金城，见前为琅琊时种柳皆已十围，慨然曰："木犹如此，人何以堪？"攀条执枝，泫然流泪。

这段话的本事是说东晋大将桓温太和四年（369）北伐前燕。当时他带领5万大军，一路势如破竹。在途经金城时，桓温看到三十七年前任琅琊太守时种下的柳树，因感受到时光如梭而伤感流泪。宗白华先生在《美学散步》中，对此曾发出"桓温武人，情致如此"的感慨。尽管知道，这里的"琅琊（琊）"并不是山东的地望，而仅仅是晋朝为怀念北方领土而设置的侨郡，但还是因为"琅琊"一名浮想联翩。这不仅是曾先生本为江南人士，后来又一直求学、执教于济南，更因为我对江南文化与齐鲁文

化的一管之见。这可以分两方面说：一方面，与人文积淀深厚悠久、"讽诵之声不绝"的礼乐之邦相比，江南文化可以说多出了几分"越名教而任自然"、代表着生命最高的自由理想的审美气质。或者说，使江南文化与齐鲁文化真正拉开距离的，是在它的人文世界中有一种最大限度地超越了文化实用主义的诗性气质与审美风度。但另一方面，最理想的中国文化形态应基于江南诗性文化与齐鲁伦理文化的共生互补原理，这是因为，有了充满现实责任感的齐鲁礼乐，可以支撑中国民族的现实实践；而有了超越一切现实利害的生命愉快，才可以使在前一种生活中必定要异化的生命一次次赎回自由。而中国文化最可怕的现实是，既没有了古典耿介之士的行气如虹，也没有了旧时白衣卿相们的文采风流。我觉得，在曾老师身上，体现了江南文化与齐鲁文化的完美融合。受他长期躬耕于此的齐鲁大地的文化影响，他为人善良、富于同情、奖掖后进，是儒家"仁者爱人"的感性澄明；同时，受他从小生活于其间的江南文化影响，他又关怀生态、价值，希望以审美式人生引领人的精神成长。……

这些杂乱的思绪和不知对错的阐释，使我的心灵深处萌生了诗的冲

动与情愫，这里涂鸦一首，不论平仄，算是对曾先生从教四十五周年的一个纪念。

四十五载种桃李，

历下胜于大江南。
道心自是澄明境，
不作将军泪泫然。

2009年12月1日

枇杷树下校书人

刘士林

中国风——江南文化系列丛书

人间第一好事
是读书

《水浒传》十六回白胜假扮酒贩，一出场就唱到"赤日炎炎似火烧"，说的是夏天的酷热难当。宋人在诗词中或喜欢用"永昼"或"昼永"一语，说的则是夏季白昼的漫长难捱。这两者加起来，就是人们对夏天的普遍感受。在一年四季中，春天来去匆匆、过于短暂，最容易使人产生依依惜别的爱心，秋天既有果实、也有凋零，最容易使人百感交集、体验大自然节律的迁移，而冬天北风吹、雪花飘，已不适合再做户外活动，正好躲进温暖的被窝里休养生息。只有这酷热而漫长的夏季不容易对付，它最容易催生的是"日长睡起无情思"、"长夏江村事事幽"的无聊感。在今天由于全球气候变暖的原因，每一个夏季比前一个都更加不好过，而有着长长暑假、时间过剩的大、中学生们，则比任何其他阶层都更容易感染这种无所事事、又不愿意做什么的"季候症"。当然，你可以去旅游、去夏令营、去参加各种补习班或去体验消费社会及时推出的各种游戏项目……但很快你一定会重新回到无聊的心境中，因为时间就像那个流浪汉

手中的百万英镑，好像怎么花也花不完。而对付剩余时间最好的方法，就是古人讲的"天下第一件好事，还是读书"。

一、携取旧书：布衣暖，菜根香，旧日诗书滋味长

当蝉鸣响起的时候，一个浮躁的季节注定已来临。按照现代物理学的解释，它意味着生命系统中的"熵"开始激增，并直接破坏掉人固有的心理平衡或精神生态，这正是人们在夏天特别容易烦躁、抑郁的原因。而内心的紊乱与烦躁，反过来则使时间变得更加漫长。在佛教中则把这种情况叫做"心魔生"、"无名火起"，它干扰或者是使人丧失了他的平常心。这两种知识谱系都表明，引发夏天"季候症"的一个重要病因在于主体的心理结构。这也就是仅仅依靠现代化的空调及广告中大量的清凉降温饮料，不能从根本上解决"夏天问题"的原因。正如俗话说"心静自然凉"，更关键的是如何使被炎热破坏了的精神生态重新走向和谐。而读书无疑是一个最值得推荐与尝试的好方法。在中国古代，就有读书"养气"与"愉悦心灵"的诸多经验之谈，而在现代西方，则有了相当成熟的阅读治疗理论与技术，它们的目的都是通过不同性质的阅读，以使紊乱的内心节奏与心理功能重新走向有序化。

由于不是所有的书籍都可以增加生命的"负熵"，所以选择读什么样的书就很重要。在炎热的季节里，最好不要去读刺激人或压抑人的文字，过于静穆伟大的古典道德文章，与过于撩拨人心的后现代文化消费品，最需要小心地接触，前者的问题是容易制造新的压抑，后者的根本问题就是它是一个欲望的制造商，结果是殊途同归，使人更加焦躁不安。在夏天首先应提倡的是读旧书。旧书的特点有二：一是它总是和旧日之我联系在一起，是朴素的文字与朴素的生命相结合的见证。重读它们可以有效地减低生活的欲望，而欲望越少，痛苦与焦虑也会相应减少。二是旧书与新书不同，它没有什么功利性，可以把人的眼光与心灵从实用拉向审美。在书柜的深层，把在忙碌中明珠暗投的各种旧书拿到新鲜的阳光与空气中，实际上也是让自己的生命重新进入澄明之中。它们可以是童话，如安徒生的《海的女儿》，如叶圣陶的《牛郎织女》；可以是一些古典诗词选本，如古人的《唐诗三百首》、《千家诗》、《古诗源》，如今人刘逸生的《唐诗小札》、胡林翼的《宋词选》、施蛰存的《唐诗百话》；可以是西方人如拜伦、雪莱、普

希金那些充满战斗激情的长歌，也可以是东方人如泰戈尔的《吉檀迦利》与《园丁集》、纪伯伦的《先知》与《沙与沫》那样饱含静默智慧的短章；可以是以青春和痛苦为主题的爱情小说，如《茵梦湖》《苹果树》《贵族之家》一类，也可以是带有浓郁"启蒙年代语音"个人传记，如《邓肯传》、傅译文艺复兴三巨人传、高尔基的自传三部曲等……当然，就我本人来说，我还是更愿意去重读《金蔷薇》，再一次近距离地观察那个衰老的清洁工是怎样从尘土中一点点地筛出金屑，以及聆听童话大师安徒生在《夜行的驿车》中对几个同行下层姑娘讲述她们未来的命运。

在这些作品中，保存着在当代生活中越来越难得一见的朴素、真诚、善良与正气，它们足以使每个人在这个肉体狂欢的时代中想想其他的事情。在读这些书的时候，还可以想想往事与故人，童年时代的伙伴、青年时代的相思与爱情……这时你会发现，过去年代的阳光与空气都被真实地收藏在书籍中，因而在重新翻开那些发黄的纸页时，一个在紧张的现代生活节奏中四分五裂的人，也就重新走在了回乡之路上。如果说还有什么其他的收获，我想那就正如朱子所说的"旧学商量加邃密"，在不同的年龄与心境中

品读同一本书，不仅会增加他的主长新知，也会纠正他过去的片面与浮浅，从而使他对自己的人生、对这个世界的理解更臻于完善。与之相比，大众文化完全不具备这些功能，它本质上就是刺激、刺激、再刺激。不说别的，就说正在直播的世界青年足球赛，与以往的直播相比，它们惟一的变化就是颜色越来越多，画面越来越乱，而内容却越来越贫乏，正属于老子讲的"五色令人目盲；五音令人耳聋"。这也就是我想说"少看电视多读书"的原因。

二、闲读消夏：赋诗饮酒谈方技，听曲弹棋观异书

古人已有"苦夏"一说，炎热的天气需要人付出更多的体能，因而夏天也是一个应该多休息的季节，不宜给疲劳的生命以更大的刺激或增加更多的负担。古人是深深懂得此道的，如诗圣杜甫在江村长夏中，就是"老妻画纸为棋局，稚子敲针作钓钩"。即使读书，此时也不宜读过于费脑筋、耗精力的高头讲章，而应以多读休闲类的作品为主，以打发漫长的白日与酷热的夜晚。

中国自古有读书消夏的传统，张岱在《西湖梦寻》中曾写道："天启甲子，余读书岣嵝山房，……夏月乘凉，

移枕簟就亭中卧月，涧流淙淙，丝竹并作。"在幽深安宁的大自然中找一处安静的房间读书，生活的舒服是可想而知的。古人对此留下许多动人的诗句：如"老屋三间傍水滨，摊书却喜绝尘嚣"；如"隐几垂帘似坐禅，遣愁聊复阅残编"；如"五湖烟水三江月，一叶蓬窗数卷书"。而把这种读书消夏境界写得最好的，无疑是高骈的《夏日》：

> 绿树阴浓夏日长，
> 楼台倒影入池塘。
> 水晶帘动微风起，
> 满架蔷薇一院香。

这完全是一种审美的自由的阅读，既不需要以读圣贤书砥砺气节，同时也没有"寒士欲谋生活，还是读书"的功利压力，而是所谓的"赋诗饮酒谈方技，听曲弹棋观异书"。这里所谓的方技与异书，代表的是另一种知识谱系，它们最根本的衡量尺度就是"无用"，阅读的目的则是用来娱乐人身心，放松紧张的神经。如古代的各种笔记、小品、稗史、珍闻、武侠、公案、言情小说等，都是审美阅读的对象。特别值得一提的是明清时代的文人，由于政治欲望的衰退，是最喜欢写这类东西的，他们的话题由花虫鱼鸟、琴棋书画、衣食住行，一直到孔夫子严

厉排斥的鬼神乱力，为我们今天提供了大量的消夏资源。在现代作家中，对此接着讲、并讲得最好的是"街头终日听谈鬼，窗下通年学画蛇"的周作人，最典型的是他的《谈鬼论》，他自己的辩解是"可以了解一点平常不易知道的人情"，所以，尽管明知"大为志士所诃"，也管不了那么多了。此外，他的文风之所以有"文抄公"之说，也是因为要省力省心的原因，就是专门看闲书，看到了好玩儿的就抄，基本上处于"不思想、不判断"的境界。但这些东西有没有一点用处呢？当然有，略说有二：一是尽管没有任何直接的用处，而且有些书你读不读、多读与少读都是一样的，而且即使读了，一生中也根本不可能用得到。但另一方面，却有效地拓展了想象力与心理空间，发现了自己的生命中被忽视的部分与需要。是一个人心灵自由或可以从事自由活动的象征。鲁迅曾说："人们到了失却余裕心，或不自觉地满抱了不留余地心时，这民族的将来恐怕就可虑"（《华盖集·忽然想到二》），因而它的作用就是避免使自己异化得太厉害。二是于静中可以悟道，古人读书本就强调"静"与"定"，而在日常的繁忙中是根本没有时间与心思读书的。苏州人汪琬曾感慨道："嗟乎！书岂易言读哉？士之少也困于科举之

业，则书之凡无益于经史者悉废，而不暇以读矣。及壮而宦游四方，又困于簿书文牍之猥琐，仓庾陛犴城郭之周防，上官僚友冠盖交游，往来酬酢之纷纭，上下则书之，凡无益于吏治者悉废，而不暇以读矣。"（《读书斋记》）这当然不是说他不读书，而是因为只读专业书、有用的书，丧失了读书的快乐，因而好像从来没有读过书。因此，如果有一个不急着做其他事情的时间，为什么不以闲书使心灵自由地"伸伸脚"呢？用泰戈尔的诗说就是：

　　请容我懈怠一会儿，来坐在你的身边。我手边的工作等一下子再去完成。

　　不在你的面前，我的心就不知道什么是安逸和休息，我的工作变成了无边的劳役海中的无尽的劳役。

　　今天，炎暑来到我的窗前，轻嘘微语；群蜂在花树的宫廷中尽情弹唱。

　　这正应该是静坐的时光，和你相对，在这静寂和无边的闲暇里唱出生命的献歌。（《吉檀迦利·5》）

　　顺便说一句，我自己在暑假里最喜欢读闲书，但还到不了像周作人那样到故纸堆里觅鬼寻神，然后再写鬼话连篇的小品。我在暑假里一般是读三国，最不济也是到《封神演义》为止，主要是重温一下童年在乡村夜晚中听到的说书人的故事。

三、独觅新知：不要让"读书种子"在夏日阳光中成了"最后的玫瑰"

　　人当然需要休息，但也更要生存，而发展则是生存的"硬道理"。要发展，就必须去学自己不熟悉、不喜爱甚至是相当厌恶的知识。也就是说，功利性的读书是不可偏废的。在谈了旧书、闲书之后，接着就要强调"苦读"的意义。夏炼三伏，冬炼三九。对于读书来说，在艰苦的自然条件下，不仅可以增长知识，更重要的还可以磨砺意志与品质。不少古代文人都讲过他们在炎夏中汗流浃背苦读的故事，今天在学术界活跃的一大批学者，他们在十几年前的夏日里，也基本上都是凭一盆冷水、一块毛巾读书、写作的。

　　近年来讲素质教育的人很多，但也有一个很错误的倾向，就是喜欢把素质教育与必要的机械训练（如死记硬背、坐冷板凳等）对立起来，好像在嘻嘻哈哈中就可以把知识学到手。我经常讲的一个看法是，在没有一定"量"的知识与文化积累，在没有经过一段枯燥乏味的学术训练之前，人在本质上不过是一种"小动物"，根本谈不上有什么"人的素质"。只有经过相当艰苦、枯燥、乏味、基本上没有什么快乐的严酷训练之后，由于在这个过程中生产出理性、伦理与审美等基本的生命机能，才使人超越了他的"动物出身"，从而获得了进行自由思考的理性机能、自由行为的伦理意志，以及自由享受的审美判断机能——这些最基本的人性素质。这三种能力都不是从天上掉下来，它们只能在艰苦的知识学习、与欲望的长期斗争以及超越动物的本能快感之后获得。在通常的情况下，这个获得人的素质的过程，不仅很少快乐，相反常常相伴的是痛苦、压抑与异化。事实证明，大量、刻苦的读书是获得与提高素质最重要的方式，在教材本身问题众多、教育模式越来越商业化的今天，这个艰苦学习的初级阶段不是没有了，而是比任何时代都显得更加重要。现在的学生，不能说他们所知不多，但由于死读书的硬工夫下得太少，即使不能说他们脑子里基本上是一张白纸，但也很难承认，他们从电视节目、通俗杂志上以"浅阅读"得到的那些消费时代的"快餐知识"，就是什么"真正的知识"。举一个中文系的例子，一般的学生像《唐诗三百首》《古文观止》都没有读过，还能指望他们有什么更高的文史素质呢？要改变这种情况，最根本的出路就是像一个农夫耕田那样去一本书一本书地读，那种不劳而获、或者是轻轻松松提高素质的想法，只能是一个自欺欺人的呓语。

暑假时间集中，正好打一些攻坚战。古人讲"君子十年通一艺"，而现代人要想做到这一点几乎是不可能的，但用一个假期把某一大家、某一流派、某一学术领域认真钻研一下，也不失为读书治学的一种退而求其次的途径。对于"一夏苦读"，我自己曾有"一得一失"。"一得"是在大一的暑假，当时我没有回家，用了近两个月时间通读四卷本《马克思恩格斯选集》。当时正是马恩列斯不受重视，甚至是非议丛生的年代，为什么自己要读它呢？就是觉得许多人谈马列，不管是坚持，还是怀疑，实际上都没有怎么接触过原著。正如一位学者多年以后的反省，如果把当时发表的马列文论的文章统计一下，就会发现它们在基本文献引用上的重复率不会低于百分之八九十。而真正读了以后，当然也包括日后的反复温习与扩展阅读，才可以体会到认真读书的益处。由于学生时代就在自己的脑子里留下了这样一块根据地，所以马克思与恩格斯对我以后的学术研究影响很大。例如马克思的三种生产方式理论，在研究中国诗性文化的起源与发生时，就成为我手中最重要的理论方法。又如马克思的"消费也是生产"与"异化劳动"理论，也构成了我研究消费文化、阐释"形象异化"原理时最重要的理论基础，甚至包括我提出的"先验批判"理论，也直接受惠于马克思的"内在生产观念"理论。回首往事时，我都会对1984年的那个暑假抱有几分感恩的心情，而至于它是否很炎热则早已记不清了。而"一失"则是，本来很想用大学的第二个暑假通读前四史，即中国史学界最看重的《史记》《汉书》《后汉书》与《三国志》，但可惜的是，大二以后就已经没有时间坐下来了，而后来也再没有那样整块整块的时间，可以坐下来连续数十天从容地去读自己选择的书。对此我至今引以为憾，而更重要的是，在后来遇到与中国历史相关的文献与问题时，那种捉襟见肘、理屈词穷之感也从来没有消失过。

夏天是万物成长的季节，当然应该向更高的精神空间奋力开拓。对此我想提的建议主要有三：一是看学术通史，如罗素的《西方哲学史》、朱光潜的《西方美学史》、冯友兰的《中国哲学简史》、罗根泽的《中国文学批评史》、陆侃如、冯沅君的《中国诗史》、李泽厚的《中国古代思想史论》、柳诒徵的《中国文化史》、钱穆的《国史大纲》、梁启超的《清代学术概论》等，它

们不仅可以迅速扩充知识面，也可以为以后的"术业有专攻"提供一个更为宽阔的参照系。二是看厚实的"专学"著作，比如啃一下康德的"三大批判"、黑格尔的《美学》或《精神现象学》、海德格尔的《存在与时间》，或者任何其他自己感兴趣的大学者的著作。当然这不限于西方，也可以啃一下王夫之的《庄子解》、刘宝楠的《论语正义》、焦循的《孟子正义》、朱熹的《四书集注》，目的是"打一口深井"。三是如果实在不想耗费脑力读理论，则可以利用长长的暑假放眼去看"材料"，重要的中国典籍都应在研读范围之内。一些典籍如《全唐诗》《全宋词》《文选》《唐宋八大家文集》等即使不能通读，也可以选读一些高水准的简编本（如高文先生的《全唐诗简编》、唐圭璋先生的《全宋词简编》）。一个基本的意图是，一定要使自己对中国学术文化的某一方面有比较系统的了解，至少要超越一般专业教材的范围，以便为日后的深入研究打下一点文献的底子。这个书目尽管局限在文史范围内，但它的原理对于其他专业也是适用的。

总之，盛夏苦读的道理就在于，既然夏天干什么都不舒服，那就不如以不舒服为代价，干一点最有意义的事情。

文章好，最忆是《古文观止》

说到中国古代的文章，一般人的第一印象，一定是《古文观止》，这就如同一说到古代诗歌，就一定会想到《唐诗三百首》一样。《唐诗三百首》的编者为蘅塘退士孙洙，《古文观止》则由吴楚材、吴调侯叔侄二人联手完成。这两本书有不少相似之处，一是在时间上相去不远，《古文观止》的印刷时间是康熙三十四年（公元1695年），《唐诗三百首》的编成时间是乾隆二十八年春天（公元1763年），都是"康乾盛世"的产物。二是编选者的意图大体一致，孙洙在题辞中说："专就唐诗中脍炙人口之作，择其尤要者……录为一编，为家塾课本，俾童而习之，白首亦莫能废。"吴氏叔侄编《古文观止》的目的也是"正蒙养而裨后学"，他们所选的二百二十二篇古代散文，都带有雅俗共赏的性质，这是它可以流传城乡、发生极大影响的根源。孙洙有一句家喻户晓的话，就是"熟读唐诗三百首，不会吟诗也会吟"。今人陈蒲清先生在谈《古文观止》时也戏仿说，"熟读古文两百篇，等闲可过文言关"。在某种意义上讲，《唐诗三百首》与《古文观止》是青年人学习、了解中国古典诗文最重要的入门读物，所以每次在开中国诗学课时，我都会问一句："有谁通读过《唐诗三百首》与《古文观止》吗？"但很遗憾，现在的青年学生是很少能给我一个满意答案的。

尽管前人对《唐诗三百首》与《古文观止》也略有微辞，但平心而论，这两本书选得已足够好了。至于为什么？我想最主要原因，在于刘勰讲的"文变染乎世情，兴废系乎时序"（《文心雕龙·时序》）。时至清代，中国古代文章已经写得过于烂熟，它在文体上的各种变数与潜力，大体上也已发挥殆尽。正如王国维在《人间词话》所说的那种情形，"盖文体通行既久，染指遂多，自成习套。豪杰之士，亦难于其中自出新意……"不仅复古没有出路，就是抒写性情的一路，也明显是在明人小品面前屋下架屋。或者说，曾经辉煌过许多世纪的古文，已到了应该退出历史舞台的凄凉晚境了。

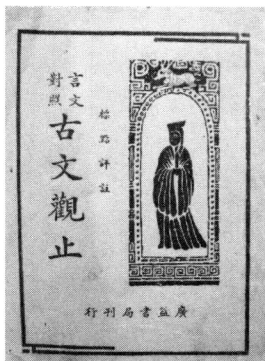

但另一方面，文学创造力衰退、写不出好文章也不见得就是坏事，它使清人对文学作品敏锐的判断力与很高级的鉴赏眼光得到充分伸展的空间，清代人不仅勤于在文献编辑上下工夫，而且不少集子都编得极好，原因也许就在这里。鲁迅先生曾说，选本显示"往往并非作者的特色"，而是"选者的眼光"，而如果一个选本选得好，其影响则"远在名家的专集之上"（《且介亭杂文二集·〈题未定草（六至九）〉》）。如果说编选本身也是一种对古代文学的二度创造，那么这既是清人文学活动的一个特色，也是他们对中国古典文学所作出的特殊贡献。

具体到《古文观止》，编选者的眼光主要体现在三方面：一是基建工作做得很好。"文必秦汉"是明代复古运动的一个口号，表明了先秦两汉文章在中国文学中的权威地位。但由于年代的久远及文字的变迁，其中"佶屈聱牙"的东西也为数不少。尽管文章枯燥难读，但由于这个基础很重要，《古文观止》还是从周、秦、汉三朝选了72篇文章，几乎占到全书的三分之一。它的好处很多，比如可以砥砺读者的"小学"功力，增加其文史学养，了解中国文章的源流，以及培养读书人"读书莫畏难"的意志等。二是对唐宋文的不凡识见。唐宋文是中国

古代文章中的重中之重，尽管吴氏叔侄唐文选了43篇，宋文选了51篇，篇幅近全书的一半，但相对于数量庞大的唐宋文本，仍可谓是杯水车薪。尽管不可能说它没有遗漏，但入选者却都可谓篇篇珠玑，没有次品可以挑剔。有意味的是，所选唐宋八大家的作品在数量上又以韩愈居首，计24篇，苏轼以17篇次之，这既突出了韩愈在古文运动中的特殊地位，又反映了最受中国人喜爱的东坡先生的影响力。三是文章观念开放，没有什么门户之见，惟好文章是录。在文体上也兼收并蓄，《古文观止》的文体有三十多种，基本上涵盖了古文的各种体式，对于读者全面了解古文起到了很好的桥梁作用。值得一提的是，它反映了编选者在立场上的客观中立，不以私见而牺牲公心。有清一代，桐城派在文坛上的影响当然最大，余波一直延伸到现代文学中，所以五四时期的一个口号就是要打倒"桐城余孽"。桐城派扛鼎人物姚鼐也编过一本《古文辞类纂》，尽管表面上是"义理、考据、词章"三者并重，但正如曾国藩所说："必以义理为质，而后文辞有所附，考据有所归。"受这种观念的拘束，所选文章就难免有门户之见，所以它的实际影响反而比不过吴氏叔侄。

为什么说实际影响呢？这与吴氏

叔侄的出身寒微有关。自有了《古文观止》以后，尽管大多数的读书人都是由此捷径而登堂入室，但或是忌讳吴氏叔侄私塾先生的身份，或是出于拉大旗作虎皮的攀附心理，一般人很少再提及这本发蒙时期的读本，而把他们的成功与一些名头山响的集部之作挂靠起来。文人的势利于此亦可见一斑。但话说回来，也正是由于吴氏叔侄寒微的出身，与《文选》一类被当作名山事业来经营的皇家图书编辑不同，他们更注重的是中国古代文章对一般人的启蒙、摹仿等基础训练作用。尽管吴氏叔侄留下的生平材料很少，但可以想见，他们古文读得烂熟，很有会心，又有很好的普及教育意识，这就是《古文观止》的实用价值特别大的原因。鲁迅先生曾感慨"足以应用的选本就很难得"，而《古文观止》就是这难得者之一。其中的许多篇章，如《兰亭集序》《桃花源记》《滕王阁序》《陋室铭》《师说》《捕蛇者说》《岳阳楼记》《醉翁亭记》《秋声赋》《石钟山记》《潮州韩文公庙碑》《前赤壁赋》《游褒禅山记》《卖柑者言》《五人墓碑记》等，或以文采斐然，或以寓意深远，或以内容生动，或以易于记诵，或以实用性强，或以欣赏价值高，三百年来有口皆碑，成为一本人们百读不厌的中国文章读本，也是读者

在中国书山中寻胜探幽的指南。难怪吴氏叔侄要用"观止"二字来命名这个选本，事实也确乎如此，尽管中国古代的文章汗牛充栋，但读了《古文观止》，也就基本上可以掌握其精髓与神韵了。如同好作品可以抗击时间的风霜一样，好的选本也可以超越世事风云变迁，传之久远。它的许多篇章直到今天仍是文学教材的必选作品，原因大概就在这里。不仅在当时，就是今后，要想找一本古文选本来替代它，也将是十分困难的。

"只有告别庙堂，才能走向自由"

——庄子《让王篇》

你听说过这样的事情吗？

一个人好心地要把他的王位让给另一个人，另一个人不仅不领情，简直就像遇到瘟神一样惟恐避之不及，他连别人的话都没有听完，就匆匆走为上策或溜之大吉了。还有另一个人，他被大家逼着一定要去做君主，在想尽办法都没能逃脱之后，上任时呼天抢地，痛不欲生。他一脸无奈与悲伤的表情，使人想到哈姆雷特"真倒霉，重整乾坤的责任轮到我头上来了"的表白。还有比这更严重的，就是为了

不当统治别人的人，他们会极端到以死相争，好像成为一个作威作福的君主，竟然比失去性命还要不堪接受。想了解一下底细与缘由吗？那就去读一读庄子的《让王篇》吧。

但话说回来，推荐《让王篇》叫人去读，也会遇到一些明显的问题。最大的麻烦很可能是，庄子的好文章多了，为什么偏偏要读它。单就文章本身看，《让王篇》的价值的确不高，这也是它被编排在"杂篇"的原因。《庄子》一书收有文章三十三篇，分为"内篇"、"外篇"与"杂篇"三部分，大家一致的看法是，"内篇"系庄子本人所作，是了解庄子思想与文采最重要的文本，"外篇"次之，而"杂篇"问题最多，不仅在内容与文字上相当杂乱，有些还被怀疑为赝品。不幸的是，《让王篇》不仅收录在"杂篇"中，且自苏东坡以来，被普遍认定是伪作。以明末清初的大学者王夫之为例，他的《庄子解》对《让王篇》就只字不提，理由很可能是，既非庄子的作品，当然就没有必要浪费口舌。如果从审美价值的角度看，《让王篇》在以文采风流胜出古今的庄子文章中，更是乏善可陈。不仅文气不够连贯，在结构布局上拖泥带水，就是在义理上也多有拖沓、重复之处，有些内容与主题思想也有出入与抵牾，如果把它与庄子的"内篇"

相比，差距更是显而易见。

《让王篇》一共讲了十五个故事，主旨大体一致，就是篇名中所谓的"让王"。根据这些人物对"让王者"与"让王"本身的态度，大体上可以分为三组。

第一组"让王者"一是天性很高，立场与态度也十分鲜明，当别人以"王"相让时，他们连想都不用想一下就拒绝了。如尧以天下让许由，许由不受。又让于子州支父，子州支父的回答显得很有水平，他说："我当然可以当天子了，但我本人正好患了一种幽忧之病，正在治疗，自己的病还没有治好呢？哪里有工夫去治天下呀。"再接着的故事与此大意差不多，主角换成了舜，他要把天下让给子州支伯。从字面上看，子州支伯与子州支父大概有些什么联系（也有人以为两者是一个人），所以他使用的是同一个理由拒绝了舜。第三个故事是舜以天下让善卷，善卷的身份看来是个农民，他回答说："我生活在大自然中，冬天冷了，穿野兽的皮毛，夏天热了，穿草木织的粗布衣，春天种地，可以活动身体，秋天收割以后，就可以好好地休息。太阳升起就去劳动，夕阳落山就回家睡觉，在天地之间自由自在，我要天下干什么呢？"可能是舜逼得比较紧，最后善卷只好逃到深山里。一计不成，又

施一计，舜又要把天下让给自己的朋友石户之农，石户之农埋怨舜太不够意思，把这么沉重的负担转嫁于人，于是带着妻子"以入于海，终身不反"。这一组人物，在"不当王"这一点上立场坚定，态度分明，丝毫不肯含糊，是庄子的心声所在，所以才被排在中国"让王"阵营的最前排，具有很好的示范与榜样作用。

第二组"让王者"根器不如前面一组，他们很可能不是不想当"王"，而是在内心深处经历了激烈的思想斗争之后，特别是看到了"当王的坏处"，经过反复思考，权衡轻重利弊，最终才作出了"不当王"的光明选择。这些人物主要包括大王亶父、王子搜、子华子、颜阖等，尽管他们悟"道"比较迟缓，但由于这个思想斗争的过程与普通人的心理活动接近，所以留下了不少值得玩味的细节，也富于文学色彩。如周文王的祖父大王亶父，与一般的"王"惟恐百姓四散离去不同，他的态度是"你们做我的臣子与做狄人的臣子又有什么不同呢？"这当然不是他一开始就有这么高的思想觉悟，而是因为实在不忍心看着百姓因为跟从自己而惨遭野蛮的狄人的杀害。这对于那些"居高官尊爵"、"见利，轻亡其身"的"今世之人"，当然具有很好的教育意义。再比如越国一

个叫"搜"的王子，之所以逃到一个叫"丹穴"的洞窟里不肯出来，绝非如西方童话中经常讲的因为中了巫婆的魔法，而是因为亲历了"越人三世弒其君"的悲剧现实，"被革命吓破了胆"，才主动放弃王子的荣华富贵，逃到岩洞里避难。但不幸的是，最后还是被拥戴者用艾草熏了出来，所以在登上返回宫廷的车马时，他还禁不住要大喊："君乎！君乎！独不可以舍我乎！"还有一个魏国的贤人子华子，当韩魏两国为争夺土地打得不可开交时，他去见自己面有忧色的国君昭僖侯。两人之间有一段很著名的对话：

> 子华子说："现在使天下人在你的面前写下誓约，誓约写说：'左手夺到它就要砍去右手，右手夺到它就要砍去左手，但是夺到的可以得到天下。'你愿意去夺取它吗？"
> 昭僖侯说："我不愿意去夺取。"
> 子华子说："很好，这样看来，两只手比天下重要，身体又比两臂重要。……"

在这段对话中，提出了一个相当尖锐而深刻的矛盾，一个人之所以要把以"王"为中心的财富与权利让出去，是因为还有比它们本身更加重要的东西。把这个比较上升到哲学高度

的，是鲁国的"得道之人"颜阖，他创造了一个很好的比喻，"以随侯之珠弹千仞之雀"，意思是说，生命宛如无比宝贵的"随侯之珠"，用它去换取微不足道的"千仞之雀"，太不值得了。

由于文本自身的原因，以下的思路就开始杂乱起来，但其中值得一提，或者说可以作为第三组人物来讨论的，是楚国一个叫"屠羊说"的故事。从"屠羊说"的命名看，应该是一个寓言式的人物，意为一个杀羊人如是说。他在行事上有点像老子的"功成而身退"，就是需要为"王"出力的时候，还是应该出来"为王前驱"、"以手援天下"。但另一方面，一旦"王"的事情做完，自己与"王"的关系也就随之结束，然后则是"从来处来，向去处去"，而不应被"王"周围的富贵场面冲昏了头脑。这个故事的具体情节是，楚昭王失国，"屠羊说"跟着昭王鞍前马后效命，待光复以后，昭王要赏赐他时，他却不肯接受，原因是"大王失国，说失屠羊；大王反国，说亦反屠羊。"至于为什么不选择唾手可得的荣华富贵，而是要"脱我战时袍，著我旧时裳"，这只能解释为他不想放弃自己已习惯了的、自由自在的"屠羊"生活方式，尽管在一般人看来，这个生活可能一点也不值得留恋。

从子华子的"两臂重于天下也，

身亦重于两臂"，到"屠羊说"的"愿复反吾屠羊之肆"，提出的是一个很重要的人生哲学问题，即，在一个人的生命自由与他外在的现实利害之间，究竟哪一个更加重要?《让王篇》由于提出的是一个生命自由的重要问题，特别是把批判的矛头直接指向了以"王"为中心的现实世界秩序，指出了在个体自由与现实政治秩序之间存在着无法解除的根本性的矛盾关系，这才是我们特别重视这篇一般人并不看重的文章的根源。政治与自由、财富与精神、现实与审美，不可兼得，这就是生逢乱世而又性情孤高的庄子所获得的人生觉悟，好像是怕人们对此不能真正重视起来，在文章快要结束的时候，他还讲了两个非常激烈的故事，一个是舜以天下让其友北人无择，结果无择"自投清冷之渊"，一个是汤让瞀光，瞀光"乃负石而自沉于庐水"。它的潜台词是说，"你再要让我当王，我就死给你看"。

现代以来，在中国民族熟悉的西方格言中，有一句是"不自由，毋宁死"。对于庄子的《让王篇》来说，则可以相应称之为"宁为'人'死，不为'王'全"。在对个体具压抑、阉割意味的现实政治与他与生俱来的自由意志之间，在中国古代的哲人中，从来没有谁像《让王篇》一样，把它们不可并存的激烈矛盾如此空前紧张地表达出来。也可以这样看待它与庄子思想整体的关系，如果说，庄子"内篇"主要是以抽象方式讲述"什么是自由"的概念，那么在《让王篇》中则以最尖锐的方式指出了现实世界中不自由的根源，这正是他心目中的高人们对"王"惟恐躲避不及，至于以死相抗争的原因。

"不经历风雨，怎能见彩虹"
——曹植《洛神赋》

有一首流行歌曲这样唱:

不经历风雨，怎能见彩虹，
没有人可以随随便便成功。

曹植从作为政治家的"准太子"，到洛神之美的凝神观照者，也可以用这个流行歌曲中包含的原理来解释。而惟其政治上经受的风雨更加惊心动魄，在雨过天晴之后他生命世界中升起的彩虹才会更加美丽。而这很可能就是，为什么"宓妃"这个已经老掉牙的形象，在曹植的笔下可以成为美轮美奂的洛神。

按照一般的理解，曹植应该是幸

运之至了，他不仅出身高贵，也以自己出色的才华深得盖世枭雄父亲的喜爱。与他同时代的许多文人才士都没有这种幸运，他们或者终生、或者在一个相当长的时期内，都要为如何受到统治者青睐、如何获得"参政议政"的话语权而四处奔走求告。中国古代诗歌中有一类"咏怀"、"咏史"诗，也多半是用来诉说他们"士之不遇"或"壮志难酬"的。这种情况在人人以为抱荆山之玉的魏晋时代更加明显。如阮籍的"战士食糟糠，贤者处蒿莱"，如左思的"世胄摄高位，英俊沉下僚"，如刘琨的"资粮既乏尽，薇蕨安可食"等。但另一方面，正如所谓"不幸的家庭各有各的不幸"，像曹植这样，出生于庙堂之上，在娘胎里就开始有常人令人艳羡的话语权，就可以实现大丈夫平生之志了吗？当然没有那样简单，"无情最是帝王家"，财富、权力与机遇纵横交错的中心，同时也是各种利益集团觊觎最多、争斗最残酷的地方。曹植命中注定也要在更加风险浪恶的漩涡中行船。对"生于深宫之中，长于妇人之手"的人们来说，他们一生最痛苦的经验就是"世上没有卖后悔药的"，就是一开始在懵懵懂懂中就卷入异常复杂的政治斗争中，而一旦稍有了解、稍微懂得一点战略战术之后，多半就再没有机会可以改正错误、重新开始了。

在某种意义上，曹植的人生开局很是不错。一方面，作为曹操与夫人卞氏所生的第三子，曹植当然可以说"耿吾即得此中正兮"，再加上他天生聪明，才华过人，10岁出头时就读过几十万字的诗辞文赋，并可以写得出一手上好的文章，所以受到文才过人的曹操喜爱是自在不言之中的。根据有关记载，曹植真正被曹操喜欢与高看，是因为他在庆祝铜雀台建成的宴会上当场作了一篇赋，不仅文思敏捷，而且还以弱冠之年技压群僚。这其中的原因，除了曹操本人对文学的特殊喜爱，更重要的可能是与"意识形态控制"相关。魏晋时代号称"人的解放"与"文的自觉"，给政治家带来的麻烦则是文人，特别是像孔融、祢衡那样名分大的文人很难控制，而有了这样一个文才出众的王子，显然有利于曹操对整个文人集团的控制。这很可能也是曹操最初有意栽培曹植的真实原因。至于曹植最后失宠于父王的原因，最通常的看法是他的兄长曹丕太狡猾了，他略施小计，主要是每次在曹操出征时流露出很难过的神情，于是就成功地离散了三弟与父亲的关系。这个解释当然过于简单，而根本原因在我看来还是出在曹操身上。曹操一般被看作计谋过人，但实际上他

也有不冷静的一面，有时也经常犯一些文人常犯的毛病，特别是把一些不该说的话说出去，把不该提前说的话提前说出去，如同心血容易来潮的大多数文人一样。他给曹植带来的最大麻烦是把"接班人"的风声过早透露出去，一句"吾欲立之为嗣，何如？"，使自己钟爱的孩子立刻成为所有矛盾的中心。

一般人也会说，曹植的失败在于缺乏足够的政治经验，没有"任凭风浪起，稳坐钓鱼船"的一身好本领。但可以假设，如果曹植整天装得傻乎乎，把内心深处的东西藏得比大海还要深，难道就可以避免失去父亲的宠爱以及手足的"明枪暗箭"吗？我想那同样也是不可能的。"木秀于林，风必摧之"，因为不管什么原因，只要你过于优秀，对他人的生存与发展构成了或明或暗的威胁，那你就一天也别想过安宁的、相与为善的日子。这可以使人想到林语堂论苏轼，东坡先生有什么问题呢？什么问题都没有，惟一的问题就是他太有才华了，这种才华想不表现都不能做到。而才华作为一种可以换取现实利益的"象征资本"，即使仅仅是写写文章、吟吟诗，实际上也参与了现实世界中十分残酷的斗争。因为这个世界中有太多的平庸者，可悲的是他们又总是希望以不平

庸的形象在现实世界中滥竽充数，而一旦与真正的天才相逢，这些赝品就会暴露无遗。而惟一的办法就是绞尽脑汁毁灭造化所钟之人杰，无论这人杰是生活在平民阶层，还是生长于帝王之家；也无论他是恃才傲物，还是深谙世态人情。

在这里，我们主要不是要追究曹植在人生中的得与失，而是想藉此来说明，就在曹植这种对现实政治的既"悲观绝望"，同时又"欲罢不能"的精神状态中，恰好为中国古代士大夫的审美活动提供了更广阔的空间与新的方向。尽管要有生命的自由，就必须超越政治的异化，要有心灵的解放，就必须超越伦理的束缚；但另一方面，也要强调的是，如果一个人完全审美化了，把一切现实的功利的东西完全抛弃，那同样是没有办法创造真正的美。因为在把所有的现实内容抛弃以后，也就等于抽空了他们作为一个人的精神基础，没有了这个基础，他们连人的精神生命也不会具有，更遑论作为人类最高境界的自由的审美的生命。因而，我们讲中国美学的关键在于"政治、伦理在前，自由、审美在后"，并不是说只要后一半就够了，而是说后一半必须时刻以前一半为基础。从中国历史上讲，只有在痛苦的政治与现实命运的沉浮中，才能产生出个体对审美的强烈需要。而从中国文学上讲，中国古代并不乏各种高人、隐士、山人等，这些人是负担最小、最清闲，也有大量的时间写诗作文，但他们之所以没有能够写出震撼人心、千古传唱的文章，则主要是他们缺乏现实生活的历练，或者是由于在庙堂之中来去过于匆匆、未能深入的原因。就此而言，曹植后半生那种"想摆脱摆脱不掉，想介入介入不成"的基本人生生态，恰好可以为他体验现实政治异化与向往生命自由提供了成熟的条件，正是由于个人生活与社会现实、文学与政治反复搅和、缠绕在一起，在这种聚合中，现实政治在压抑他、异化他、摧残他的同时，也为他寻找精神出路、探索生命更高的境界提供了内在的动力与需要。

所谓阳光总在风雨后，对于曹植来说，正是在经历了政治与伦理的乌云翻滚之后，才在公元223年的一天写出了光照千秋的《洛神赋》。

"人不吃饭不行"
——李绅《悯农》

锄禾日当午，汗滴禾下土。
谁知盘中餐，粒粒皆辛苦。

——李绅

　　"人不吃饭不行。"

　　吃饭，是任何一个物种繁衍和生存最必要的物质条件。如果说，吃饭的重要性是人生而知之的，根本就没有什么必要大费口舌，那么问题的关键无疑在于"如何才能吃上饭"。中国有一句老话，叫"巧妇难为无米之炊"。所以要想吃上饭，首先必须有粮食。粮食不外乎有两种来源：一是自己动手丰衣足食，通过直接和大自然打交道的农业生产劳动，用人的汗水和勤劳来获得生存所需的食物资源；二是本身不直接参加食物的生产过程，通过暴力掠夺或商业交换的方式，间接地满足他生命中的这个基本需

要。如果说，古代的游牧民族和现代的工业文明，也包括后现代的消费社会，都可以通过掠夺和交换来获得它们存在的物质基础，那么对于投身于农业文明中"不幸的农民"来说，也就不可能再有其他事情会比耕地种庄稼还重要。而这一点，也是中国农业文明在解决吃饭问题时最重要的思路和智慧，一言以蔽之就是：要想吃上饭，就要种庄稼。

　　中国的农业文明尽管发生很早，它的生产技术在古代世界中也一直遥遥领先，但由于它的自然地理条件不是太好，所以为了能够从吝啬的大自然中获得足够的食物，就必须使整个

民族团结起来，同心同德，依靠集体的劳动和创造才能生存下去。在古代哲人的理想中，即使是贵为帝王，也应该亲自参加农业劳动，先秦时代的农家特别提倡的"君臣并耕"，就是这种政治理论和社会理想的一种描述。这种农业文明的理念在中国是深入人心的，根据典籍记载，上古时代最初一批榜上有名的君王，都是"既躬耕，亦稼穑"的。而后代的帝王，尽管大都又懒又馋得不可救药，但在每年春耕开始的时候，他们仍然会象征性地当一回农夫。

不劳动或少劳动就要灭亡。在先秦诸子中，把这种生存的危机感讲得最深刻的是墨子。在墨子看来，只有国家在物质基础上真正富强起来，一个民族才能避免失败或走向灭亡的命运。一个农夫不耕地，就有人要挨饿，一个妇女不织纫，就有人会受寒。真有墨子讲的这么玄乎么？今天的人们也许会提出这样的疑问。但对此是不必过于执的，因为隐含在哲人话语背后的那份焦虑、迫切和良苦用心，才是我们应予充分注意的。在古代社会中，用来衡量一个国家的综合国力的标准，与今天人们所使用的GDP完全不同，而主要是看这个国家的地种得如何，在他们的土地上可以收获多少庄稼。和一个懂得"池塘积水须防旱，田土深耕足养家"（《增广贤文》）的农夫一样，古代中国那些成熟的大政治家，从土地的耕作就可以了解一个国家的全部秘密。对农民不种地而去从事第三产业，也是古代有眼光的政治家最担心的事情。

但是另一方面，对于基本上靠天吃饭的农业文明来说，仅仅开荒种地搞生产显然是不够的，因为人力、地力和其他自然条件的局限，无论怎样劳动，庄稼的收成总是有限的。因而，自很早的时候起，早熟的中国民族就明白了勤俭节约的意义。也就是说，要想生存下去，既要促生产以"开源"，以获得更多的物质生活资料，同时还要抓消费以"节流"，以便使有限的粮食能够发挥出更多的热能。由此可知，对于中国农业文明来说，吃饱饭的两个基本条件就是：（一）努力提高农业生产力；（二）最大限度地减少开支。对此加以引申，农业文明的生活理念主要表现在两方面，一是要尽可能地从事生产和劳动，以便创造出更多的物质生活资料。另一方面，由于无论人的生命力还是大自然所能提供的劳动对象都是有限的，因而农业社会的第二个基本观念就是要节俭地消费，以便使有限的物质生活资料可以养活更多的劳动者。然而，在所有重要事情中最重要的却是，如何叫每一个成员都明白这个农业文明中的真理。

"一粥一饭，当思来之不易；半丝半缕，恒念物力维艰。"就像西方人每餐必感谢主的恩赐一样，这句源于《朱子家训》的名言，也具有同样深远厚重的寓意。它时刻提醒着人们不要忘记农夫劳动的艰辛，或者说不要忘记自己的幸福生活是如何来之不易。从史乘上的周公旦用《七月》教化成王，到历代官员提出的各种"重农桑"之策，再到不同朝代的世家们恪守的"耕读为本"信条，都是要把农业文明的基本理念贯彻到个体的生命意识中。一方面，由于只有体验过农业劳动艰辛的人们，才会真正地爱惜一切劳动果实，因而它在上层社会的主要表现是"珍惜劳动成果"。而李绅的《锄禾》诗，之所以成为中国儿童的发蒙之作，就在于它以最朴素的语言和形象，把这个农业文明的生活理念逼真地表现出来。一个在三岁诵读之中就懂得了劳动艰难不易的人，当然可以为他日后更好地融入农业社会打下一个良好的基础。另一方面，由于只有劳动，才能创造财富，这个对农业文明来说更加朴素的真理，因而，对农业文明自身的延续和发展来说，另一个更重要的层面当然是要从小培养每

一个人的"热爱劳动"意识，或者说在社会上养成一种"劳动者最光荣"的普遍信念。这个优良的民族传统在古代中国一直保留着，在明清时代的儿童读物中，仍可以见到诸如"坐吃如山崩，游嬉则业荒"（《重定增广》）、"一日春工十日粮，十日春工半年粮"（《增广贤文》）、"早起二朝当一工，一勤天下无难事"（《训蒙增广改本》）、"勤，懿行也，君子敏于德义，世人则借勤以济其贪；俭，美德也，君子节于货财，世人则借俭以饰其吝"、"清贫乃读书人顺境，节俭即种田人丰年"（《围炉夜话》）等格言。在所谓"牛可耕，马可乘，好吃懒做，不如畜牲"（《训蒙增广改本》）这句话中，它甚至被提高到了"人兽之辨"的哲学高度。只是在20世纪的一百年风雨中，由于社会结构的巨大转型才日渐模糊起来。而其中是非，也是一言难尽的。

在我看来，中国农民在历史实践中的悲惨现实，就在于中国农业文明本身的理念有问题。中国农业文明的理念主要表现在积极地生产和消极地消费两方面，也可以分别把它们称为劳动哲学和消费哲学。

这种劳动和消费哲学本身，也许并没有错，只是在对它们的过分强调中，使得一些更重要的东西被忽略了。问题可以这样来发现，说"积极地生

产"可以创造出更多的财富，当然是正确的，但是问题在于，它与改善劳动者的生活质量却没有必然的联系。正如李绅说："春种一粒粟，秋收万颗子。四海无闲田，农夫犹饿死。"（《悯农》）这就说明了农民饥苦的原因，并不在于他们耕地的努力不努力。另一方面，就"消极地消费"而言也是如此。自古以来，中国农民都是世界上消费最少的人们。远的不说，只要上过《梁生宝买稻种》这一课的人，都应该知道一个真正的农民是如何节俭的。由此可知，根本问题不是出在农民身上，而是中国古代政治家为他们设计的生活理念有问题。也就是说，仅仅凭借勤劳的双手和艰苦奋斗的理想，而想过上幸福的生活，在逻辑上就是不能成立的。

从政治经济学原理上讲，一个完整的社会生产过程，是由生产、分配、交换和消费四个环节构成的。而中国古代的政治家和思想家，却只注意到其中的生产环节和消费环节，而对于分配与交换环节的重要性估计不足。这就是中国农业文明理念在逻辑上的致命硬伤。实际情况也是如此，中国农民最大的不幸就在于，首先是执掌着分配大权的官府的"豪夺"，其次则是控制着市场的商贾的"巧取"，一来二往，农民一年到头

的劳动，也就被盘剥得精光了。与商业文明特别重视交换环节的意义完全不同，由于实际生产力的低下等原因，一种理想的分配体制才是中国农业社会的核心。因而这个分配环节，无论如何都是中国思想家不应该和不能够忽视的东西。关于分配环节的重要性，这里可以举一个例子来说明。张光直先生对中国青铜时代有一个出色的研究，就是发现青铜在中国古代主要是用来铸造礼器（如权力象征的九鼎等），而不是用来制造劳动工具和军事武器的。如果说，劳动工具和武器的目的在于从事生产和掠夺，那么礼器的惟一的用途就是一种权力的象征，它发挥作用的空间主要是在庙堂之上，而要解决的问题则是如何控制和分配整个社会的生产和生活资料。

由于受《悯农》诗的影响，和许多人一样，最初我也总是以为农民种地最辛苦，但后来却渐渐地发现，农民更大的痛苦其实恰恰来自收获之后。"锄禾日当午"是一种阳光下的事业，它虽然有筋肉上的劳累和辛苦，但毕竟是"吃亏吃在明处"，因而也就容易解释和排遣。而在分配过程中，所有和庄稼直接相关的当事人却回避了，因而它完全是一种黑暗中的工程。而个中的明枪暗箭和机关重重，也不是四

肢发达的体力劳动者所能捉摸的。我敢说，无数的农民一辈子都没有弄明白，他们种地的技术那么高超，在劳动中又那么不惜体力和汗水，但为什么最后连最基本的温饱都不能解决。在无论怎样勤劳还是无济于事之后，农夫们，还有一些喜欢代农夫立言的诗人，他们的眼光也就越来越注意到种地之外的分配环节上：

如何一石余，只作五斗量！（皮日休《橡媪叹》）
手推呕哑车，朝朝暮暮耕。
未曾分得谷，空得老农名。（曹邺《其四怨》）

正是由于这个黑暗的分配过程，一直在农夫眼前晃来晃去、他熟悉的不能再熟悉的粮食，却忽然变戏法一样地无影无踪了。

由此可知，把生产劳动看作是中国农业社会的头等大事，特别是哲人为农夫提供的勤俭节约生活方式，实际上根本就没有抓住问题的关键。（在此顺便补充的是，在西方古典经济学中也有一种说法，就是以为工人的贫穷完全是由于他们的懒惰等，而它的荒谬与混淆黑白，与中国哲人强调勤俭节约显然是有一种家族类似的。）在汉语中有一个成语叫"不劳而获"，它

所指称的那些历史的与现实的内容，没有一点儿是可以纳入墨子简单而朴素的哲学框架的。

早在几千年前的周代大田里，辛勤耕作了一年的农夫就已经提出这样的疑问：

不狩不猎，胡瞻尔庭有县狟兮？

而在漫长的农业社会中，对劳动者最大的刺激莫过于，出尽牛马力耕种一年，也确实"多收了三五斗"，但在东家和官府的一阵算盘珠响之后，他们实际所获依然是可怜得伤心。在更加严重的饥饿和匮乏面前，老实巴交的农夫不得不开始思考。他们发现，不是自己耕作不努力，而是因为他们的劳动果实被窃取了。这个窃取者就是《国风》中的"硕鼠"，"誓将去汝，适彼乐土"，由此亦可知，至少在周代的农夫就已觉悟到，他们的幸福出路在于如何摆脱这些不劳而食者。这也一直是中国历代农民起义的真实根源。统观历代的农民起义，几乎没有什么远大的政治理想，而主要是因为生理性的饥饿所点燃的。他们的斗争口号无一例外地是"均田地"和"均贫富"。

如果说劳动环节主要是人与自然打交道，那么分配环节则主要发生在

人与人即人与社会之间。把这两个方面相比较,不难发现后者的更加艰辛和不幸。在前者尽管有劳动者体力上的艰辛和肉体扭曲的痛苦,但由于它还部分地肯定了生命的创造力量,如一个农夫在秋天收获他在春夏两季的汗血,因而这种肉体上的异化也就是相对容易忍受的。而后者则完全不是这样,此时决定人的生活需要的已不再是个体的体力和品质,而是人们实际占有的生产资本以及在这个基础上产生的分配体制。在这里政治利益完全摧毁了生命的自然需要,而蕴藏在分配过程中的种种巧取豪夺、弱肉强食和严重的不公平,才是造成"几家欢乐几家愁"最直接和最根本的原因。再引申一点,李绅的《悯农》问题也在于此,它仅仅揭示了生产过程中的辛劳,把农民劳动的辛苦理解为农业社会的最大不幸,而对于更加复杂的食物分配过程中的苦难,却未曾注意到。它的缺陷是显而易见的,因为分粮食的痛苦,是远远重于种粮食的种种劳动艰辛的。"不患寡而患不均",中国历史上许多灭顶之灾,往往不是由于物质生活资料的匮乏,而恰是因为一小部分人的绝对富有和绝大多数人的绝对贫困造成的。而忽视了这一点,显然就忽略了中国农业社会中最根本的问题。

"让审美跟在伦理的后面"

——柳宗元《酬曹侍御过象县见寄》

唐代诗人柳宗元有一首《酬曹侍御过象县见寄》:

破额山前碧玉流,骚人遥驻木兰舟。

春风无限潇湘意,欲采苹花不自由。

这是儒家士大夫最典型的审美心态与过程。对于从小饱读诗书、谙熟礼乐的儒家士大夫,不是他不懂得春风无限的大自然的美丽,也不是没有采摘鲜艳花朵的审美冲动与需要,而是它与儒家自小养成的文化心理,与他们在现实中披挂的威严的伦理面具不能兼容,所以在一般的情况下,他只能压抑自己的感性需要,这就是诗人所说的"欲采苹花不自由"。

往深里说,这也是伦理生命自身没有办法解除的深层矛盾。伦理生命是文化教育的后天产物,是人的自然之躯中原本没有的东西,并且与人的感性需要与存在是激烈冲突的。康德

经常说，要"幸福"，就不能要"德性"，讲的就是这个道理。伦理生命凡事都要问是否"应该"？是否符合某种规范与原则，因此，一个按照伦理原则行事的人，言行处事总是如履薄冰、如临深渊、战战兢兢、小心翼翼的，因而就不可能是一个随心所欲、畅快淋漓、纵情欢乐、意气干云的自由主义者。思考太多，责任太重，使他们不仅不能主动地满足生命的感性需要，相反却是，只有对自身的感性需要与快乐主动地加以克制，才更有望使自身成长为一个崇高的道德主体。古人有诗云："万古纲常肩上担，脊梁铁硬对皇天"，当代诗人舒婷也写道："也许肩上越是沉重，信念越是巍峨"，都可以看作是对中国古代士大夫的一种逼肖描写。这样做的结果，崇高的目的固然是达到了，但显而易见，由于它建立在对个体感性需要与快乐的压抑之上，所以其承担者就难免有一种"人在江湖，身不由己"的被动性，这是儒家士大夫在官场上、在他的现实承担中总是感到"不适意"、"不自由"，以及渴望早日"功成而身退"、"解甲归田"、"告老还乡"的根源。为什么会这样？是因为一旦承担了沉重的现实世界之后，一个人就不能再"任着性子来"，不能干自己想干的事情，凡事都要从他人、从大局来考虑。在这种情况下，说违心话、做违心事儿，就在所难免。这时，一种典型的伦理异化就必然要发生，就是说，他在自己的伦理活动中，不是出于他个人的自由意志的选择与决断，而是受制于现实的需要或某种外在的压力；不是实现了自己的理想与愿望，而是处处否定着自己的存在；不是感到自由与幸福，而是感到局促与不幸。正如冯友兰先生说，儒家可以做到"不怕死"，但也很难体验到"生之快乐"。

正如尼采痛恨基督教使健康的生命日益衰弱一样，伦理异化在剥夺人的感性快乐的同时，也直接削弱了他们用来生活与创造的感性的生命力量。庄子曾讲了一个叫田荣趑的人，他的生命困境就十分典型，他说："如果我什么都不知道，人们就会说我是个'朱愚'，如果知道太多，又使我感到忧愁；如果我不仁义，就会去伤害别人？如果我仁义，则会使自己陷入困境中，我怎么才能逃出这种命运呢？"这个真诚的年轻人在当时困惑极了，便去请教当时的另一个智者老子。老子只是感慨他"丧失了自己"，"欲反汝情性而无由入"，但在如何"寻找自己回来"方面，老子提出的"行不知所之，居不知所为，与物委蛇，而同其波"等，实际上也根本不是解决问题的现实之路。人怎么可以通过使自己变得什么都不知道，来摆脱实际上不可能不面对的现实世界呢？田荣趑的

大痛苦在中国历史上是具有普遍性的，特别是在从小受到了儒家伦理发蒙以后，每个人都会在他的生活中遇到这样的问题：要承担"仁义"的崇高职责，必然要克制与压抑自己的感性需要，结果则必然是"反愁我躯"，是生活很沉重、忧患、不快乐；而如果不要这些劳什子，像杨朱那样"恣耳之所欲听，恣鼻之所欲向，恣口之所欲言，恣体之所欲安，恣意之所欲行"，痛快固然痛快，但在受过儒家启蒙以后，一个啮心的幽灵也会驱之不散，就是"这样做还能叫人吗？"与西方民族相比，中国民族的精神负担过于沉重，其根源也许就在于此。由于没有其他出路，在多数情况下，人们只能选择忍耐，也就是能够忍受、承担到什么地步，就忍受、承担到什么地步。古人各种关于忍让的故事不必说了，当代作家戴厚英的父亲有一句遗诗："六十多年少对话，忍让回避将到头"（《风雨情怀》），从诗中看，作家父母之间的感情一定很不好，在今天看来，感情不好就早点分手算了，为什么一定要忍受60多年的煎熬、至死方休呢？只能说，当一个人，他感性的生命意识与力量被各种儒家意识形态控制、扭曲以后，就只能如诗人所说："或者由于习惯，或者由于悲哀，对本身已成的定局，再没有力量关怀。"

但忍耐只是主动的退让、牺牲与回避，它并不等于问题本身的解决。长期下来只能是更深刻的异化，是人的神经紧张得不能再紧张，以及他的筋肉疲惫得不能再疲惫。在儒家的日常生活中，为了应付越来越严重的紧张与疲倦，最常见的办法是"偷懒"，诗人讲"偷得浮生半日闲"，就是这半天什么都不干，找个地方好好休息一下，这个休息的地方，也多半是远离城市与文明中心的乡村、园林，或藏在深山里的寺庙。这些尽管与儒家身份略有冲突，但本质上还都算是好的。因为儒家也是人，也需要休息，特别是由于他们肩上负担的东西比较多，因而多休息休息也自在情理之中。而最坏的后果无疑是，由于身心过于疲惫而不想干了。这在后世常见的模式是伪道学，用鲁迅先生的话说，就是"满口仁义道德，一肚子男盗女娼"，这当然是末流而至于下贱了。如果不能走这条路，那惟一的办法就是减轻生命过于沉重的负担，恢复儒家内在的生态和谐。

任何一个人，都不可能满足于过一种单一、机械、干瘪乏味的"伦理生活"，而总是希望人的生活有更多的色彩与更丰富的内容。而一个人的精神需要越是丰富，他就更加渴望这样。这正是审美、艺术成为人类生活必需

品的根源。但是另一方面，由于审美需要一直是儒家压抑的东西，两者之间逻辑的与历史的恩怨很多，再加上追逐感性的满足会直接影响到伦理生命本身的利益，所以儒家之于他的感性需要表现是"又爱又怕"的复杂微妙心态。然而也正是于其中，潜藏着一个儒家士大夫的审美活动原理。这个原理的复杂、微妙处在于：一方面，完全成为伦理人，实际上是任何一个人都不可能做到的，这是儒家需要审美、可以有自己的美学的原因；另一方面，出于"伦理先行"这个儒家生命活动的第一原则，如果要他们为了感性需要而放弃崇高的伦理职责，又是儒家士大夫坚决不肯做的。要了解这个儒家士大夫的审美原理，就必须在这两个原则——"审美需要"与"伦理先行"——之间找到一个可以和平共处的"度"。

德国诗人、美学家席勒有一句名言，"让美走在自由的前面"，他的意思是说，只有在美的引导下，自由才不至于沦落为无限制破坏的"暴力革命"。而儒家的旨趣与他正好相反，用一句话表达就是"让审美跟在伦理的后面"。因为，一个人只有念念不忘他的现实职责，才不会因为贪图个人的幸福而遗忘掉脚下痛苦的大地。往深里说，首先，要承认伦理异化的合理性，因为没有这

种异化，人就不可能成为不同于动物的人，也不可能产生属于人的对自由的需要。其次，不能让这个负担太沉重，否则主体不是被沉重的道德担子压垮，就一定是阳奉阴违、表面一套、背后一套。因而最关键的不是如何直接避免异化，而是要在必要的异化以后，如何寻找一种适当的方法去解除它。这也就是我所谓的新道德本体论的要义所在，一方面，没有对道德异化的承担，人不可能成为与自然相区别的精神生命。另一方面，如果没有对道德异化的超越，就不可能有真正自由全面发展的个人。后者要解决的是一个更高层次的问题，即，在成为人以后如何成为自由的人与可爱的人。从这个意义上讲，儒家的自由理念，与马克思的"只有在共同体中才可能有个人自由"是最接近的。"让美走在伦理的后面"，中国古代士大夫所体验到生命自由与愉快，基本上是按照这样一个审美原理复制而成的。

诸葛与司马的粮草战

中国的民间艺人在说到战争时，有两句话是人们最熟悉不过的。一句是"大兵未动，粮草先行"。由此可知，充足的粮草储备对于这个国家中最大的事情的重要性。另一句则叫"内无粮草，外无救兵"。在他们看来，这是在古代战争中所能想象的最大危机和困境。但比较而言，仅仅"外无救兵"有时并不可怕，只要这城内有足够的粮草，即使不能做到固若金汤或万无一失，也仍然可以抵挡一阵或顽抗到底。甚至可以说，在一座城池被围困之时，决定双方命运的，主要是要看谁的物质储备更充足。这也是中国民族最古老的一种战争经验："神农之教曰：有石城十仞，汤池百步，带甲百万，而无粟，弗能守也。"（晁错《论贵粟疏》）另外还有一个细节是，在实力明显不如对手而需要斗智时，古代的军事家往往采用的战术就是偷袭敌方的粮草，而许多战役也就是由此而彻底改变形势的。

以《三国演义》为例，诸葛亮和司马懿的斗智，实际上就是打的粮草战。而他们的智力、计谋与愚拙，也都是在粮草这个对象上得到表现和测试的。

第九十七回诸葛亮兴兵伐魏，是因为"时孔明兵强马壮，粮草丰足"。而司马懿所以派大将扼守陈仓，是因为他知道这是蜀兵运粮的必经之道。正如司马懿所说："臣尝奏陛下，言孔明出必陈仓，故以郝昭守之，今果然矣。彼若从陈仓入寇，运粮甚便，今幸有郝昭、王双守把，不敢从此路运粮。其余小道，搬运艰难。臣算蜀兵行粮只有一月，利在急战。我军只宜久守，陛下可下诏，令曹真坚守诸路关隘，不要出战。不须一月，蜀兵自走。那时乘虚而击之，诸葛亮可擒也。"谁知曹真立功心切，居然想出了以粮车为诱饵的火攻之策。而对于以"平生专用火攻"的诸葛亮来说，其结果自然是"偷鸡不成又蚀了一把米"。由此可知，正是由于成功地保护了自己的粮草，才使得诸葛亮在这一回合中大占便宜。

第一百回诸葛亮的失误，则是由于在急躁中杖打了"违限十日"的运粮官苟安，使得司马懿仅用了一个小小的离间计，就退去了诸葛亮数十万的压境大军。这一回最有意思的是写退兵，一方要全身而退，另一方则希望能够借此良机揩一把油。但在进与退的选择中，两方统帅的智力，却是全都运用在灶台上。孔明曰："吾今退军，可分五路而退。今日先退此营，假如营内一千兵，却掘二千灶，明日掘三千灶，后日掘四千灶：每日退军，添灶而行。"而这边正准备乘势掩杀的司马懿，也不是考虑如何袭击和设卡阻截，而是"自引百余骑前来蜀营内踏看，教军士数灶，仍回本营"。正是成功地使用了"增灶之法"，诸葛亮才"不折

一人"地回到了成都。

第一百一回则是围绕着"陇西小麦"而展开的，一方面是司马懿有先见之明，"今孔明长驱大进，必将割陇西小麦，以资军粮"，另一方面则是诸葛亮的如意算盘，"即今营中乏粮，屡遣人催并李严运米应付，却只是不到。吾料陇上麦熟，可密引兵割之"。但他没有想到，司马懿早已在陇上守株待兔。大吃一惊的诸葛亮，只得一边装神弄鬼地迷惑魏兵，一边"令三万精兵将陇上小麦割尽"。看着身边的粮食被窃取，不甘心的司马懿又决定采用夜袭的战术。而在料事如神的诸葛亮那里，这一招也并未奏效，最后只得采纳郭淮的建议，"截其归路"，目的仍是"使彼粮草不通，三军慌乱"。而诸葛亮当然不会不知道这一点，"乃唤姜维、马岱入城听令曰：'今魏兵守住山险，不与我战：一者料吾麦尽无粮；二者令兵去袭剑阁，断吾粮道也。汝二人各引一万军先去守住险要，魏兵见有准备，自然退去。'"可见双方统帅，在军粮面前是如何的煞费苦心和绞尽脑汁。尽管此一回诸葛亮班师的直接原因，是由于李严谎报魏吴政治关系的变化，但差粮官李严也有不得已的苦衷，就是因为他实际上无法办齐阵前所需之粮草，由此也可见战争对生活资料耗费之巨大。

第一百二回则是著名的诸葛亮造木牛流马。诸葛亮正在商议取渭南之策，"忽一日，长史杨仪入告曰：'即今粮米皆在剑阁，人夫牛马，搬运不便，如之奈何？'孔明笑曰：'吾已运谋多时矣……'"于是就有了一种"搬运粮米，甚是便利"，而又"皆不水食"的木牛流马，它彻底解决了蜀兵最重要的后勤供给问题。这下就该魏帅司马懿着急了，"吾所以坚守不出者，为彼粮草不能接济，欲待其自毙耳。今用此法，必为久远之计，不思退矣。——如之奈何？"没有办法的他，只好派士兵抢几匹回来，并且按照结构依样画葫芦。"饶你好似鬼，喝了老娘的洗脚水"。没有想到的是，这却正中了孔明的下怀。因为木牛流马的舌头是个机关，可以走也可以不走，于是本想借光的司马懿，反倒因此而丧失了许多粮草。

第一百三回，忍者司马懿终于有些忍不住了，但也正由于他太想捣毁蜀兵的"积粮之所"，所以才中了诸葛亮的火攻之计。这个打击是沉重的，不仅司马懿父子险些葬身火海，而且还被孔明乘机夺取了渭南大寨。另一方面，也是在同一回中，由于偶然探听到诸葛亮的饮食情况，"所啖之食，日不过数升"，心情极度沮丧的司马懿，一下子就振作起来，他对诸将说："孔明食少事多，其能久乎？"因为，诸葛

亮也是一个更需要补给的士兵，而神机妙算的孔明对此却完全忽略了。"论持久战"，司马懿也正是在这里找到了他的胜券。而急于回报先王的诸葛亮，最终落了个"出师未捷身先死"的悲剧结局。

桃花源与战争

如果说，任何事物都有利弊两面，那么在我看来，残酷战争惟一的"利"，就是催生出一个农业文明的美丽故事。她就是"有良田、美池、桑竹之属"的桃花源。桃花源的原型来自陶渊明的《桃花源记》，"自云先世避秦时乱，率妻子邑人，来此绝境，不复出焉，遂于外人间隔"。由此可知，这个美丽的桃花源本身就是逃避战争的产物。

她真的只是一个诗人的幻想么？非也。正如一位诗人所说：

数家茅屋自成村，地碓声中昼掩门。

寒日欲沉苍雾合，人间随处有桃源。（陆游《小舟游近村，舍舟步归》）

尽管桃花源不是随处可见，但也不全是一个美丽的幻象。在明末的

战乱中，著名理学家孙奇逢就"携家入五峰山，结茅双峰，亲识从者数百家，……子孙耕稼自给，箪瓢屡空，怡然自适。"魏禧在《翠微峰笔记》中，也写到"邑人彭氏因坼凿磴架阁道，于山之中干，辟平地作屋"。魏禧不仅出资对彭氏修路加以资助，而且也曾在其中隐居过。这个山中世界的具体情形，魏禧在《桃花源图跋》中曾作过描述：

……四面峭立，中开一坼，坼有洞如瓮口，伸头而登，凡百十余丈，及其顶，则树竹十万株，蔬圃亭舍、鸡犬池阁如村落。山中人多著野服草鞋相迎，向先生（按指来访的桐城文人方密之）笑谓予曰：即此何减桃花源也！

在清代的战乱中，一位偶然失路的官员，就像陶渊明笔下的渔人，就曾有幸闯入了一个桃花源，并留下了一篇优美的文章：

同治戊辰（1868）冬十一月，余在青浦（今上海青浦县），赴章练填勘争荡田案。归途，飓风大作，舟在荡中颠簸不可泊。乃沿湖滑行，又被风吹向芦苇中，篙橹无所施，任其飘泛。良久，见一小港，遂努力循之。入里许，遇丛葑而浅，因系缆焉。随从之船，皆

四散不可觅。

风稍定，夕阳且衔山。舟人方理篷索，余视滩际有小径，摄衣而登。行数十步，田畴绮错，麦已萌芽，野鸟饮啄于陇畔，见人不惊。随塍左右，更数百步，得一桥。过桥，升高岸，睹炊烟数缕，起木末，纵步赴之。约又里余，抵一村，屋多茅茨，编槿为界，计十余家。稻堆在场，如比如栉，高下不一，皆熙熙有自得之色。顾见不速客至，鸡飞于桀，犬吠于门。数人杂然问："客舟避风至此耶？"余应曰："然。"因询以此地去县几里，皆相顾曰："不知也。"询其何以不知，则曰："我等皆佃

人田者，家无赋税，又不负租，何缘入城！"指一老者曰："此人数十年前，曾经到过城者。"言未既，老者亦拄杖至前曰："客自城中至此耶？"因言年二十余时，为道光三年，以水灾曾偕里甲至城一次。彼时巨浸滔天，附舟至县，往返二日，亦不能记其里数。屈指计之，将五十年矣。因问："城中此时较之昔年，当益繁盛乎？"余曰："兵燹之后，遍地瓦砾，所有房屋，十存一二，休养生息，不知何日方复旧观耳！"老者闻之，亦复怅然。顾谓诸人曰："今生更不作入城想矣。"因亦粤逆肆扰时，村人将桥拔断，河中均钉木桩，是以三年中，贼未尝到。兼之连岁丰稔，租赋蠲免，间里宴然，无异承平时，实不知城中遭此大劫也。

言讫，方欲邀余入室献茶，适从者寻至，天已昏黑，遂辞之。徐步而归，村人送至桥畔乃返，究亦不识余为何人。余沿路叹息，谓此亦今时之桃花源也。（陈其元《庸闲斋笔记》）

感喟之余，他用"今时之桃花源"作了这篇文章的题目。

如果说这种类型是远离战争的产物，那么还有一种更奇怪的类型，它完全是在最残酷的战争中直接生产出来的。在战乱频仍的明代末年，就有这样的一种桃花源：

若郿之六属，房县、竹山、竹溪、上津、郿西、保康，并城郭俱已夷平，城址俱一片蓬蒿。居民仅存者，俱觅山之高而上有平岗者，结寨以居。大县可三十寨，小县不过十余寨。寨之大者可二百人，小者不满百人，各垦寨下之田以自给。县令至者，亦居寨上。征输久停，民贫无讼，胥吏尽逃，令与民大率并耕而食，不复能至郡参谒矣。（高斗枢《守郿记略》）

如果说陶渊明的桃花源，是由于成功地逃避了战争，从而使一种和谐的农业日常生活，在远离战火的空间中完整保存下来。那么高斗枢的桃花源，则是由于残酷的战争直接消灭了文明时代的一切社会关系和组织原则，使人们重新回到了一种原始的生活方式中。在最彻底的贫穷中，由于实际上已不可能再榨取到任何东西，所以也就和"秋熟靡王税"的桃花源，有了一种形象上的共通性。

在更多的时候，桃花源是一种奋斗的结果。而且，也只有这种经过斗争的果实，才是人们可以脚踏实地的桃花源世界。

（田畴）入徐无山中，营深险平敞地而居，躬耕以养父母，百姓归之，数年间五千余家。（《三国志·田畴传》）

温州有徐氏者，丙戌间约其徒侣数十人，……跻雁荡山之顶，架屋数十，塞断道路，以拟桃源。（黄宗羲《王义士传》）

由汉至清，可知这也是一直贯穿于整个古代中国历史的。

拾取《金蔷薇》的绿色花瓣

大约在二十年前，初次读到《金蔷薇》时，我就被它深深地感动了。在以后的日子里，不知道反复读过多少遍，也不知从中获得过多少温暖与慰藉。我没有踏上过俄罗斯那过于冰冷的土地，但却相信，我已经深深地理解了俄罗斯人的精神世界。《金蔷薇》是康·巴乌斯托夫斯基献给人类的一笔永恒的财富，我很幸运，自己在很年轻的时候就开始分享它。

如同老子讲的"玄德深矣，远矣"，书尽管只是薄薄一册，印制也极平常，但由于里面"温柔到忧伤"、"细致到如梦如幻"、"爱到了寂寞"的内容，所以每一次的阅读，都如同在新的一天的晨光中沐浴，是对心灵与灵魂最好的疗养与安慰。关于人性，现代西方哲人有一个著名的"水仙花"的比喻，就是层层剥开以后，最后剩下的只是个"虚无"，以及被摧花之手弄得脏兮兮的"碎片"。但《金蔷薇》的文本结构与此截然相反，每次打开都会呈现出新的感受与境界来。在最近的一次阅读中，竟然发现它还是一个生态学的文本。像那个巴黎清洁工从首饰作坊里的尘土中可以筛选、提炼出金子一样，把书中那些关于人与自然的生态学片断连贯起来，实际上就是发现了这朵"金蔷薇"上的绿色花瓣。

限于篇幅，这里只能略举两例。一是在"金刚石般的语言"中，作者这样写梅雨——

而蒙蒙的梅雨，从低沉的乌云里懒洋洋地撒落下来，这种雨水所积成的水洼总是温暖的。它的声音不大，簌簌地发出一些令人欲睡的低语，仅仅能听见它在树丛中忙碌，好像用它柔软的爪子一会儿摸摸这片叶子，一会儿摸摸那片叶子。

林中的腐殖土和藓苔，把这种雨

不慌不忙地完全吸收进去。所以在雨后蘑菇便茂盛地长出来——粘的黄牛肝、黄狐狸、白蘑菇、红蘑菇、粟茸和无数的毒蕈。

二是在《一部中篇小说的写作经过》中，作者写到这样一个精神病患者。病人总是以为自己的城市时刻面临着毁灭性的灾难，敌人的进攻不是使用武器，而是通过释放邪恶的"地层形成时代的精神能"。他的一段言论如下——

利夫内市位于欧洲泥盆纪石灰岩最深厚处。在泥盆纪，残酷的、无人性的混沌意识在地球上刚刚萌芽。当时占统治地位的是介壳类的迟钝的脑髓。

这种未发达的精神能，浓缩在介壳——菊石内。泥盆纪石灰岩地层中，可以说全是菊石化石。

每一块菊石，都是那个时代的一个小脑髓，包含着巨大的恶毒的精神能。

许多世纪以来，人们幸而没学会解放地层中的精神能。我们说"幸而"是因为如果能把这种能从静止状态中放出来，它便会毁灭整个文明。中毒的人们便会变成残忍的野兽，只遵从盲目的兽性本能。而这便是文化

的毁灭……

如果看看当今灾难性的生态问题，谁敢说病人不是一个尼采式的预言家呢？

《金蔷薇》之所以可以当作一个生态学文本解读，我想与作家的一个十分独特的思想直接相关。在"辞典"这篇札记中，康·巴乌斯托夫斯基讲到了"自然有目的性"。他说："在这以前，我从来没有想过自然界所发生的一切都有其目的，从没有想到过每一片小树叶，每一朵小花，每条根须和种子都是那样的复杂而完整的。"是什么导致了他关于自然的精神觉醒呢？起因是他与朋友在荒凉的奥卡河的旧河床上捕鱼，毛线衫上粘了很多带刺的金盏花、牛蒡和其他花籽，作家没有想到的是，第三天，小雨后，这些花籽就在他被浇湿的毛线衫上发芽了，那些银针一样的幼芽刺痛作家的身体，也使他真切地体会到自然界的一切都是有目的的。

"自然有目的性"，是《金蔷薇》的绿色花瓣。正是它天然的芳香感染下，作者产生了一个具有重要生态价值的愿望，就是编一种词典，用来"收集与自然有关的词语"。与自然科学的词典不同，它不是揭示自然界对人类的用处，而是要阐释两者之间的

"诗学关系"。他举例说——

譬如在"冰柱"一词的后面,可以引用普利希文作品中的一个片断:

"垂在陡岸下的稠密的长树根,现在在河岸下黑暗的凹处变成了冰柱,越来越大,已经触到了水面。而当微风,即使是最柔和的春风,吹皱水面,涟漪在峭壁下够到冰柱的尖端的时候,也漂动了冰柱,冰柱摆动着,彼此相撞,发出声音,这种声音是春天最初的声音,是风神之琴。"

而在"九月"一词的后面,最好附上巴拉廷斯基诗作的一个片断:

九月了! 太阳迟迟才出山,
发出闪闪的寒光,
阳光在摇荡的水面上,
漾着朦胧的金光。

他还写到——

特别是想着"自然界的"词汇的辞典时,我把词汇分为"森林的","田野的","草原的",关于季节的,气象的,水和河川湖泊的,以及动植物的。

我认为这种词典应该编得可以当作一本书来读。这样才既能给人关于我们的大自然的概念,又能给人关于俄罗斯语言的丰富多彩的概念。

不过,他也有一声叹息:"当然,这项工作一个人是无能为力的,终生工作也是不够的。"

现在的生态学者有一种说法,认为人有一种生态本性,而在康·巴乌斯托夫斯基未完成的"词典"中,仿佛就模模糊糊地印证了它的存在。当然,这种天性又是很脆弱的,随时都有可能从人的生命中消失了去,如同自然界中许多已经消失的事物一样。

我看文学教育与人文素养

一、人文素养应从何谈起?

关于文学教育与人文素养这个话题,很容易使人想到多年前与之家族相似的"人文精神失落大讨论",当时也是很多人都关心,很多人也积极发言,但讨论来讨论去,尽管不乏指点江山、激扬文字的激情,但最后发现最大的问题竟然是什么是人文精神以及中国是否曾有过人文精神等基本问题。在很大程度上,这就是由于概念内涵不清和话语程序混乱而带来的必然结果。自20世纪80年代思想解放以来,甚至还可追溯到五四新文化时期的诸多新思潮,类似这样的讨论以及大体相似的结局,可以说前仆后继、薪尽火传,但由于缺乏严格的概

念界定以及缺乏用以维护公共话语交流的程序，这就使本该严肃的思想工作充其量只是一种心理焦虑和话语冲动的宣泄，很难从中生产出清晰的思想和真实的意义来。其结果不仅无助于理论本身变成改造现实的力量，相反还严重剥夺了迅速发展的现实对理性资源与精神食粮的强烈需要，并最终形成了"理论的贫困"和"现实的贫困"反复循环的恶性生态。回顾现代百年，这已成为影响中华民族真实思考以及过真实现代生活的主体结构性障碍。

为什么自20世纪以来此起彼伏的思想与思潮中，人们总是最终要陷入鲁迅先生讲的那种轮回，即"知县大老爷还是原官，不过改称了甚么……带兵的也还是先前的把总。"（《阿Q正传》）这其中的原因，在我看来主要有三方面：一是大量的现代性概念与中国传统的概念体系或潜体系冲突很大，对它们的解读与阐释很难按照中国传统的话语结构与识别程序进行。在20世纪这个中国数千年未遇之大变局中，出现这样的认知、识别与交流障碍是丝毫不足为怪的。二是以诗性文化为传统、感性机能和直观能力过于发达的中华民族，本身就缺乏以概念、范畴与体系为中心的经验"蒸馏"、理性建构与逻辑表述能力。正如厌倦与遗弃了理性机能的浮士德，尽管有时受迷糊的意识指引他也可以找到正确的道路，但那本质上只是所谓"瞎猫碰个死老鼠"。由于内心与头脑中始终缺乏清晰严密的内在观念，因而在绝大多数情况下，人们多半只能"闭上眼睛就睡呀，张开嘴巴就喝，迷迷登登上山，稀里糊涂过河"。三是在中国现代思想建构中"理性启蒙不足"的后遗症一直影响到当下。每个从中世纪走出来的民族，大体上都要经历从古代的诗性文化向现代的理性文化的转型，但这个在逻辑上必须经历的"现代成人礼"，在中国却由于军事、经济和社会的原因而成为"未竟之事业"。这在学术思想生产上的后遗症就是"喧哗的大多数"每每淹没"沉寂的个体"，那些真正严肃、扎实、可靠、具有奠基意义的理论与知识，也总是在各种慷慨激昂的"表演"或"作秀"中仓皇败退一隅。而对理性启蒙未完成、不可能从事独立思考的"看客"，一切不过只是一阵话语的喧哗或事后的"谈资"，也很难指望他们可以严肃、持久、负责地探讨某个问题，或者能够把思想和注意力稍微长久地集中在一些枯燥和无趣的抽象事物上。这是我们很多的思想与讨论，甚至事后

自己想想也可笑的根源。

本着这样的考虑，在面对文学教育与人文素养这个话题时，我们将不从种种令人沮丧或难堪的经验现象出发，而是从一些基本概念和问题的内涵界定与议程设置出发，希望以此为后来者做一点意识的梳理和知识的铺垫。

二、人文概念的基本 内涵是什么？

所谓"太阳底下没有新鲜事儿"，人文这个概念也是如此。早在我们今天再次讨论和使用它之前，已有很多更聪明的人从很早的年代开始，就以不同的语言和心情、在不同的理想与现实需要下多次讨论过，并在历史上留下了寄托着他们的沉重心事和寂寞精神的文本。这一大堆汗牛充栋同时也被束之高阁的经验材料，是我们今天研究和探讨人文话题时最重要的基础和需要悉心整理、认真研究的对象。但在通常情况下，由于思维方式、价值观念甚至是文字的障碍，特别是在消费文化的影响下，已很少有人愿意直面这些相对枯燥与单调的往事与故人。而轻薄历史与传统的代价则是抽空了自身的知识基础与历史谱系，使表面上热闹非凡的学术讨论，在实质上不过是一种感官与冲动的"能指游

戏"。为了尽可能地避免这种结局,在讨论文学教育与人文素养这个话题之前,我们首先对人文这个关键性的概念进行必要的梳理与剖析,以期为更深入的讨论乃至现实中的语文教育实践提供一个语境。

从学术史和思想史的角度,关于人文概念的内涵,可从三个具有典范意义的理论去了解。首先是卡西尔的文化符号哲学,人文概念用来泛指人类创造的文化符号,其中科学知识被看作是人文的最高精神本质。其次是以先秦儒家思想为主要代表,人文的核心内涵被界定为伦理人文。这两种源自中西的不同界定,尽管本身有很大的差别,但有一点却是共同的,就是它们分别以符号的形式严格区分了"人的存在"与"自然的存在",为人类宏观的历史实践设置了明显的目标,即使具体到人文教育领域,也提供了智育和德育的两种基本模式,按照这样的概念与程序,最终都可以再生产出不同社会与历史所需要的主体。但另一方面,由于这两种人文概念在逻辑上存在的问题,如科学人文有排斥伦理与审美需要的天性,同样,伦理人文在本质上也是压抑知识启蒙与审美自由的,因而,马克思所设想的那种"全面发展的个人",也就不可能在这样的生产观念下被现实地生产出来。再次,在当下还值得提出的

是香港学者金耀基提出的人文学思路。他认为:"人文学主要有两大块,一个是美学,一个是伦理学,分别讲什么是美的,什么是善的。"这个界定有很重要的意义,一方面,它纠正了以卡西尔为集大成的西方理性人文观念中存在"独断论"倾向,将人文价值最低的理性符号从人文家族中直接放逐出去,另一方面美善并举,也在很大程度上弥补了儒家伦理人文在内涵上的严重缺失,因而"人文学"的界定可看作是在当代学术史上最接近人文精神真谛的观念形态。

但这并不表明在"人文学"界定中就不存在问题。而实际上问题也很严重,因为它在把卡西尔特别强调的"真"驱逐出"人文"概念的同时,也必然要把以意识和工具理性为基础的人类改造现实的实践主体机能从人的主体结构中阉割掉。一切都因为,人是现实的存在物,个体运用体力、智力获取生活资料,是人类生存与发展的基本条件。而如果看不到这一点,把人的生存全部寄托在天马行空的艺术创造力或崇高的道德主体性,那在历史进程中是必然要犯幼稚病的。由此可知,真正的人文教育,在概念内涵上应包括"真、善、美"三个维度,尽管这看起来是老生常谈,但要在头脑中真正明白这个原理,以及在实践中把这个

原理贯彻下去，可以说是基本上做不到的或不能做完美的。

三、中国语文教育中存在的真正问题是什么？

不幸而被言中。

以当下流行的一些言论为例，有人痛斥中学课本中的"暴力性词语或思想"，也有人美化现代时期的国文课本，如果仅从表面上看，当然是"婆说婆有理，公说公有理"，但如果纳入严肃的理性法庭上，就不难发现，它们都是由于对人文概念的片面甚至极端性理解造成的。在现代中国人文概念的谱系中，一个普遍存在的结构性问题是西方现代美学化，其中又特别渲染唯美主义或这一思潮中的纯粹自我、纯粹文学、纯粹艺术等核心概念。而有人之所以提出剔除课本中的"教化性"与"暴力性的内容"，在深层是因为他们认为与伦理、与真实生活相关的文学经验都不具有人文的价值属性。这其中存在的问题，可以从两方面看。首先，从原理上看，这是以"纯粹美"的概念去界定"人文"，以及用纯文学的样式去理解"文学"，这在逻辑上当然是很成问题的。即使最理解美学、提出"美在于形式"的康德，也指出过现实中绝大多数的美都是所谓的"依存美"，同时他还强调"美是道德的象征"。引申言之，人文教育并不等同于"美文教育"，"人文素质"也绝不等同于"审美素质"，它在概念上就包含了道德、知识等方面内容。而当下普遍流行的只是唯美主义人文概念，它不仅不是最先进的理论，就其完全排斥道德教化、现实功利而言，甚至还是对金耀基"人文学"的一个巨大倒退。其次，在实践上看，用纯粹美学的人文概念去教育、规训现实世界中活生生的生命，不仅不可能揭示真正的自由，同时也会带来很大的危害与严重的现实问题。以要求剔除语文课本中的暴力内容为例，就很容易使人想到北宋时期盛行的"以去兵为王者之盛饰"。但有中国古代最潇洒的文人之称的苏轼，在《教战守策》中却把这种思潮称为"迂儒之议"。苏轼清楚地看到，长此以往，后果必然是，"天下之人，骄惰脆弱，如妇人孺子，不出于闺门。论战斗之事，则缩颈而股栗；闻盗贼之名，则掩耳而不愿听。而士大夫亦未尝言兵，以为生事扰民，渐不可长"。他还打比方说，越是害怕风雨的身体越容易生病，只有"轻霜露而狎风雨"才能做到"寒暑不能为之毒"。此外，他还严厉抨击王公贵族"处于重屋之下，出则乘舆，风则袭裘，雨则御盖"的日常生活。同理，如果我们的语文课本只有"风花雪月"的内容和"细雨如愁"的情怀,我们也很难想象,凭借这样的"人文素质",我们的民族如何应对越来越激烈、发展环境越来越残酷的全球化竞争。

总之,人文素质在内容上不仅只有美,有真和善,同时还要有个体承受痛苦、牺牲和直面现实挑战的综合能力。就当下而言,我觉得最应该强调的是认识现实、把握现实、承担现实的人文素质,而我们的语文课本与教学,在这方面不仅不应弱化,而是要如何弥补自20世纪早期以来由于偏重美文而带来的问题。实际情况是,在当下我们已培养出了太多的"温室里的花朵"或"啃老族",因而,不是"教化性"与"暴力性的内容",而是当下那些甚嚣尘上的看起来清浅、实际上问题很多的纯粹审美化思潮,才是最令人近忧和远虑的。最后,我们还是听听20世纪早期哲学家张申府先生对中华民族的希望吧:

　　这个民族的主要特色乃是坚实。
　　换言之,就是壮健。
　　再换言之,就是率直。
　　用一个字表示,就是刚。
　　尤可以说,就是实。
　　反过来说,就是不怕,无畏。
　　既不怕权威,也不畏传统。更不怕苦难,敢面对现实。
　　这个民族一定是不怕什么难的。尤其越是难的事就越爱作。这才见出它的坚实壮健率直刚的特色。
　　举个实例说。
　　假使这个民族须学外语的话,那它一定学俄文。
　　为什么? 就是因为俄文比什么英文日本文都较难的缘故。
　　学了俄文要看书,一定就看马克思《资本论》一类的著作。
　　为什么? 也就是因为那是几乎使得人人望洋兴叹的著作。
　　这个民族一定好奇,好立异:由此也可见它有生气,有活力。
　　在文学与科学之间,这个民族一定是喜欢科学的。
　　为什么? 就因为科学较难的缘故。
　　把难的克服了,才有个意思。软拉骨肌的可有个什么?
　　如讲哲学,这个民族一定采取唯物论,因那究有点子质直的意思。
　　……

2011年3月10日

在今天,该怎么做一个读书人

关于读书,古人有两个对联是我特别喜欢的,一是"人间数百年旧家无非积德，天下第一件好事还是读书"，二是"勤耕种无多有少，多读书不圣也贤"。从1987年大学毕业后，我就一直在学校教书，读书既是自己的日常工作与生活方式，也免不了在各种场合谈读书。今天权借"书林"一方宝地，梳理一下多年的想法和感受，未必完全正确，但敝帚自珍，愿望是予人玫瑰，同时也藉以自勉。

一、真正的读书就是读经典

当今有一个概念叫"信息爆炸"，这是很多人说没有时间读书，或纷纷选择"快餐式阅读"的一个重要借口。但我完全不赞成这个判断，一个重要的原因在于，和"信息爆炸"几乎同样流行的高频词叫"泡沫"。这些"泡沫"本身并没有提供什么新知识和新经验，不符合"信息"的基本界定，所以如果只是"泡沫"喷涌和膨胀，就不能称作是"信息爆炸"。而之所以很难判断是否存在"信息爆炸"，是因为我还固执地相信知识的增长是有极限的。如同GDP不能代表经济真正的增长一样，借助现代传播技术而大量复制的意见和言论，尽管体量庞大，但却完全不同于知识本身的增长和进步。而那些在深层决定着各学科基本知识形态的东西，在我看来才是真正意义上的经典。一旦拂去熙熙攘攘的喧哗

和骚动，它们的数量很有限，要读完也不是一件太难的事。

这个问题并不是始于今天。以中国诗学为例，历史上每个朝代的注疏与研究都堪称汗牛充栋，但基本文献其实并不多，粗算来也就是《乐记》中的几句话、《毛诗序》的几百个字、陆机《文赋》、钟嵘和司空图的两本《诗品》、严羽的《沧浪诗话》、刘熙载的《诗概》再加上王国维的《人间词话》。经典的意义就在于，它们是不可或缺的基本训练，其他的书读得多一点少一点不会影响总体格局和主要框架，但如果这些东西在阅读中缺席了，就会影响基本的

理解和判断,是所谓的"丢了西瓜拣芝麻"。对经典的要求不仅是通读,要熟悉到如数家珍,而且还应当做枕边书反复读。原因很简单,任何一个学科领域的基本东西都是有限的和稳态的,如果对这些东西没有读透、没有下够功夫,就不可能做到"入门须正",更不用说登堂入室了。所以在我看来,真正的读书就是读经典。

现在最可忧的是本末倒置,人们把主要精力放在经典的通俗版本甚至是各种"麻辣"版本上,即在所谓"信息爆炸"中膨化出来的各种变体上。我曾对学生们讲,成长于计算机时代,幸运的是可以快捷获得大量信息,但不幸的则是也容易被海量信息迷惑和淹没,无法判断真假和取舍。英国哲学家罗素当年曾写过一篇《精神废料大纲》,其中开了很多在他看来属于思想和文化垃圾的书。但在今天,已没有可能再开出这样的读书指南。而如果想尽可能少上当受骗,唯一的办法就是选择经典,特别是古人、前辈认可的经典。在全球化背景下,大家都忙了很多,认真读书的时间有限,就更应"好钢用在刀刃上"。

二、"与真理隔着三层"的 互联网学术

搞学术研究不能依赖计算机,这是我要谈的第二点体会。

信息技术是一把双刃剑,在学术研究中,最突出的问题是导致了"互联网学术"的兴起,但在互联网成为获取知识、理论和各种资料主要工具的同时,也使学术研究的严谨性、客观性和可信度大打折扣。这是因为,一方面,计算机并没有像有些人宣称的"把世界一网打尽"。比如,20世纪90年代以前的很多杂志都没有上网,仅依靠计算机就不可能获得全面的学术信息。又如,由于一些概念、习惯用法上存在的名称差异,特别是一些深刻的思想常隐藏在各种形式的文本中,我们常用的关键词检索很难把它们挖掘出来。而读书,特别是专业性的阅读与积累,在这个意义上依然没有过时。举一个例子,一位学者在研究文化输出时,曾请人在国外查共有多少中国书翻译到了国外,结果在互联网上查出了大约100种,于是就感慨并作为输出中国文化的论据。但实际上根本不是这样,在国内就出过一本近代西方翻译中国典籍的目录书,上面记录在案的就达数百种。另一方面,就是互联网知识的随意性和不严谨问题。在虚拟空间中,匿名的知识主体更缺乏责任心,很多网上发布的东西根本就不可信。但借助计算机的"复制"技术,一个错误的东西出来,甚至

是一个笔误，也马上传播到全球。即使有人发现了错误，也没有办法更改。以讹传讹、三人成虎是互联网学术的一个严重弊端，更不用说上面还有各种以哗众取宠为目的的"断章取义"、"酷评"和"戏说"。最悲哀的是，现在基本上找不出行之有效的治理方法。

关于互联网学术，很容易使人想到柏拉图关于"床"的说法，他把"床"分为"画家制造的"床、木匠制造的"床"和"神制造的"（以理念形式存在的）"床"。柏拉图首重"理念"，所以"神制造的"最高级；次重实用，所以木匠的"床"居于次席；最没有价值的是"画家制作的"，柏拉图说它与真理"隔着三层"，是"影子的影子"。也可以说，由于一没有古典学术的渊实，二没有现代学术的精专，三是缺乏"利国利民"的现实情怀，所以互联网学术离真正的学术研究相差最远。但这又是一个很大的困境，当代人已不可能离开计算机。怎么办？一个保守的建议是用可以用，但不要"一棵树上吊死"。对互联网上得来的"资料"，一定要依据纸质文本再校对一下，同时还要注意选择纸质书籍的版本。如果是中国古代典籍，奉劝各位一定不要买地摊上的几元书，而应以中华书局、上海古籍过去出的为主。与不读书相比，如果读的是不负责任的假冒伪劣，同样也会贻害无穷。

三、推荐苦读，不赞同悦读

与过去强调"十年寒窗"或"板凳要坐十年冷"相比，在消费社会中，很多人都在想如何使"读书"变轻松，成为所谓的"悦读"。但我有一个不太合时宜的观点，就是不相信有什么"悦读"，或者说从"轻轻松松"中就可以培养出思想和科研能力。

朱子曾说读书的目的在于"变化气质"。我以为这句话悟透了读书的本质和目的。所谓变化气质，就是把人与生俱来的动物性变化成理性。在变化之前，一个人的意识、心理和行为主要依据外界的机械刺激，活动模式是自然的条件反射。在变化之后，一个人才会根据他在学习中得来、积淀的理性素质来选择和判断。我很喜欢举、但时常觉得学生不一定愿意接受的例子是"突然被狗咬了一口"，如果被咬的是一个动物或理性能力低下的人，后者会不顾一切地反扑或迅速逃亡，因为它们完全按照本能做反应，或者是由于无力思考而听从本能的冲动。但如果是一个在读书、学习中充分成长的主体，他首先考虑的是为什么会被"咬"，正是这个看似简单的"反思"或"转念一想"，显示出人与动物、理性主体与感性本能、文明人与野蛮人几千年、上万年的进化差距。因为在地球上，只有人才是有意识、能反思的主体。而人的这种能力主要是读书的产物。就此而言，读书在本质上是一种特别机械、枯燥、压抑和痛苦的训练，这个过程很符合"蚌病成珠"的原理，是把被感觉、心理、情感和本能上排斥的很多东西强加在个体感性生命中，目的是使原本依靠感觉、情绪、本能生活的感性人，成为按照必然律去思考、分析、判断和行动的理性主体。像这样的一个过程不可能是愉快和轻松的。所以关于读书，江南一带有一个生动的比喻，叫"穿牛鼻儿"，把小动物般的孩童用缰绳管制起来，讲的就是这个意思。还有大家都知道的"宝剑锋从磨砺出，梅花香自苦寒来"，尽管这有点残酷，却是一个人成为理性生命的必由之路。所以在汉语中，关于读书，人们最常用的是"苦读"。其中我最感动的是现代新儒家熊十力先生，他早年读书会读到"吐血"。也正是因为这个原因，有学者认为他的学术成就超过了古代的"程朱陆王"。与之相比，那种为了取悦和诱惑人去读书的各种"悦读"方案，本身就是消费时代整个社会理性水平急剧退化的表现，当然这其中的原因很复杂，也是"道不同不相为谋"的。

在当下还有一种观点，说什么过于理性会影响学生的文化素质或情商。我个人对此不以为然。以20世纪中国学者文化素质的消长为例，其中最好的是上个世纪初在旧式教育环境下、"三岁读经"那几代人，不管是搞自然科学的还是人文科学的，他们当年在戒尺和严厉规制下的痛苦训练，不仅没有影响相反还培育出更高级的文化生命与人文情怀。相反，当下那些以"悦读"为主题的各种花样百出的训练，真的提升了新一代年轻人的素质了吗?这是值得好好反思的。

四、做"真正读中国书"的读书人

关于大学灵魂或精神的讨论已经很多，我的看法是，无需胶粘于各种理念、口号或复杂的指数排名，衡量的标准不妨简单些，一是看有多少人在认真读书，二是有多少人在认真读中国经典。

关于前者，在一次校园文化建设的演讲中，我曾提出主要存在两大问题:一是"两不"，即"不读书"与"不思考"。我们上大学时是什么书难读、难懂就争先恐后地抢购和钻研，像"走向未来丛书"、商务印书馆的"汉译学术名著"等。也不管能不能读懂，反正见了书就买、就读。但现在的学生有太多的活动和诱惑，忙碌得没有时间坐下来读书,更不用说潜心于独立的理性思考与学术探索。二是"两浅",即"浅阅读"与"浅思考"。由于媒体过度发达,不管什么东西,大家都知道一点,但由于"网上得来更肤浅",所以也只能停留在一知半解的层面,再加上新闻知识和网络学术的"断章取义"、"哗众取宠"、"以讹传讹"等问题比较突出,有时"浅阅读"的坏影响还会甚于"不读书"。而在一大堆混乱的、错误的知识基础上,根本不可能指望有什么理性的思考和创新。

关于后者,更需从长计议。在西方文化日益成为主流和霸权的当下,有识之士倍感中国文化传承的严峻性。近年来,人们常为我国国民阅读率低而焦虑,但比这更严重的是,我们敢不敢追问一下其中又有多少人在读中国典籍?在给学生开"中国文化"课时,我第一节课都会提出同一个问题:"有没有谁通读过《唐诗三百首》和《古文观止》?"但悲哀的是,这么多年过去,至今没有碰到一个学生站出来。经济全球化固然为个体提供了多元的专业选择和更广阔的发展空间,这无可非议,但如果一个中国人连《唐诗三百首》和

《古文观止》都没有读过,那是不是有些遗憾?推其主要原因,我想主要是在文化观念、审美心理上的普遍"西化",人们很难在唐诗宋词中找到令人激动、愉快的东西了。正如马克思说"再美的音乐对于不懂得音乐美的耳朵也毫无意义",这是越来越多的年轻人宁肯把剩余精力与时间花费在文化快餐上的深层原因。所以,我多次讲中华文化传承与创新应从一首唐诗、一首宋词和一篇篇古代散文开始。

毋庸讳言,中国文化传承在当下越来越受重视,在版本整理、保护和数字化上也取得了显著成绩。但还要追问的是"保留下来干什么"?如果只是在图书馆束之高阁或嵌入电子芯片,那显然也是一种深刻的悲哀。一个民族所以不同于其他民族,不仅在于生理基因,更重要的是文化基因的差异,如果说前者直接反映在肤色、毛发与体质上,那么后者则主要表现为他们的精神本性与文化传统。在这个意义上,我们说,如何引导青年朋友读中国书,刻苦而不是投机取巧地读中国经典,比一般的读书有着更为重要的现实和未来意义。

后记

一元复始云外新，
指上犹见旧问存；
吴山越水海风里，
泼墨淋漓写龙吟。

　　这是2012年元旦早晨写的一首诗。其下自注曰：元旦薄阴，未如去岁朗照乾坤，"云外"典出李商隐"青鸟不传云外信"；晨起开机，始得旧年短信若干，有"江春入旧年"之想；感年来新朋故交之相惜相助，倍增余奋发扬厉之意念。又：此篇写罢，旋即阳光普照。

　　转眼一年行将尽去，瞻前顾后，十分感慨。

　　蒙洛秦兄催动江南文化续编，将近年沪上所写辑集于此。又蒙同门万宇女士代为选配图片，为之增色良多，一并感谢，是为后记。

刘士林

二〇一二年十二月十三日十时于春江景庐

修订后记

　　我们的江南文化研究和出版,始于2002年。当时我还在南京师范大学教书,洛秦也刚主持上海音乐学院出版社。大家在古都南京一见如故,遂决定携手阐释和传播江南文化,到今年正好是10周年的纪念。

　　10年来,工作一直没有停顿,大体分为三个阶段,略记如下:

　　在决定出版"江南话语"丛书后,我们首先于2003年8月推出了《江南的两张面孔》,当年的12月,又推出了《人文江南关键词》和《江南文化的诗性阐释》。这3种图文并茂、配有音乐碟片的小书,颇受读者青睐,先后几次重印。

　　2008年,在上海世博会来临之前,我们对全三册的《江南话语》丛书做了第一次大的修订,除了校订文字、重新设计版式、补充英文摘要,还增加了洪亮的《杭州的一泓碧影》和冯保善的《青峰遮不住的寂寞与徘徊》,使丛书规模从3种扩展到5种。

　　2012年开始,我们又酝酿做第二次大的修订,在原有5种的基础上,增加了《吴山越水海风里》《世间何物是江南》《诗性江南的道与怀》《春花秋月何时了》和《桃花三月望江南》,内容更加丰富,也记录了我们的新思考和新关切。在此,我们希望她能一如既往地得到读者朋友的喜爱。

　　最令人高兴的是,历经10年时光的考验,我们两个团队没有任何抵牾,而是情好日密、信任如初。在当今时代,这是很不容易做到的。仔细分析,原因大致有二:一是我们最初的想法不是用它赚钱,而是做一点自己喜欢的书;二是更重要的,10年来我们一起努力坚持了这个在常人看来颇有些浪漫和不切实际的约定。

　　记得在少年时代,第一次读到古人"倾盖如故,白发如新"一语时,我就为这句话久久不能平静。现在看来,"倾盖如故",我们在共同的书生事业里已经做到,放眼未来,"白发如新"也应该不是问题,因为我们在一起发现了江南的美,也都愿意做这种古典美的传播者和守护者。当然,我们也希望有更多的朋友参与这个过程,为中国文化的复兴和江南文化的现代转换贡献各自的力量和智慧。

刘士林

二○一三年五月十七日于春江景庐薄阴细雨中

图书在版编目(CIP)数据

吴山越水海风里 / 刘士林著. —上海：上海音乐
学院出版社，2013.6
（中国风：江南文化丛书）
ISBN 978-7-80692-879-0

Ⅰ.① 吴… Ⅱ.① 刘… Ⅲ.① 散文集－中国－当代②
杂文集－中国－当代 Ⅳ.① I267

中国版本图书馆CIP数据核字（2013）第112478号

书　　　名：吴山越水海风里
编　　　者：刘士林
责任编辑：夏　楠　鲍　晟
封面设计：张韧伟
出版发行：上海音乐学院出版社
地　　　址：上海市汾阳路20号
印　　　刷：上海天华印刷厂
开　　　本：787×1092　1/16
字　　　数：230千字
印　　　张：15.75
版　　　次：2013年6月第1版　2013年6月第1次印刷
书　　　号：ISBN 978-7-80692-879-0/J.836
定　　　价：45.00元

本社图书可通过中国音乐学网站 http:// musicology.cn 购买